SOB A LUZ DO ESPIRITISMO

Ramatís

SOB A LUZ
DO ESPIRITISMO

Obra mediúnica
ditada pelo espírito
Ramatís ao médium
Hercílio Maes

© 1999
Hercílio Maes

Sob a Luz do Espiritismo
Ramatís

Todos os direitos desta edição
reservados à
CONHECIMENTO EDITORIAL LTDA.
Caixa Postal 404
CEP 13480-970 — Limeira — SP
Fone/Fax: 19 34510143
www.edconhecimento.com.br
conhecimento@edconhecimento.com.br

Nos termos da lei que resguarda os direitos
autorais, é proibida a reprodução total ou par-
cial, de qualquer forma ou por qualquer meio —
eletrônico ou mecânico, inclusive por processos
xerográficos, de fotocópia e de gravação — sem
permissão, por escrito, do editor.

Revisão: Margareth Rose A. F. Carvalho
Colaboraram nesta edição:
Mariléa de Castro
Paulo Gontijo de Almeida
Sebastião de Carvalho
Ilustração da Capa: Cláudio Gianfardoni
Projeto Gráfico: Sérgio Carvalho

ISBN 978-85-7618119-4 — 4ª EDIÇÃO - 2007

• Impresso no Brasil • Presita en Brazilo

Produzido no departamento gráfico da
Conhecimento Editorial Ltda
Fone/Fax: 19 34515440
e-mail: grafica@edconhecimento.com.br

Dados Internacionais de Catalogação na Publicação (CIP)
(Câmara Brasileira do Livro, SP, Brasil)

Ramatís (Espírito)
Sob a Luz do Espiritismo / Ramatís ; obra
mediúnica ditada pelo espírito Ramatís ao
médium Hercílio Maes ; organizado por Breno
Trautwein. — 4ª ed. — Limeira, SP : Editora do
Conhecimento, 2007.

ISBN 978-85-7618-119-4

1. Espiritismo 2. Psicografia I. Maes, Hercílio,
1913-1993. II. Trautwein, Breno. III. Título.

07-1021 CDD — 133.93

Índice para catálogo sistemático:
1. Mensagens psicografadas : Espiritismo 133.93

Ramatís

SOB A LUZ
DO ESPIRITISMO

Obra mediúnica
ditada pelo espírito
Ramatís ao médium
Hercílio Maes
Organizado por
Breno Trautwein

4ª edição — 2007

EDITORA DO
CONHECIMENTO

Outras obras de Ramatís editadas pela Editora do Conhecimento

Obras psicografadas por
HERCÍLIO MAES
- A Vida no Planeta Marte e os Discos Voadores - 1955
- Mensagens do Astral - 1956
- A Vida Além da Sepultura - 1957
- A Sobrevivência do Espírito - 1958
- Fisiologia da Alma - 1959
- Mediunismo - 1960
- Mediunidade de Cura - 1963
- O Sublime Peregrino - 1964
- Elucidações do Além - 1964
- Semeando e Colhendo - 1965
- A Missão do Espiritismo - 1967
- Magia de Redenção - 1967
- A Vida Humana e o Espírito Imortal - 1970
- O Evangelho à Luz do Cosmo - 1974
- Sob a Luz do Espiritismo - 1999

Obras psicografadas por
MARIA MARGARIDA LIGUORI
- O Homem e o Planeta Terra - 1999
- O Despertar da Consciência - 2000
- Jornada de Luz - 2001
- Em Busca da Luz Interior - 2001

Obra psicografada por
AMÉRICA PAOLIELLO MARQUES
- Mensagens do Grande Coração - 1962

Obs: A data após o título se refere à primeira edição

Sumário

Esclarecimento da 1ª edição 9
Prefácio de Navarana 11
1. A dor humana 15
2. Os fenômenos físicos 38
3. Exorcismo 49
4. Suicídio 76
5. Eutanásia 85
6. Aborto 107
7. A mente 145
8. Sexo 179
9. Homossexualismo 203
10. Prostituição 221
11. Buscai e achareis 245

Esclarecimento da 1ª edição

A presente obra inédita de Ramatís vem à luz passados seis anos da desencarnação de Hercílio Maes (1993) e vinte e dois anos após a publicação de *O Evangelho à Luz do Cosmo*, última obra de Ramatís, recebida por aquele médium.

Trata-se de capítulos psicografados por Hercílio Maes para a composição de um novo livro, que já recebera de Ramatís o título *Sob a Luz do Espiritismo* e uma introdução, bem como um prefácio assinado por J. T., pseudônimo de famoso escritor brasileiro desencarnado (que já prefaciara *Magia de Redenção*).

Com o desencarne do médium, dentre seus escritos, não foi possível localizar nem as "Palavras de Ramatís", nem o prefácio de J. T. e, tampouco, os capítulos intitulados "Pena de morte", "Divórcio", "Toxicomania", "Criogenia e incineração", "Morte" e "Krishnamurti", que constavam do índice original.

O material obtido foi, então, ordenado por dr. Breno Trautwein, que fora médico e amigo de Hercílio, e revisor de anteriores obras suas, buscando a mesma sequência e interligações sugeridas pelo sumário.

9

Entendeu-se oportuno acrescentar a esta obra póstuma o capítulo "Buscai e achareis", texto inédito, localizado entre os originais de Hercílio Maes.

Em que pese à ausência dos capítulos não localizados, os textos restantes justificam a publicação deste livro, por tratar--se de instruções autênticas de Ramatís sobre temas de absoluta atualidade. O prefácio de Navarana (mentor espiritual já citado por Atanagildo em *A Vida Além da Sepultura*) permaneceu, afortunadamente. Avaliando as perdas e o que foi possível resgatar, endossamos as palavras do dr. Breno Trautwein: "Diremos ter havido mais ganho do que perda, pelos motivos atuais dos temas abordados."

Na oportunidade em que a Editora do Conhecimento relança, sob nova e cuidada apresentação, as obras de Ramatís, a possibilidade de finalmente trazer à luz a presente obra deixou a impressão de uma intervenção direta do mestre, como a retomar, num momento especial, o contato carinhoso com milhares de leitores.

É um privilégio, portanto, e uma alegria a partilhar com seus leitores, a participação de todos os colaboradores que possibilitaram a edição desta obra.

Prefácio

Meus prezados irmãos:

Já não se duvida mais, atualmente, de que chegaram os tempos tão profetizados há milênios passados por famosos videntes. Sob a visão humana pode-se verificar a indescritível modificação que se opera no seio da humanidade. Uma estranha sensação erótica parece dominar todos os seres, fazendo-os viver aflitos, insatisfeitos, excessivamente ambiciosos e, além de tudo, refletindo nos olhos um estranho temor pelo futuro. Invertem-se os valores mais preciosos da humanidade, transformando-se em mensagens e realizações vulgares, lembrando as épocas medíocres do passado. Paira no ar um gosto pervertido. Um incessante epicurismo incentiva os homens para os prazeres do instinto inferior, vulgarizando-lhes a inspiração e os princípios que elevam a vida humana.

A meta principal, no momento, não é saber quanto ao destino da alma após a sua desencarnação e, sim, qual é a formula máxima para obter a melhor e a mais requintada satisfação para o corpo.

O profetizado "Fim dos Tempos" está aí, sob a visão de toda a humanidade entontecida, que estigmatiza deliberadamente todos os ensinamentos de Jesus contidos no seu sublime Evangelho. Os homens se deixam envolver por uma grande ilusão, acreditando que Deus criou a Terra como um mundo de exclusiva posse ambiciosa e prazeres inferiores. Na realidade, trata-se de um mundo de educação espiritual, onde espíritos inexperientes desbastam suas arestas instintivas e ascencionam, gradativamente, a níveis de angelitude. Através das lutas, dores, sofrimentos, estudos e experiências alcançam a configuração do anjo, usufruindo o mérito de sua própria consagração.

Atingimos um fim de ciclo no esquema divino, onde haverá uma seleção da humanidade, conforme a atuação espiritual de cada um na face da Terra. Aflora uma nova civilização de natureza definitivamente mais sadia nos seus objetivos, plasmando um novo mundo alicerçado nos preceitos da Bondade e do Amor.

Todos os equívocos, erros e injustiças cometidos, devem, agora, ser banidos para sempre do orbe terrestre. Ressurge, aos poucos, no homem, a consciência de uma existência Divina Superior, onde ele deverá viver. É, neste despertar, que surgiu o Espiritismo. Na hora exata, revivendo o Evangelho, o roteiro certo para todos nós. A obra de Allan Kardec aí se encontra, vigilante, apontando os caminhos da sadia espiritualidade. Seus ensinamentos foram elaborados de modo compreensível por todos os homens, gerando, assim, maiores responsabilidades para os que deles se abeberarem.

Nesta obra, *Sob a Luz do Espiritismo*, Ramatís procurou enfeixar os assuntos de mais acentuado prejuízo espiritual e que se alastram pelo mundo, graças à irresponsabilidade dos homens que, num momento de insânia, elegeram para seu culto mórbido os prazeres mais degradantes e os vícios mais ignóbeis. Allan Kardec, sob a orientação dos espíritos, alinhavou conceitos e orientações que atendem a todas as necessidades espirituais e graduações humanas, advertindo e esclarecendo quanto às práticas inferiorizantes e fixando a responsabilidade de seus autores. Aproveitou toda sensatez e fidelidade crítica da obra espírita para fundamentar o seu texto, definir responsabilidades e obrigações. Aprofundou conceitos espirituais sob a égide do grande codificador e sob a inspiração divina do Amado Mestre, Jesus Cristo.

Esta obra lança nova luz sobre acontecimentos quotidianos, dando um roteiro sadio, definindo as verdadeiras manifestações e responsabilidades humanas, clareando pontos e debates sem soluções definitivas.

Ramatís colocou sua inteligência e mansuetude à disposição de nossos irmãos mais angustiados e sofredores que, na maioria, só conseguem compreender e solucionar seus problemas de maneira desesperada, violenta e sob perigosa emoção incontrolável. Este livro comenta longamente sobre o suicídio, expondo e definindo os seus ângulos atrozes após a morte do corpo carnal; desvenda a natureza intrínseca do homossexualismo e do exorcismo, trazendo lições de compreensão e, acima de tudo, esclarecendo pontos que sofrem interpretações errôneas, na maioria dos seus estudos; examina a prostituição, como um produto de irresponsabilidade humana; pormenoriza as finalidades criativas e superiores do sexo, lembrando, nesta faixa negligenciada, a grande falta de amor espiritual; aponta, em profunda dissertação, a Eutanásia — a tradicional "morte piedosa", como um fato censurável perante as leis divinas e condenável perturbação no roteiro educativo da criatura encarnada; alivia-nos, sobremaneira, quando examinando o problema da morte, a encara como uma porta que se abre para a verdadeira vida; retira de nossa mente o temor fúnebre e des-

Sob a Luz do Espiritismo

creve o processo de desencarne como uma mudança de apartamento, dependendo, é claro, da tranquilidade ou do desespero do inquilino, conforme tenha sido a sua vivência anterior; dá à morte um sentido de reencontro com outras almas afins.

Ramatís, aprofundando conceitos e focando problemas, sob a luz do espiritismo, deixa-nos, pela sua irradiante beleza espiritual, novos caminhos, novos ângulos, todos eles conducentes ao aprimoramento do espírito, despertando o homem para que, conscientemente, assuma a responsabilidade da sua conduta na escala evolutiva.

Navarana[1]

---

1 Navarana, entidade que já foi médico na Índia, prefaciou outras obras de Ramatís, e é referido, por Atanagildo, na obra *A Vida Além da Sepultura"*, editado pela EDITORA DO CONHECIMENTO. Era integrante da equipe espiritual que assessorava o médium no atendimento, através da Homeopatia e da Radiestesia, a pacientes desenganados da medicina, realizado durante décadas num centro espírita de Curitiba.

1.
A dor humana

PERGUNTA: — Em face da Humana Sabedoria e do Poder de Deus, a dor e o sofrimento não poderiam ser dispensados como processos morais de nossa evolução espiritual?

RAMATÍS: — A dor e o sofrimento não são "determinações punitivas" impostas por Deus, mas, sim, consequências resultantes da resistência do ser contra as leis disciplinadoras da sua evolução. Se o homem fosse abandonado a si mesmo, no tocante ao seu aperfeiçoamento espiritual, seria demasiadamente longo o caminho para a sua perfeição e libertação dos ciclos reencarnatórios.

A dor e o sofrimento são técnicas pedagógicas para o aprimoramento do ser, em seu processo evolutivo, e também consequentes a seus equívocos nas múltiplas vidas. A dor dinamiza as energias sutis do sofredor, herdadas pelo sopro divino, despertando nele, depois da revolta inicial, a reflexão sobre os porquês de sua desdita e fazendo-o procurar na razão e na fé novos rumos que, psicologicamente, o aliviam do sofrimento.

Em síntese, o padecimento é uma reação, previamente consentida, para trazer o eterno postulante para a senda da evolução espiritual, através de novos conceitos religiosos, filosóficos e morais, os quais lhe dão outro sentido vivencial.

PERGUNTA: — Não haveria outro processo educacional, sem as reações dolorosas?

RAMATÍS: — Durante o processo de aperfeiçoamento e expansão de sua consciência, o espírito tem de sofrer as injunções naturais do mundo onde atua. E essa luta através da organização carnal, provoca reações pacíficas ou rebeldes, calmas ou dolorosas, que servem de aprendizado no campo da vida eterna do espírito.

O homem, no estágio rudimentar de sua evolução, pode ser comparado ao diamante bruto, espiritualmente, porém para eliminar as impurezas, perder as arestas dos defeitos anímicos e atingir a beleza radiosa do brilhante, precisa do atrito do esmeril da dor e da ação desse lapidário incomparável, o tempo.

Nos mundos mais evoluídos, usa a camurça macia do amor traduzido em serviço ao próximo.

PERGUNTA: — Observando as pessoas em suas conversas, notamos haver prazer ao relatarem seus males, cirurgias e infortúnios, mostrando o condicionamento geral ao sofrimento e, até, certa aceitação, o que faria a dor perder seu efeito salutar.

RAMATÍS: — Possivelmente, a origem desse mórbido deleite esteja no aspecto doutrinário das seitas religiosas, que sempre consideraram a dor como castigo ou expiação de pecados, pois desconhecem a função purificadora dos desvios originários da índole animal. Sua função é despertar a luz angélica existente na intimidade da criatura. A lenda do "castigo divino" ou do "pecado original", por culpa de Adão e Eva, o primeiro casal enxotado do Paraíso e responsável pelo sofrimento humano, significa o exílio do espírito mergulhado na matéria, em busca do retorno à consciência divina.

Malgrado os católicos, protestantes, adventistas, salvacionistas e outras seitas religiosas considerarem a Terra um "vale de lágrimas" ou uma penitenciária do Espaço, ela é uma ótima escola de educação primária, destinada a aperfeiçoar o espírito no caminho da Evolução. Embora a humanidade faça do sofrimento um melodrama vulgar, na verdade, trata-se de abençoado recurso do Alto para conduzir o espírito à senda de sua própria felicidade.

PERGUNTA: — No entanto, a dor quase sempre abate o psiquismo, exaure o corpo, destruindo sonhos, prazeres e os momentos felizes. E, mesmo assim, conforme afirmais, ela seria a mola de nossa redenção. Porventura deveríamos amá-la e desejá-la?

RAMATÍS: — Não nos cabe amá-la e nem a desejá-la, porquanto, ela é fruto da nossa invigilância e pode-se dizer que, em nosso primarismo, não a podemos evitar, mas tão-somente suportá-la com resignação. Embora a dor e o sofrimento pareçam, num exame apressado, desmentir a sabedoria divina, têm sido glorificados pelas mais nobres vivências messiânicas e realizações espirituais no mundo. Muitas vezes, as belezas que nos inebriam os sentidos na Terra são frutos da dor e do sofrimento de artistas como Beethoven, surdo; Chopin, tuberculoso; Schumann, perturbado mentalmente; e, ainda, citaríamos Sócrates, Paulo de Tarso e Gandhi sacrificados pelo amor, pela liberdade e pela paz humana. Giordano Bruno, Savonarola e Miguel Servet, queimados pela verdade e liberdade de opinião. Francisco de Assis glorificou a pobreza e Jesus transformou a cruz infamante num dos símbolos da libertação espiritual.

Sob a Luz do Espiritismo

Os brutos, coléricos, tiranos, invejosos, pérfidos, debocha- dos, corruptos e corruptores, criminosos, toda a escória social têm, na dor, a lixívia corrosiva dos resíduos animalescos, alvejando a vestimenta perispiritual até torná-la transparente à luz divina interna, transformando-a nos trajes nupciais, que lhes permitem tomar parte no banquete de paz e alegria, entre os espíritos superiores ou puros.

PERGUNTA: — O que é a dor, enfim? Como poderíamos ter uma idéia mais precisa da ação oculta da dor?

RAMATÍS: — Todas as manifestações materiais são resultantes do eletromagnetismo que imanta, une ou separa os corpos físicos e espirituais.

A dor é o produto desse desequilíbrio eletromagnético psicofísico na estrutura do conjunto humano. Assemelha-se a uma sobrecarga gerando um curto circuito ou a queima de componentes, que ocorre na rede magnética ou eletrônica formadora do perispírito, repercutindo nas regiões orgânicas mais afins ou vulneráveis, perturbando a harmonia energética. Sem dúvida a dor tem origem nas alterações do psiquismo, quando excitado ou deprimido pelas paixões, vícios, sensações primárias ou emoções descontroladas, expressando-se na periferia do organismo. São as expressões psicossomáticas, já reconhecidas por alguns médicos atônitos diante dos fenômenos observados.[1]

Consequentemente, a dor e a enfermidade variam de acordo com o estado moral, intelectual e consciencial de cada criatura. Há doentes que encenam um dramalhão tragicômico por causa de um simples resfriado; outros, mesmo sabendo serem

---

1 Tudo depende do modo como interpretarmos o fenômeno da dor; para uns é castigo de Deus com o fito de punir os pecados dos homens; para outros é efeito cármico de faltas cometidas em vidas anteriores; raros, porém, aceitam a dor como processo auxiliar da evolução espiritual. A verdade é que ela só se manifesta diante de qualquer resistência física, moral ou espiritual, que perturbe o sentido utilitário, benfazejo e harmônico da Vida.

portadores de câncer incurável, mantêm-se otimistas, tranquilos e confiantes no seu destino espiritual, servindo ainda como exemplo de resignação.

PERGUNTA: — Qual o exemplo comparativo da dor na sua função buriladora, decorrente de qualquer infração moral ou espiritual do ser?

RAMATÍS: — Todo efeito é o resultado de uma ou de várias causas e, poderíamos ajuntar, diante da Inteligência no Universo também terá uma finalidade. E a dor deve ser considerada um bem em qualquer reino da natureza, porém, muitas vezes, escapando às nossas percepções grosseiras.

Examinemos o reino mineral. O mármore, sofrendo as dores causadas pela ação do cinzel e do malho, transforma-se numa bela escultura. O diamante bruto, em brilhante valioso, e outros exemplos.

No reino vegetal, além das experiências modernas que parecem demonstrar a sensibilidade da planta, quando agredida, ainda poderíamos citar a semente, a qual para dar nova planta, necessita despojar-se do invólucro externo pela dor do apodrecimento.

Quanto ao reino animal, observamos, já nas formas unicelulares, a irritabilidade e o instinto de defesa diante das agressões. E nos pluricelulares, desde os espongiários até os hominídeos, há um sistema nervoso, a princípio rudimentar e simples, para depois alcançar a mais alta complexidade no homem, que além da parte motora e sensitiva é a rede das funções nobres da mente —inteligência, pensamentos, juízos, imaginação e, sobretudo, os estados de consciência em suas mais variadas expressões.

É essa consciência em seus vários níveis, que é proveniente do espírito em busca de sua divinização.

São os pensamentos e os atos do espírito que determinam

Sob a Luz do Espiritismo   19

a maior ou menor intensidade das dores, pelas quais há de passar, pois do equilíbrio e da paz da consciência espiritual do ser é que resulta a estabilidade magnética ou eletrônica do perispírito e do corpo físico. Parece ser o plano de Deus, a Harmonia e o Equilíbrio perpétuo do Cosmo. Qualquer instabilidade que se manifeste no mais ínfimo fluir da vida requer sempre o imediato reajustamento para não perturbar o Todo harmônico.

PERGUNTA: — Qual a sensata noção espírita sobre a dor?

RAMATÍS: — O Espiritismo contribuiu extraordinariamente para modificar o conceito errôneo da dor como um ato punitivo de Deus, esposado pelas religiões dogmáticas. Popularizando os ensinamentos ocultos das antigas confrarias iniciáticas, a doutrina espírita definiu a dor e o sofrimento como elementos benfeitores, corrigenda do espírito desviado da própria Ventura Espiritual. O sentido punitivo da dor transformou-se, à luz dos princípios espíritas, num processo de retificação de um estado inferior para um superior.

A dor, enfim, é processo existente para todos os reinos, mas só é acusada e incômoda no reino animal, porque tanto este quanto o homem têm maior sensibilidade dessa ação indesejável. Sofre o menino preso às obrigações escolares, vagando o pensamento lá fora nos folguedos da vida; sofre o canceroso no leito, o falido de todos os seus bens, a mulher desprezada pelo noivo ou esposo; sofre o animal atacado pela peste ou fraturado num desastre. Há mil formas de dores e de reações, decorrentes da resistência das coisas e seres contra o processo doloroso educativo.

PERGUNTA: — Poderíeis esclarecer-nos melhor sobre a idéia da dor existente, e aparentemente, não sentida nos reinos vegetal e animal?

RAMATÍS: — Não existindo, nesses reinos, um órgão de

vida de relação, nem aparelho fonador, torna-se impossível para eles manifestar o desagrado.

Porém, se analisarmos, sob o aspecto de que todas as criaturas trazem em si o gérmen da divina origem, tão bem percebido por Hermes em sua proposição "o que está acima é semelhante ao que está embaixo", mesmo a matéria inerte traz de forma diferente todas as propriedades do seu nascimento. Existe nos reinos vegetal e animal alguma essência, cuja manifestação tem outros veículos para cumprir de modo diferente, peculiar ao teor vibratório de cada entidade. Para tirarmos um ensinamento, basta refletirmos: Por que o bom vinho é obtido de bagos de uva esmagadas; a melhor farinha, do trigo moído; a madeira ficou mais lisa depois de lixada; e o brilhante é o diamante lapidado? Logo, há sempre um processo agressivo, gerando uma "cota de sacrifício", em qualquer um dos reinos, para o aperfeiçoamento e melhor qualidade das coisas.

PERGUNTA: — Em qualquer circunstância, o sofrimento é sempre um processo de purificação espiritual?

RAMATÍS: — Deus cria seus filhos na forma de núcleos ou consciências individuais, que se aperfeiçoam através das vivências planetárias e se tornam miniaturas conscientes do Cosmo. Deus, enfim, é o "pano de fundo" de todas as consciências, divino mistério que o homem só poderá compreender depois de libertar-se, definitivamente, das formas escravizantes da matéria para viver nos mundos do conhecimento puro. À medida que a alma evolui, se despersonaliza, extingue a ilusão da separação e integra-se à Consciência Cósmica da Criação.

As virtudes, portanto, compreendem os esforços e as realizações em favor do progresso espiritual, enquanto os pecados significam tudo aquilo que retarda a ascensão angélica. A Lei do Carma acicata os espíritos retardados na senda da Luz, mas

Sob a Luz do Espiritismo

sua ação dolorosa e desagradável é necessária para garantir o ritmo acelerado em favor da ventura sideral. A dor purifica, porque, sob tal processo, o espírito concentra suas energias no esforço de resistir ou debelar a situação incômoda e, assim, desagrega a escória do seu perispírito.[2]

Alhures,[3] já lembramos que, nos momentos "pecaminosos", o homem utiliza substâncias mentais e astralinas inferiores e, assim, produz "resíduos" ou "tóxicos" que se incrustam no perispírito e formam a indumentária imprópria à vida angélica. Após a desencarnação, esse sedimento deve ser drenado nos charcos do Astral Inferior ou então, vertido para o corpo carnal em nova reencarnação. Isso produz sofrimentos por estados enfermiços, porque se trata de um processo purgativo de limpeza do perispírito, obscurecido pelas energias brutas, angariadas nas vidas pregressas. Tanto os pântanos astralinos funcionam como estações terapêuticas, absorvendo a carga tóxica da veste perispiritual, como o corpo físico também atua na forma de um mata-borrão vivo, enxugando os fluidos nocivos.

PERGUNTA: — Porventura, existe alguma passagem na vida de Jesus, que se refira à purificação do perispírito para poder alcançar o céu?

RAMATÍS: — Jesus refere-se a tal acontecimento na parábola do homem que deve envergar a "túnica nupcial" para tomar parte no banquete do Rei, quando este diz ao intruso: "Amigo, como entraste aqui, sem a "túnica nupcial"? Atai-o de pés e mãos e lançai-o nas trevas exteriores; aí haverá choro e

---

2 Alguns espiritualistas incorrem no equívoco de considerar que a dor é processo de evolução, quando ela, apenas, retifica ou purifica. A evolução, ou ascensão espiritual, se faz através do estudo, do ensinamento e do serviço benfeitor a outrem. Quando o homem sofre é porque "desviou-se" da senda evolutiva, tomando atalhos censuráveis de lágrimas, onde as almas lavam e purificam os seus trajes perispirituais para depois participar das núpcias no Céu.
3 Vide *Fisiologia da Alma*, de Ramatís, EDITORA DO CONHECIMENTO.

ranger de dentes" (Mateus, 22:1 a 14 - Lucas, 14:16 a 24) Em verdade, o ensinamento oculto significa que a "túnica nupcial" é o perispírito, cuja pureza permitirá ao espírito participar definitivamente do banquete celestial. Em caso contrário, terá de ser lavado no tanque das lágrimas purificadoras do mundo carnal, ou lançado às "trevas exteriores" para o sofrimento retificador provocar o "choro e o ranger de dentes".

A dor quebranta a rudeza e humilha o orgulho da personalidade humana; obriga o espírito a centralizar-se em si mesmo e a procurar compreender o sofrimento. Na introspecção dolorosa, pela ansiedade de solver o seu problema aflitivo, ele tem de reconhecer a precariedade, a presunção e a vaidade de sua figura transitória no mundo de formas.

Assim como o calor vaporiza as gorduras ou o fogo apura a fusão do ferro para a têmpera do aço, a dor é como a energia que aquece a intimidade do espírito e o ajuda a volatizar as aderências indesejáveis do seu perispírito ou da "túnica nupcial" da parábola do Mestre Jesus. É um processo caracteristicamente de "lavagem" ou "limpeza" no tanque das lágrimas, onde há a ação benfeitora e cáustica da dor.[4]

PERGUNTA: — Como se produzem os efeitos enfermiços pela "descida" dos resíduos tóxicos do perispírito para o corpo carnal?

RAMATÍS: — Repetimos ser o corpo físico como um "mata-borrão" vivo, absorvendo na sua carne os fluidos deletérios ou morbo invisível do perispírito, os quais, depois da morte, dispersam-se na terra do cemitério, através da decomposição cadavérica. Esse processo de limpeza do perispírito da escória inferior, e imprópria à sua contextura tão delicada, produz

---

4 Vide o capítulo "A importância da dor na Evolução Espiritual" da obra *Fisiologia da Alma*, de Ramatís, EDITORA DO CONHECIMENTO.

dores, sofrimentos e enfermidades físicas.

Evidentemente, a carga tóxica ou o morbo psíquico incrustado no perispírito desagrega-se pela concentração de forças do próprio espírito na fase "dor-sofrimento" e flui pela atração natural e magnética do corpo físico. Mas nessa fluência para a carne, perturba o bom funcionamento dos "chacras" do duplo etérico,[5] causando desequilíbrio na distribuição da energia vital e provocando manifestações enfermiças. Depois, o fluido tóxico perispiritual atinge o sistema nervoso, infiltra-se para as glândulas endócrinas, afeta o sistema linfático, insinua-se pela circulação sanguínea, produz a proliferação microbiana ou as lesões orgânicas, resultando em moléstias diversas.

É fácil entender serem as toxinas, oriundas do psiquismo mórbido, disseminadas por todo o organismo, até encontrarem os pontos mais vulneráveis, previamente determinados pelo carma no pano de fundo das predisposições biológicas.

Nesse caso, a família consanguínea não é simplesmente um grupo de pessoas portadoras de herança genética semelhante, mas, sobretudo, uma reunião de espíritos ligados pelo amor, ou pelo ódio, ou por resgates grupais, porém, em graus diferentes de comprometimento com a lei do amor e serviço. Isso explica certas doenças hereditárias, como, por exemplo, a psicose maníaco-depressiva, cuja origem genética é considerada, por alguns estudiosos de respeito, de herança autossômica dominante de pequena penetrância para poder explicar que, no caso de um dos cônjuges ser portador da doença, existe a probabilidade de vinte e cinco por cento da prole vir a ser doente, e quando ambos são portadores ela sobe para cinquenta por cento; além dos antecedentes mórbidos familiares. Assim, embora determinada família traga os genes da doença, ela somente se manifestará nos

---

5 Vide o capítulo "O duplo etérico e suas funções" da obra *Elucidações do Além*, de Ramatís, EDITORA DO CONHECIMENTO.

devedores diante da Lei.

Poderíamos, como outro exemplo, citar os casos de rins policísticos, de alta letalidade, cuja incidência não alcança a taxa de cem por cento. A explicação é simples: os familiares, desse conjunto, que evitarem tóxicos, condimentos e substâncias nocivas até para rins sadios e comportarem-se numa vivência moral evangelizada poderão atingir a velhice sem a morte prematura por força da deficiência renal. No entanto, os demais membros da família sofrerão as consequências funestas da vulnerabilidade renal hereditária, se descuidarem da saúde física, abandonando dietas benfeitoras e ainda sob o bombardeio dos descontroles mentais e emotivos do ciúme, do egoísmo, da cólera, da inveja, da maldade, da loucura, da maledicência ou da brutalidade. O carma propõe e o livre-arbítrio de cada um pode modificá-lo ou cumpri-lo.

PERGUNTA: — Explicai-nos isso com mais detalhes.

RAMATÍS: — Conforme o tipo de faltas cometidas pelo homem, produzem-se resíduos ou escórias fluídicas características que, ao emigrarem para o corpo físico, causam determinadas moléstias nos órgãos mais vulneráveis. Cada atitude mental perniciosa, e consequentes sentimentos inferiores, gera uma espécie de fluido nocivo que irá fixar-se no perispírito, obediente à Lei de Causa e Efeito.

Em consequência, os maus fluidos resultantes de emoções negativas ou deprimentes, geradoras de atos contrários às leis universais, produzem efeitos degradantes nos órgãos ou sistemas do corpo humano.

Ademais, o homem é um espírito com encarnações anteriores, trazendo uma carga mais ou menos densa de escórias aderidas ao seu perispírito pelos erros cometidos no passado. Desse modo, a sua moléstia na existência atual será tão grave,

Sob a Luz do Espiritismo · 25

intensa e mortífera, conforme seja o volume da carga deletéria produzida pela sua imprudência e precisará expurgá-la para o "mata-borrão" vivo do corpo humano.

PERGUNTA: — Poderíeis explicar melhor esse fenômeno?

RAMATÍS: — A configuração carnal da parentela humana é frágil cobertura das "consciências espirituais" diferentes entre si e, por isso, as doenças variam conforme as culpas e as virtudes de cada um.

Em exemplo rudimentar: três gêmeos, cuja deficiência vulnerável biológica hereditária são os rins. No entanto, embora os três findem sua existência vitimados por doença dos rins, inexplicavelmente, um desencarna de tuberculose renal, o outro de câncer renal e o último de nefroesclerose. Foram moléstias diferentes, porque era diferente o tipo do fluido mórbido existente no perispírito de cada um.

No entanto, se, em vez de ser nos rins, a vulnerabilidade biológica hereditária dos trigêmeos fosse na pele ou nos pulmões, então, o primeiro desencarnaria tuberculoso da pele ou dos pulmões, o segundo de câncer da pele ou dos pulmões e o terceiro, de escaras de decúbito ou enfisema pulmonar.

PERGUNTA: — Qual é o mecanismo que possibilita essa carga fluídica mórbida atuar diretamente na carne e causar a enfermidade?

RAMATÍS: — O corpo humano é um conjunto de células e é também hospedeiro de outros microorganismos — protozoários, bactérias e vírus das mais variadas espécies, que convivem, harmoniosamente, até surgir o desequilíbrio, quando a debilidade do órgão ou sistema permite a proliferação desordenada desses germens ou das próprias células, conforme o fluido pernicioso no perispírito, que, ao passar para a constituição orgânica, ocasionará essa ou aquela doença. Há uma confluência muitas vezes, de toxinas de graus diferentes de morbidez, resultando nos mais variados sintomas e sinais.

PERGUNTA: — Quereis dizer que a doença num órgão ou sistema do corpo humano varia conforme a natureza do fluido que é produzido por determinada ação?

RAMATÍS: — Cada transgressão gera um tipo de fluido específico e cada fluido maléfico produz um tipo de doença ou perturbação peculiar. Em consequência, o defeito preponderante na criatura, seja inveja, orgulho, avareza, ódio, ciúme etc, é o causador da maior quantidade de fluidos mórbidos aderidos ao perispírito e responsável pela moléstia ou perturbação psíquica mais grave. A doença, nesse caso, varia conforme o tipo, a virulência e a quantidade de cargas nocivas dominantes no perispírito.

PERGUNTA: — Qual é o mecanismo do Carma que faz o espírito ratificar-se de suas mazelas passadas, através da enfermidade?

RAMATÍS: — O homem é produto exato do seu pensamento; e a "cada um será dado segundo suas obras". O que o espírito alimenta e vive no seu psiquismo, materializa no corpo e no cenário do mundo. As virtudes evangélicas proporcionam a estabilidade mental e emotiva, assegurando o equilíbrio das coletividades microbianas do corpo físico e, assim, mantêm a saúde. Os crimes e vícios, no entanto, perturbam e bombardeiam a contextura da carne, estabelecendo a desarmonia ou enfermidade.

Por isso, dentro do conceito cármico de ser "a semeadura livre, mas a colheita obrigatória", o espírito viverá, no futuro, conforme a natureza da sua vida no presente. Através do cientificismo do Carma, é o próprio espírito que mobiliza as forças

Sob a Luz do Espiritismo

retificadoras dos seus equívocos e prejuízos. Na verdade, a Lei funciona de modo equitativo, pois o espíritoególatra, isolado da humanidade, em vida futura, tem uma doença que o afasta do convívio humano pelo perigo do contágio. Daí o motivo por que as doenças destruidoras e cancerígenas não encontram medicação adequada, e o único antídoto que conhecemos, atualmente, é a inversão dos seus polos negativos sob a força do Amor e o medicamento da oração. Comumente, criaturas boníssimas morrem de câncer, surpreendendo o mundo por essa anomalia aparentemente censurável perante a Justiça Divina; no entanto, trata-se de pessoas que, deliberadamente, adotaram a terapêutica do amor e da bondade, a fim de superarem os delitos gerados pelo ódio, pela vingança ou pela crueldade no remoto passado. Enquanto despejam para a carne os fluidos indesejáveis, destrutivos e cancerígenos, recuperam-se, transformando o ódio em amor e a crueldade em bondade.

PERGUNTA: — Em consequência, o estado de espírito do enfermo pode agravar ou amenizar o padecimento de sua moléstia?

RAMATÍS: — Justamente porque existe íntima relação psíquica entre a enfermidade e a natureza física da criatura é que se observa, em certos tipos de enfermos, um círculo vicioso que os mantém sob contínua perturbação mórbida. Assim é que inúmeros doentes sofrem crises mais graves ou sensíveis melhoras, de conformidade com a sua atitude mental e emotiva durante as doenças. Quando se irritam, se incomodam ou se afligem, também se agrava a doença; cresce o teor de açúcar na urina dos diabéticos; aceleram-se as funções da tireóide; agravam-se as dispnéias dos asmáticos ou proliferam os eczemas. Diversas criaturas têm a pele coberta pela urticária, após sofrerem injúrias; outras, diante do menor receio, viagens inesperadas, exames escolares ou inseguranças de negócios são atacadas de diarréias e dores abdominais de origem neurovegetativa.

PERGUNTA: — Mas a intensidade da moléstia também pode depender muito da resistência biológica de cada criatura, mesmo considerando-se a virulência dos venenos psíquicos atuando no perispírito, não é assim?

RAMATÍS: — Sem dúvida, tanto varia a resistência biológica e hereditária de cada ser, como também varia a sua força mental. As criaturas, mental ou espiritualmente, vigorosas superam com mais eficiência os efeitos mórbidos das enfermidades, pois são mais resistentes aos efeitos das toxinas psíquicas, em sua circulação.

Mas, de acordo com a Lei do Carma, tão familiar aos espíritas, sabe-se que será dado a "cada um segundo suas obras". É a Lei, portanto, dando a certo homem um organismo mais rígido e vigoroso contra os descontroles censuráveis da mente e, a outro, corpo mais débil que se abate ante o primeiro surto de violência mental e emotiva.

Aliás, há criaturas tão resignadas e otimistas que, até ante os diagnósticos mais graves a respeito de sua doença, mantêm um nível mental de confiança no Criador, conseguindo superar enfermidades gravíssimas. Pressentem, no âmago da alma, a necessidade espiritual de submeterem-se a tais provas; então, a resignação e o bom ânimo suavizam-lhes o impacto mórbido.

Ao contrário, criaturas espiritualmente débeis agravam os sintomas enfermiços, pois inventam uma perigosa broncopneumonia, onde existe um ligeiro resfriado; transformam a verruga inofensiva em câncer e, na costumeira dispepsia, descobrem a úlcera gástrica. A mente pessimista é campo favorável às forças negativas, pois aumenta a atividade dos fluidos mórbidos.

PERGUNTA: — Portanto, um indivíduo doente pode ali-

Sob a Luz do Espiritismo

viar ou reduzir a amargura psíquica, desde que se mante-
nha num estado de otimismo consciente?

RAMATÍS: — Jesus disse: "Bem-aventurados os que sofrem resignados, porque deles é o reino dos Céus". Realmente, o espírito, ao aceitar o seu sofrimento como oportunidade de purificação espiritual e ajustar-se à bem-aventurança da resignação, eleva o seu "quantum" de luz interior e vaporiza grande parte dos venenos aderidos ao perispírito. Expurga-os para o meio ambiente, num processo de sublimação psíquica, em vez de fluírem completamente pela carne mortificada. E evita o acréscimo de novos resíduos nocivos.

Todos os agentes enfermiços do mundo psíquico, tais como germens, bacilos, vírus, elementais ou tóxicos cruciantes, não resistem à força desintegradora da luz íntima ao se projetar do espírito elevado. É por isso que certas criaturas permanecem imunizadas, mesmo quando atuam no meio das enfermidades epidêmicas ou contagiosas, porque já eliminaram grande parte do morbo psíquico que lhes adensava o perispírito.

PERGUNTA: — Se a dor é processo valioso na edificação do espírito, saneando e purificando o perispírito, não seria melhor evitar-se eliminar ou diminuir a dor e curar as moléstias produzidas pelos expurgos fluídicos?

RAMATÍS: — Desde que o sofrimento e a dor são resultantes do desequilíbrio de ordem moral e do mau uso dos direitos espirituais, é óbvio que só o reajustamento espiritual poderia eliminá-los definitivamente. A dor física ou moral também se manifesta em sentido de advertência, ou mesmo corretivo, para manter a vida e garantir o funcionamento normal do corpo humano, a fim de que o espírito descontrolado não se aniquile pelo excesso de seus desmandos. Em sua função moral, a dor é a bússola de segurança biológica e psíquica; ela assinala a fronteira perigosa, que não deve ser ultrapassada, e convida o imprudente a reajustar-se, tomando o caminho certo do dever.

Quando a humanidade estiver evangelizada, então, a dor não existirá na Terra, em face da perfeição da vivência entre todos os seres e do domínio completo dos fenômenos do mundo material. Portanto, mais importante do que os recursos terapêuticos é o homem controlar, acima de tudo, as atividades e os estados de espírito produtores da dor e do sofrimento. À medida que a criatura assuma atitudes superiores amenizando a cupidez e o egoísmo, domesticando as explosões selvagens do instinto inferior, removerá as causas que a fazem sofrer.

Além disso, a Ciência Médica, como responsável pela saúde humana, é fruto das mais sábias inspirações do Alto. Sua missão é atender ao homem de acordo com suas necessidades biológicas de adaptação ao meio em que vive, aliviando-lhe as dores atrozes, dando-lhe momentos de paz e esperança e prolongando-lhe a vida, tanto quanto seja possível. Mesmo quando não consegue a cura tão desejada, o médico é sempre o sustentáculo para o enfermo se manter vivo, livrando-o do suicídio ou da morte prematura por complicações inesperadas. Atende-o nas deficiências cardíacas, hepáticas ou renais, e proporciona-lhe temporadas de alívio, ajudando-o a criar novas forças e algum conforto momentâneo na sua jornada purificadora. Graças aos médicos e às instituições terapêuticas do mundo, inúmeras vezes, o enfermo se restabelece, após a sua condenação implacável, surpreendendo a todos pela recuperação miraculosa e um final de vida completamente sadio. Paga a pena, o criminoso é libertado.

PERGUNTA: — Considerando-se os pecados como produtores de fluidos perniciosos à saúde humana, em que aspecto devemos considerar as virtudes?

Sob a Luz do Espiritismo

RAMATÍS: — Sem dúvida, as virtudes, como estados de espírito opostos aos que produzem o vício, são produtoras de fluidos sadios, que beneficiam a pessoa humana. Constituem a mais eficiente terapêutica para a cura da alma, pois a sua alta frequência vibratória vaporiza os fluidos mórbidos localizados no perispírito, consequentes às transgressões da Lei.

Daí, a sabedoria de Jesus, o Médico das Almas, quando exaltava a resignação, a humildade, o pacifismo e a renúncia como estados de espírito que conduzem à bem-aventurança eterna. O cultivo das virtudes evangélicas é garantia de saúde, pois a mente tranquila e satisfeita com os bens da vida é como o céu azulado iluminando a harmonia sublime da natureza. Ao contrário, a mente bombardeada pela cólera, pelo ódio, pela ira ou pela cobiça, lembra a noite tempestuosa crivada de relâmpagos e trovões, semeando a desordem e o pavor.

Por isso, a mansuetude, a ternura, o amor e a bondade têm seus símbolos equivalentes nos animais e aves mansos e inofensivos, como a ovelha e a pomba, e nas flores humildes, como a violeta.

Jesus recomenda o Evangelho à guisa de sublime tratado de Medicina Espiritual, pois os seus ensinamentos são remédios potentes. E, além de "curarem" o homem delinquente, ajudam a volatilizar os maus fluidos adensados no seu perispírito. Para as "doenças" do orgulho, do ódio, da avareza, da maldade, do egoísmo, da cólera ou da cobiça, aconselha a medicação infalível da humildade, do amor, da filantropia, do altruísmo, da mansuetude, da bondade e da renúncia. É a Medicina Espiritual preventiva que, usada em tempo, evita lesões, atrofias e cicatrizes, provenientes do expurgo drástico e mórbido no processo de purificação espiritual.

PERGUNTA: — Como se processa a indesejável aderência

de resíduos degradantes no perispírito, produzidos pelos pensamentos defeituosos?

RAMATÍS: — Como exemplo, embora deficiente, poderíamos considerar a natureza normal do perispírito, no seu envoltório exterior, uma vestimenta feita de tecido sedoso, branquíssimo e até transparente pela luz que lhe vem do interior. Assim, à medida que ele se purifica, na sua ascensão angélica, torna-se a veste perispiritual mais fina e translúcida, deixando passar a luz do espírito mais intensa, e decompondo-se num arco-íris de cores cintilantes nos tons claríssimos do verde-seda, do azul-celeste, do amarelo-dourado, ou de franjas róseas, violetas e topazinas. Ao contrário, a conduta desregrada suja o tecido perispiritual de fuligem e manchas que o enegrecem, obstruem a luz, que se mostra em cores escuras, espessas e oleosas, predominando o vermelho sanguíneo, o amarelo cadavérico, o verde ardósia, o azul sujo ou o roxo da mortalha.

Então, o perispírito torna-se denso, deformado e impermeável às providências saneadoras do espírito. Essa carga deletéria deve ser alijada da contextura perispiritual, porque é mortificante na vida do Além-túmulo e causa afecções e padecimentos horríveis, quando muito sobrecarregada. Conforme a sua intensidade e filtração no tecido sutil do perispírito, tornam-se necessárias providências dolorosíssimas e terapêutica rude para aliviar o espírito ensandecido de dores atrozes. É um morbo psíquico, insidioso e tóxico, que deve ser expurgado drasticamente, a fim de se evitar uma atrofia completa e grave da tessitura perispiritual tão delicada.

PERGUNTA: — Como se faz esse expurgo?

RAMATÍS: — Há duas formas de expurgação dos venenos incrustados, e até petrificados, no perispírito enfermo — através da reencarnação do espírito falido ou da terapêutica repul-

Sob a Luz do Espiritismo

siva nos charcos do Astral Inferior. No primeiro caso, os resíduos psíquicos venenosos, provenientes de energias mórbidas, vão-se condensando desde o período gestativo no corpo físico, à medida que este cresce. O organismo, à guisa de "mata-borrão" vivo, absorve e enxuga o perispírito durante a encarnação drenadora, até ocorrer-lhe a morte e a consequente desintegração dos venenos perispirituais e mentais no seio da terra.

Dessa forma, as energias grosseiras, produzidas pela mente através de pensamentos censuráveis e emoções descontroladas, são devolvidas à fonte inferior do baixo Astral, através do corpo carnal, como verdadeiro "fio terra" para a fluência das toxinas. Então, o psicossoma "sujo" de substância indesejável e inferior, canta louvores e hosanas ao Senhor após a morte física, como o pássaro que, após esforços dolorosos, livra-se do pântano onde caíra imprudentemente. Por isso, é comum, nas sessões espíritas, os comunicantes tecerem os cânticos mais formosos a Deus, em gratidão da ventura que passam a esposar após a "limpeza drástica" do corpo astral.[6]

PERGUNTA: — E o segundo processo de limpeza perispiritual, qual é?

RAMATÍS: — Disse Jesus: "Os humildes serão exaltados e os que se exaltarem serão humilhados". Traduzindo para o vosso entendimento atual e científico assim: "Os perispíritos muito densos, sobrecarregados de tóxicos e resíduos provenientes da exaltação do orgulho, do ódio, do despotismo, da perversidade,

---

6 Vide a obra *Flores de Outono*, ed. LAKE, de Jesus Gonçalves, com a parte mediúnica psicografada por Chico Xavier, em que o autor, após desencarnar leproso no "Asilo Colônia de Pirapitingui", glorifica, em versos comoventes, a sua resignação e compreensão em vida, como o comprova, após a desencarnação. Basta o verso seguinte, "Rendendo Graças", para avaliarmos o sentido da dor no aperfeiçoamento humano. Diz, o poeta leproso, Jesus Gonçalves:
"Bendita sejas, Dor, por onde fores,
Luz sublime entre as luzes mais sublimes,
Benfeitora do Céu, que nos redimes,
Aureolada de ocultos resplendores..."

da vaidade ou da cólera serão "humilhados" na queda específica aos pântanos e charcos do mundo inferior, após a saída dos túmulos. Os seres humildes, mansos de coração, compassivos, tolerantes e caridosos, serão "exaltados" ao deixarem a carne e seu perispírito translúcido eleva-se às regiões superiores, pela sua pouca densidade magnética".

Os homens muito sobrecarregados de resíduos venenosos partem do corpo físico e não conseguem alcançar o vôo para as esferas superiores e tombam nos charcos do Além para sofrer a necessária limpeza e aliviar o excesso de peso. Na lei homeopática de que os semelhantes curam os semelhantes, os espíritos sufocados pelo visco das substâncias tóxicas incorporadas nos seus "momentos invigilantes" de ódio, ciúme, cólera, inveja, luxúria, cobiça, avareza ou tirania serão aliviados pela própria absorvência dos charcos do Astral Inferior. Na verdade, o processo de "absorção" ou "sucção", que o lodo astralino exerce no perispírito dos infelizes "réprobos" é, francamente, atroz e de enlouquecer. O expurgo feito de "dentro para fora" é de uma ação cáustica e ardente, produzindo verdadeiras carbonizações, mas deixando resíduos viscosos, aumentando a densidade dos próprios charcos terapêuticos e a sua carga fétida e pestilenta, produto da matéria deprimente expelida pelos condenados.

Daí, a idéia tão arraigada nos homens da existência do "inferno", com o seu fogo purificador e os tormentos de água e azeite ferventes. É, realmente, uma "purgação" provocada pelos charcos nauseantes e de sensações tão atrozes como as queimaduras profundas.

PERGUNTA: — Que acontece a esses espíritos enfermos, depois de limpos ou purificados na sua vestimenta perispiritual pela terapêutica dos charcos infernais?
RAMATÍS: — A duração do processo de expurgação perispi-

ritual é de conformidade com a natureza mais volumosa ou reduzida da carga deletéria aderida ao ser. Há espíritos que purgam seus resíduos tóxicos em alguns meses do calendário terreno; outros, gastam tanto tempo que lhes parece uma condenação eterna nas labaredas purificadoras do Inferno. Os mais esclarecidos, apesar de retrógrados, ajudam o expurgo para mais breve, socorrendo-se da oração, e assim, dinamizando suas próprias energias mentais e espirituais em favor da aceleração do processo de limpeza.

Assim como a limpeza da lâmpada proporciona maior evasão de luz para o exterior, o esforço da oração conjugado à sucção incessante do lodo absorvente dos charcos astralinos também limpa a tessitura do perispírito e favorece maior amplitude à chama divina agasalhada na intimidade da alma. Essa luminosidade crescente permite que os espíritos socorristas, em vigilância nas margens dos charcos do Além, possam identificar os infelizes já em condições de serem arrebanhados para o tratamento final nas enfermarias das colônias espirituais, para depois um novo retorno às reencarnações.

PERGUNTA: — Que aconteceria aos espíritos demasiadamente sobrecarregados pelos resíduos tóxicos, caso não conseguissem verter seu conteúdo mental deletério nos charcos do astral inferior?

RAMATÍS: — Quando há perigo de "petrificação" da escória aderida ao perispírito de almas embrutecidas no excesso das satisfações animais, há o recurso espiritual do "fogo etérico" ou "fogo purificador" ministrado pelos técnicos do Senhor. Isso lhes queima o excesso da crosta petrificada na mentalização e materialização de crimes, ódios, crueldades, tiranias e violências, que exerceram nas vidas físicas e ainda mais lhes aviva a idéia do Inferno. Porventura, também não usais processos incômodos e severos para a desintoxicação do corpo físico, como o "banho turco" ou a "sauna", que ajudam a expelir as toxinas? Sob processos impossíveis de compreensão por vós, esses retardatários sofrem a ação benfeitora do fogo etéreo no seu perispírito compacto pelas substâncias petrificantes, que assim se desintegram e se volatizam, proporcionando alívio das dores e da ansiedade.[7]

PERGUNTA: — Qual a contribuição do Espiritismo na situação tão dolorosa dessas almas pecadoras e inquilinas dos charcos purgatoriais?

RAMATÍS: — O Espiritismo é doutrina dos vivos e não dos mortos, e, assim, julgam os espíritas mais esclarecidos. O seu papel é justamente sanear a mente humana e evitar que o homem peque para depois não sofrer os tormentos do Além-túmulo. É bem mais sensato e proveitoso doutrinar os encarnados para não se desgraçarem após a morte, do que ensinar o caminho para os espíritos perturbados depois da desencarnação. Cada homem renovado à luz do Espiritismo e do Evangelho de Jesus é um peso a menos nos próprios trabalhos mediúnicos espíritas. E, consequentemente, uma vítima a menos dos charcos purgatoriais do Além-túmulo.

---

7 Trecho extraído do capítulo X, "Fogo Purificador", da obra *Obreiros da Vida Eterna*, ditada pelo espírito André Luiz a Chico Xavier. — "O trabalho dos desintegradores etéricos invisíveis para nós, tal a densidade ambiente, evita o aparecimento das tempestades magnéticas que surgem sempre, quando os resíduos inferiores de matéria mental se amontoam excessivamente no plano".
Vide, também, o capítulo "Que são os charcos do Astral Inferior", da obra *A Vida Além da Sepultura*, de Ramatís e Atanagildo, EDITORA DO CONHECIMENTO.

Sob a Luz do Espiritismo

2.
Os fenômenos físicos

PERGUNTA: — O Espiritismo, conforme as diretrizes estabelecidas por Allan Kardec, é doutrina de desenvolvimento do homem interno, não é assim? Então, é conveniente que também se preocupe com a fenomenologia da matéria?

RAMATÍS: — Proclamando-se o Cristianismo Redivivo e adstrito à própria afirmação de Jesus, quando advertiu "o meu reino não é deste mundo", evidentemente, o Espiritismo é doutrina codificada exclusivamente no sentido de promover o aperfeiçoamento espiritual do homem. Por isso, procura não cultivar liturgias, ritos, compromissos religiosos, clero organizado, ídolos, símbolos, paramentos ou oferendas, porque o seu principal objetivo é despertar o espírito humano para libertá-lo do mundo transitório das formas materiais.

PERGUNTA: — Mas é razoável que o Espiritismo paraninfe os chamados trabalhos de "fenômenos físicos", quando, na opinião de abalizados espíritas, trata-se de manifestação mediúnica inferior?

RAMATÍS: — A manifestação dos espíritos na Terra processa-se de acordo com o tipo de mediunidade à disposição do grupo de intermediários. O intercâmbio do mundo invisível com o mundo material, então, é feito de acordo com as possibilidades encontradas. Pode ser do médium inspirativo até o de fenômenos físicos. Os espíritos interessados em comunicar-se com os encarnados, quando as condições permitirem, preferem os médiuns de fenômenos físicos para melhor apresentar as próprias características conhecidas no mundo material. Os médiuns intuitivos, por exemplo, só conseguem demonstrar algo do caráter, do temperamento ou da moral dos comunicantes.

Contudo, para o aspecto científico do Espiritismo, há necessidade de provar os fenômenos de intercâmbio processados pelos desencarnados. Em consequência, a mediunidade de fenômenos físicos também deve ser estudada e experimentada, pois, no futuro, será mais científica e, do seu progresso, também resultará a mais breve comprovação do Espírito imortal, como meio de testemunhar a realidade da vida fora da matéria.

PERGUNTA: — Por que certos espíritas consideram os trabalhos de fenômenos físicos manifestações do mundo astral inferior?

RAMATÍS: — Eles esqueceram que a direção direta ou indireta de todos os mundos possíveis pertence a espíritos puros, porém, nem eles podem transgredir as leis reguladoras desses universos. Assim como o raio de Sol não pode mover o vaso de barro, as entidades de alto nível espiritual também não podem interferir diretamente no mundo físico das energias primárias. Em consequência, há necessidade de agentes apropriados para corresponderem às diversas operações dos encarnados, de conformidade com a graduação espiritual de cada um.

Os trabalhos mediúnicos de fenômenos físicos são produzidos no limiar do mundo espiritual e físico, pois, onde termina

Sob a Luz do Espiritismo   39

a energia "etéreo-astralina", ali principia o domínio das forças materiais. Os médiuns desse gênero de trabalho são criaturas adrede preparadas para usar os fluidos do éter-físico da própria Terra e do mundo astral, além da combinação dos seus fluidos, resultando o ectoplasma sensível à vontade dos desencarnados, criando corpos ou movendo-os. Embora os principais operadores sejam os espíritos no "lado de cá", eles necessitam apoiar-se nos elementos oferecidos pelos médiuns, dos quais depende fundamentalmente o êxito das manifestações físicas.

PERGUNTA: — Conforme explicam muitos estudiosos do Espiritismo, são realmente atrasados os espíritos que se comunicam por intermédio dos fenômenos físicos?

RAMATÍS: — De modo algum, pois, se é preciso agentes de natureza primária, ou espécie de espíritos batedores, que são os intermediários entre ambos os mundos espiritual e material, os comunicantes podem ser de boa graduação espiritual.[1] É verdade que esse tipo de comunicação ainda oferece maior sucesso quando os espíritos comunicantes ainda são portadores de boa cota de vitalidade proveniente do éter-físico, como é habitual nos recém-desencarnados. Mas os técnicos "daqui" socorrem-se comumente de silvícolas; porque são entidades simples, robustas, vigorosas e dum eterismo energético intenso, proveniente da própria natureza.

PERGUNTA: — Seria aconselhável fazer trabalhos de fenômenos físicos, quando a própria doutrina espírita nos parece fundamentalmente espiritual?

RAMATÍS: — É aconselhável fazer-se de modo digno aquilo que possa evidenciar a realidade do espírito imortal

---

1 Vide a obra *Rumo às Estrelas*, de H. Dennis Bradley, em cujos trabalhos de voz direta e materializações compareciam entidades de boa estirpe espiritual, como Feda, Pat O'Brien, Bert, Dr. Barnett, Rodolfo Valentino e, principalmente Johannes.

e melhorar as criaturas pelos ensinamentos superiores. Os fenômenos físicos são apenas um "meio" de intercâmbio com o nosso mundo espiritual e a Terra. Seja qual for o tipo de trabalho mediúnico, o mais importante é a natureza do assunto e do ensinamento obtido; pois há médiuns que operam, exclusivamente, no plano da inspiração e só apresentam lições inferiores, e ainda semeiam intrigas entre os próprios companheiros. A doutrina espírita é realmente de objetivo transcendental por ter como finalidade o aperfeiçoamento do espírito humano. No entanto, os trabalhos de fenômenos físicos são, também, excelentes meios de propagação dos valores sublimes do Cristo, através do Espiritismo. Não vemos desdouro em tal prática, quando as energias primárias do magnetismo seivoso do orbe recebem o toque sábio de forças oriundas dos planos mais elevados, que as transformam no "revelador" da vontade e da ação dos espíritos desencarnados sobre a matéria. Quanto mais esses trabalhos se tornam frequentes, progridem para níveis superiores e os fenômenos aperfeiçoam-se, merecendo maior assistência técnica dos espíritos superiores. Ademais, com o tempo, melhora a qualidade do ectoplasma oferecido pelos médiuns e assistentes, permitindo a projeção de elevadas entidades na tela do mundo físico.

PERGUNTA: — Qual é a principal vantagem do trabalho de fenômenos físicos?

RAMATÍS: — A espiritualidade procura todos os meios para provar a vida em sua vibração mais sutil e, no futuro, isso será motivo de pesquisa e de estudo científico profano. Inúmeros cientistas terrenos deram vigoroso impulso aos ensinos e postulados espiríticos, depois de comprovarem pela fenomenologia física mediúnica, a realidade do espírito imortal.[2]

2 Por exemplo, Sir William Crookes, Prêmio Nobel de Física, (descobridor dos

Sob a Luz do Espiritismo   41

O Espiritismo, além de religioso e filosófico, é também científico; porém, esse aspecto não é mera questão subjetiva, mas deve ser exercitado no terreno objetivo da experimentação cotidiana. Em face das possibilidades cada vez mais admiráveis da ciência do mundo, em breve, será provada a imortalidade da alma, através dos próprios trabalhos de fenômenos físicos efetuados em ambientes universitários.

PERGUNTA: — A maioria dos espíritos acha irrelevante o fato de certos adeptos precisarem "ver" ou "apalpar" os espíritos para crer. Que tais pessoas não passam de modernos S. Tomés à procura de fenômenos, mas desinteressadas das reuniões evangélicas da doutrina moral do Espiritismo. Que dizeis?

RAMATÍS: — O importante não é o homem convencer-se da realidade imortal, mas "converter-se" aos princípios da vida superior. Tanto faz crer na imortalidade do espírito, através de provas concretas da fenomenologia mediúnica física, como pelas intuições vividas na intimidade da alma. O que importa, primeiramente, é verificar-se quais foram as modificações salutares processadas na conduta da pessoa, após ter descoberto a própria imortalidade

Muitos homens, os quais exigiram provas repetidas de fenômenos físicos para depois crer na sobrevivência do espírito, têm sido mais úteis à divulgação da doutrina espírita do que a maioria dos místicos convictos, porém, inoperantes, incapazes de defenderem e valorizarem os postulados doutrinários no momento oportuno. Dizem alguns que não precisam de provas materiais para crer na imortalidade da alma e, no entanto,

---

raios catódicos e do estado radiante da matéria) o qual, depois de participar de fenômenos de materialização com o intuito de desmascará-los, passou a pesquisar os mesmos com o mesmo rigor científico (chegando a retirar, do espírito materializado de Katie King, mechas de cabelo, fragmentos de vestes e fotos). Ao cabo da pesquisa, documentada em sua obra *Fatos Espíritas*, declarou textualmente: "Eu não digo que esses fatos são *possíveis*: eu afirmo que eles são *reais*".

vacilam em sua fé diante da primeira decepção espiritual. É preciso distinguir a crença definitiva, embora firmada sob provas fenomênicas, da crença ingênua ou boa-fé, entretanto superficial e débil, como a semente comida pelos pássaros dos desenganos. A Administração Sideral não exige crença, mas o cultivo das virtudes e repúdio aos vícios e paixões. Não há desdouro em ver para crer, assim como não há mérito em crer sem ver. Na verdade, o espírito não se gradua pela forma usada para admitir a sua sobrevivência; isso é fruto exclusivo das obras realizadas em favor do próximo, ou de seu aprimoramento espiritual.

PERGUNTA: — Que predizeis para o futuro, com relação aos trabalhos de fenômenos físicos? Eles enfraquecerão as reuniões evangélicas e doutrinárias do Espiritismo, carreando mais público pela sua natureza espetacular?

RAMATÍS: — Os intercâmbios mediúnicos, através dos trabalhos de fenômenos físicos, tendem a se desenvolver caso sejam úteis aos planos de melhoria humana, ou não. Os homens, em seu desespero crescente e cada vez mais desiludidos das religiões estratificadas no tempo, vão empreender todos os esforços possíveis para descobrir a sua realidade imortal. A ciência penetra cada vez mais intensamente no mundo microscópico e infinitesimal; atualmente já domina as forças internucleares e outras ocultas há séculos, desbancando os conceitos cultuados por magos e alquimistas. Hoje, sabe-se que atrás dos símbolos, práticas supersticiosas e ritos estranhos dos velhos mistérios, há boa dose de verdades e bom senso. Certas lendas de seres fantásticos, controladores das forças poderosas do mundo, aparecem explicados pela ciência. Os cientistas terrenos disciplinaram a energia atômica, controlaram os demônios das doenças e caminham para o controle da natureza

Evidentemente, quando o homem estiver convencido da

Sob a Luz do Espiritismo   43

sobrevivência do espírito, também haverá de querer conhecer as normas regentes do reino invisível aos olhos da carne. Em face das vicissitudes e dos sofrimentos que chicoteiam a humanidade na Terra, é perfeitamente óbvio o ser humano alimentar esperanças de alcançar sua paz e ventura numa vida integral. O sofrimento do homem sensibiliza-o para a busca do ideal futuro de uma vida melhor. A sabedoria do espírito eterno melhora os padrões da vida material; e a função da ciência é de realizar tal objetivo. Por isso, o espírito humano terá, no cenário físico, a ajuda própria científica para eliminar as dúvidas e incertezas. No futuro, o espírito poderá materializar-se nos laboratórios, mesmo à luz do dia, sob o controle de hábeis cientistas e através da manipulação adequada de ectoplasma. O perispírito será examinado em sua temperatura, densidade, espectografia, magnetismo e odor, através de aparelhos especiais. Há séculos seria estultice alguém acreditar na possibilidade de se medir no corpo humano a pressão, a pulsação, a circulação ou verificar-se a quantidade e qualidade de sucos gástricos, hormônios, fermentos, glóbulos brancos e vermelhos. Alguém poderia imaginar o eletrocardiograma, a radiografia e o eletroencefalograma, o ultra-som ou infravermelho?

Através dos trabalhos de fenômenos físicos, os espíritos desencarnados poderão ensinar aos cientistas terrenos a pesquisar e a conhecer os segredos do perispírito.

PERGUNTA: — Porventura, a ciência terrena conseguirá produzir aparelhos capazes de investigar ou comprovar os espíritos?

RAMATÍS: — Sob a inspiração dos gênios do mundo espiritual, em breve podereis ouvir e ver determinados espíritos de nível comum, através de avançados equipos e aparelhos similares à televisão e espécie de "psicofone" parecido à telefonia terrena.[3] O ectoplasma será alvo de meticulosa pesquisa e experimento da ciência terrena, a ponto de os cientistas conseguirem sua produção em laboratório, na função de elemento mediúnico capaz de efetuar a conexão entre o mundo espiritual e físico, tal como o faz no próprio corpo carnal.

PERGUNTA: — Qual é a significação ou principal importância das curas e operações fenomênicas de médiuns excepcionais, como foi no caso de Arigó e outros, que têm espantado a própria ciência médica? Essa fenomenologia é processada especificamente para aliviar o sofrimento humano, quando falha a medicina do mundo ou se trata de acontecimento deliberado pelo Alto, a fim de provar a existência do espírito?

RAMATÍS: — Trata-se de acontecimento destinado a abrir clareiras na descrença humana e demonstrar a realidade poderosa do mundo espiritual. O espanto, a surpresa, o insólito e o incomum, terminam por tocar incrédulos cientistas e estudiosos, para atraí-los à espiritualidade, e predispõem outras criaturas a crer na existência de uma vida além da material.

Em verdade, dentro do esquema de "Fim de Tempos" e da seleção espiritual, já em andamento na Terra, o Alto mobiliza todos os esforços e recursos possíveis para chamar, advertir e orientar os homens. Quanto mais o homem se tornar esclarecido espiritualmente, também reduzirá seu problema no Além-túmulo, dispensando o fatigante trabalho socorrista dos espíritos assistentes. Por isso, não importa que os cépticos precisem ver para crer ou sentir na própria pele o estilete da vida imortal. O importante é modificarem sua conduta, amenizarem

---

3 Previsão que já se cumpre hoje, pelos fenômenos de Transcomunicação, em ocorrência no mundo inteiro, com entidades espirituais comunicando-se através de gravadores, televisão, computadores e telefone, que pesquisadores idôneos (até um padre católico, com autorização papal) têm registrado, em extensa bibliografia.

Sob a Luz do Espiritismo

o egoísmo e esforçarem-se para a libertação dos bens efêmeros. O cidadão do século XX precisa reconhecer que, detrás de toda fenomenologia do mundo, permanece intensa e viva a vontade e o poder da consciência imortal operando na letargia das formas. O Universo é produto da materialização da inteligência criadora; e os homens são os prepostos menores, a auxiliarem na criação incessante. Cada espírito é um deusinho em miniatura, dotado de poderes excepcionais, podendo exercitá-los e aplicá-los conforme o seu amadurecimento e desenvolvimento espiritual. A matéria, como energia condensada nas formas do mundo, sob o impulso vigoroso do ser imortal também poderá retornar à sua forma primitiva de liberdade e modelar novos mundos.

Para vosso despertamento, ocorrem essas pequenas demonstrações, como no caso dos médiuns excepcionais, os quais praticam operações perigosas, dispensando instrumentação médica e a própria assepsia. As formações mórbidas e atróficas do organismo humano são retiradas pela intervenção de médicos do Espaço, obedientes às mesmas leis que regem a "materialização" e "desmaterialização" da matéria do vosso orbe. Embora para os encarnados, essa intervenção pareça ser miraculosa e desmentir a aparente rigidez das leis físicas, tal acontecimento não contraria a ordem existente no Universo; somente, ocorre em planos mais sutis e sob o comando de vontades poderosíssimas.

PERGUNTA: — Quando acontece de alguns enfermos graves não serem operados, enquanto são atendidos outros de menos necessidade, como temos observado com o médium Arigó, isso é fracasso ou prova para os que são desiludidos?[4]

RAMATÍS: — Não poderíamos considerar como fra-

---

4 Quando visitamos o médium Arigó, em Congonhinhas, pudemos observar, pela nossa vidência, que só eram operados os enfermos assinalados por uma pequenina luz branca, a pousar em suas cabeças. Aos demais, embora mais graves, o médium apenas prescrevia medicações.

46   Ramatís

cassos, ou provas dolorosas, para alguns seres pagarem suas culpas através de decepções. Os acontecimentos "daqui" e "daí" ainda se sucedem dentro do aforismo de que "não cai um fio de cabelo do homem, que Deus não saiba".

Há enfermos graves que não devem e não podem interromper a drenagem dos fluidos tóxicos do perispírito para a carne, no processo transcendental de escoamento para o "fio terra" simbolizado no próprio corpo. Eles seriam imensamente prejudicados nessa limpeza saneadora ante alguma cura intempestiva. Em geral, o espírito, antes de reencarnar-se, faz propósitos enérgicos de resgatar o "carma" ou "queimá-lo" sob o fogo purificador do sofrimento e, por isso, concorda em cumprir um programa de asseio benfeitor para livrar-se da carga venenosa aderida ao perispírito. Mas, depois de encarnado e sob o olvido do mundo espiritual, eis que também esquece o programa doloroso e higienizador feito e aceito no Espaço. Aflito, faz geralmente uma via sacra pelos consultórios médicos ao primeiro sinal de sofrimento. Desiludido da medicina limitada pela lei maior, também recorre ao curandeirismo e aos médiuns curadores, mas, para o seu próprio bem, é impedido da cura prematura para não retornar ao Além em condições de falência por não ter cumprido o roteiro aceito para a existência carnal, a fim de expelir a escória perispiritual, não se justificando a modificação do programa iniciado com o processo purificador.

Em consequência, não se trata de fracasso dos médiuns curadores, mas, apenas, de uma limitação no cumprimento do processo higienizador admitido pelo próprio espírito encarnado. No entanto, no prosseguimento da causa espírita e para atrair a atenção da ciência do mundo são socorridos ou operados enfermos menos comprometidos com a Lei, enquanto outros ficam à espera do seu melhoramento espiritual e relegados para ocasião oportuna.

Sob a Luz do Espiritismo

47

PERGUNTA: — *Poderíamos supor que os espíritos sempre se esforçam para operar fenômenos sobre os homens, a fim de convertê-los à crença espiritual?*

RAMATÍS: — Indubitavelmente, os espíritos benfeitores e amigos procuram despertar os encarnados para as coisas do mundo espiritual, servindo-se de todos os meios e circunstâncias à disposição deles. No entanto, o intercâmbio entre o mundo físico e o mundo espiritual é muito difícil, porque o trabalho mais árduo é feito pelos desencarnados. Os homens exigem provas, fenômenos e esclarecimentos dos espíritos, porém, clamam contra qualquer decepção proveniente quase sempre da falta de preparo ou de dificuldades transcendentais interpostas entre os dois mundos.

Mas, a verdade é que os encarnados pouco fazem para vir ao nosso encontro; em geral, não conseguem revelar uma fotografia à luz do Sol, mas exigem de nós acontecimentos excepcionais contrários as mínimas regras da vida oculta. Ademais, querem ouvir-nos materializados, oferecendo fluidos impregnados de alcoólicos ou engordurados pela banha das vísceras dos animais, ignorando, talvez, que o ectoplasma não é produto de alambiques ou de fermentações ou putrefações do estômago.

PERGUNTA: — *Que nos aconselhais para incentivarmos os trabalhos de fenômenos físicos?*

RAMATÍS: — O mesmo que deveis adotar nas demais formas de intercâmbio com os espíritos desencarnados — confiança, propósito salutar, sentimentos superiores e pensamentos espiritualizados. Isso não só estabelece um elevado grau de simpatia, atraindo os bons espíritos, como o Alto vos credencia para o serviço do Cristo, através da divulgação espiritista. No entanto, é preciso não esquecerdes: o fenômeno imediato pode deslumbrar os olhos, mas só a renovação evangélica atende aos sentidos da alma.

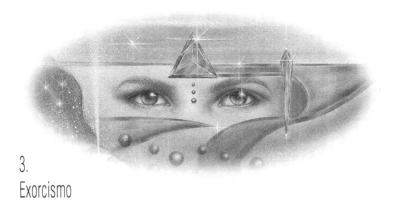

3.
Exorcismo

PERGUNTA: — *Que dizeis da afirmação categórica feita pelo Papa Paulo VI, de que o Diabo existe e essa entidade abominável vive tentando e atormentando os homens, na mais obstinada luta contra a evolução dos "filhos de Deus"?*

RAMATÍS: — Em face do constante esvaziamento da Igreja Católica, consequente da sua posição em negar uma verdade como a Reencarnação, e a possibilidade de comunicação com os espíritos desencarnados, assunto hoje corriqueiro em todas as doutrinas baseadas no Orientalismo e na codificação kardequiana, ela necessita de algo novo e inusitado, a fim de lhe vitalizar os alicerces desgastados e amparar o edifício religioso secular, antes da sua transformação em ruínas.

São muitos os problemas da Igreja: a desobediência de alguns padres; a fuga de outros para o casamento; as dissenções internas, por força das atuais decisões hierárquicas; a destruição sistemática das fantasias dos dogmas, abalados pelas descobertas da ciência moderna; inclusive as "falhas" da infabilidade papal, que não consegue superar uma simples leitura da "buenadicha"; a falta de vocação dos jovens para o sacerdócio e, em consequência, o despovoamento dos conventos e das igrejas; e, ainda, as dificuldades financeiras, que se avolumam dia a dia, a fim de manter um clero luxuoso em todas as latitudes geográficas do orbe — a exigência de uma rentabilidade, em síntese, obriga a uma urgente promoção clerical, sugestiva e incomum, que possa reativar o anêmico Catolicismo.

Mas, o clero católico, caso tivesse admitido em seus postulados o processo sensato e coerente da Reencarnação, o qual justifica todos os tipos de destinos humanos, e ainda evidencia o Amor, a Justiça e a Sabedoria de Deus, ficaria solidamente fortificado e seria a mais vigorosa competidora da Umbanda, cuja doutrina mediúnica, hoje, lidera, cada vez, mais o sentimento religioso do povo brasileiro.

Isso, malgrado os esforços inovadores na campanha do "Cursilhismo", técnica que, apelando para valores emocionais, consegue sensibilizar os participantes para a vivência dentro dos princípios divulgados, há dois mil anos, pelo próprio Cristo e, atualmente, praticados e conhecidos pelos espíritas. Entretanto, passado o breve entusiasmo das emoções liberadas, a maioria dos "cursilhistas" retorna à mesma vida apática e de despreocupação com a realidade da Vida Imortal.

Daí, o motivo por que o Papa Paulo VI se decidiu pela ressurreição urgente do Diabo,[1] o milenário adversário do Criador, infatigável perseguidor da humanidade e, paradoxalmente, com o mau gosto de só arrebanhar pecadores, ou seja, os "falidos do mundo".

Sem dúvida, há certa razão e lógica nesse imediato renascimento e consagração de Lúcifer, por parte da bula papal, pois funcionaria como motivação para reativar a fé católica, usando o antiquado recurso do medo. Talvez, à falta de um interesse

---

1 Afirmou o Papa Paulo VI: "O Demônio existe. É o inimigo oculto, misterioso, que semeia erros e desgraças na história humana".

positivo comum, o clero secular fez renascer o senil Satanás.

O Santo Padre já não ignora que, no vosso país, os bons católicos frequentam a missa pela manhã, ou à tarde, e, paradoxalmente, à noite, frequentam os trabalhos de Umbanda para receber do humilde preto velho o conselho fraterno e amigo. A necessidade de uma promoção diabólica deve trazer vantagens para a Igreja Católica Romana, pela união de todos os fiéis, sob a mesma bandeira de guerra. Por sua vez, Satã não deverá fugir à luta e assumir, de imediato, o comando de suas falanges terríveis, que se achavam em merecidas férias. Providenciar as urgentes reformas do Inferno, atulhado de tachos arcaicos de água e azeite fervente, enfrentar novamente a fumaça sufocante da lenha verde e movimentar-se entre a azucrinação de berros, uivos e gritos dos pecadores imprudentes.

PERGUNTA: — Qual é a vossa opinião sobre a existência do Diabo?

RAMATÍS: — É evidente e indiscutível que o homem ainda é uma entidade mais perversa e poderosa do que o lendário Lúcifer. Depois que o terrícola lançou a bomba atômica sobre Hiroshima, desintegrando mais de 120.000 japoneses, ao simples apertar de um botão eletrônico e pelo processo mais eficiente e sadio de exterminação, o Diabo deve ter tido uma crise de frustração indescritível e, possivelmente ainda hoje, deverá estar deitado num divã de qualquer psicanalista infernal, confundindo mais as suas idéias em conflito. Não será capaz de continuar na administração do milenário Inferno, profundamente humilhado diante dos caldeirões anacrônicos de dois mil anos passados, ao se ver superado pelo progresso humano no campo da barbárie. Ademais, há de reconhecer a sua inutilidade, ante o fato irônico de lidar com a pior fauna humana nos diversos departamentos do Inferno, a qual é

Sob a Luz do Espiritismo

constituída pelos criminosos irrecuperáveis — os pecadores mortais.

Não há dúvida que o Diabo é um produto mórbido da imaginação humana, pois o modelo escolhido para configurá-lo é o do próprio homem, com alguns enfeites, que seriam motivo de risos em vosso país, como os célebres cornos.

Assim, em face de tantas atrocidades, crimes e impiedades, existentes no seio da própria humanidade terrícola, e que se sucedem, tanto em tempo de paz como de guerra, é muito difícil o homem conseguir pintar um Diabo muito pior e mais cruel do que ele mesmo. O mais singelo exame e análise da história do mundo terreno é suficiente para se comprovar quanta tortura, massacre, tirania, perversidade e pilhagem norteiam a evolução, motivados, desde as ambições políticas, até a ira e as desforras religiosas, como durante as cruzadas da Idade Média, quando se retalhavam vivos os "infiéis" comandados por Saladino; a famosa "Noite de São Bartolomeu", em que milhares de católicos apunhalaram os protestantes, por ordem de Catarina de Médicis;[2] a impiedade dos doges venezianos, cujos adversários políticos eram colocados em esquifes de ferro e, depois, se fechavam as tampas, internamente eriçadas de espetos acerados; as pirâmides de cabeças decepadas e amontoadas por Gengis-Khan e Tamerlão; a matança dos cristãos, nos circos romanos, ou na forma de tochas vivas a iluminarem os jardins de Nero; as chacinas monstruosas na China; os enterrados vivos no Egito; as degolas em massa, na Turquia; os atrozes empalamentos dos infelizes párias, nas estacas da Índia; os incêndios das cidades pacíficas, pelos flagelos de Átila. E, ainda, recentemente, os milhões de judeus assassinados pelos nazistas, cujos comandantes, masculinos e

---

2 N. do Médium: Quando os católicos invadiram a cidade de Beziers, a fim de matar os hereges e infiéis, e como temiam liquidar também os próprios correligionários, consultaram, a respeito, o monge Arnaud Amaury, o responsável pela matança, o qual, então, respondeu, irritado: "Matai-os todos, pois Deus saberá reconhecer quais são os seus devotos e seus hereges".

femininos, dos campos de concentração, praticavam as mais bárbaras perversidades contra homens e mulheres judias.[3] Os próprios sacerdotes católicos, que tanto acusam o paranóico Belzebu, e lhe atribuem a culpa de todas as maldades do mundo, ainda se tornaram bem piores, quando o Papa Gregório IX instituiu o "Santo Ofício". No decorrer da Inquisição, iniciaram a guerra de extermínio aos judeus, mouros, protestantes, hereges e maus católicos, sofismando com o princípio da "purificação"; chegaram à hipocrisia de "orar" pelos culpados. Nos infectos porões de torturas, arrancavam-se línguas, olhos e orelhas, decepavam-se dedos, mãos e pés, até os carrascos do "Santo Ofício" transformarem os infelizes suspeitos de heresia em molambos esfrangalhados que, depois, seriam torrados no fogo das fogueiras "divinas" e ao cântico de "hosanas" a Deus.

Evidentemente, a prática de tais perversidades, tudo em nome do manso e amoroso Jesus, fruto do sadismo humano delirante, começou a afetar Satã que, entre estarrecido e complexado, lamenta sua falta de criatividade e os seus pobres caldeirões enferrujados, que só permitiam uma tortura "estandardizada" e, cada vez mais, ridicularizada pelo próprio homem.

PERGUNTA: — Mas, por que o Diabo seria apenas uma figura lendária, quando é cultivada desde os mais remotos períodos de nossa história, e permanece atuando desde a nossa infância? Em verdade, são raras as pessoas que viveram livres da idéia atemorizante da influência diabólica. Que dizeis?

RAMATÍS: — Acontece que os antigos magos e sacerdotes, no intuito de estimularem os seus fiéis à prática do Bem,

---

3 Entre as mais perversas comandantes femininas de campo de concentração, ainda aprisionadas pelos americanos, Irma Graeser, a pior de todas, mandava amarrar as pernas das prisioneiras judias, justamente na hora suprema do parto, só para vê-las morrer no mais cruel tormento humano.

Sob a Luz do Espiritismo

conceberam o Diabo como o oposto a Deus, o paradigma dễ tudo aquilo que a criatura deveria sofrer, ao praticar o Mal. Desse modo, muitas vezes, a concepção de Deus e do Diabo pareciam se confundir, e o homem terminava se habituando a essa dualidade, em que se diluíam as fronteiras do Bem e do Mal. A própria figura de Jeová, o Deus dos hebreus, tanto podia ser aceita como um "deus vingativo", como à imagem de um "demônio justiceiro". Jeová, o Deus judaico, mandava exterminar os povos inimigos, produzia epidemias, inundações, pestes e pragas de gafanhotos contra os egípcio e, em certas ocasiões, como relata o Velho Testamento, exigia a imolação dos filhos e se satisfazia de ver correr sangue. Os próprios deuses gregos eram produtos gerados à imagem e semelhança dos homens; apreciavam o sexo, participavam de bacanais e orgias; embriagavam-se, e se votavam a amores escandalosos, agindo de modo excêntrico, com os seus poderes divinos. Júpiter, conforme a lenda, disfarçou-se em cisne para dormir com Leda e, posteriormente, transfigurou-se num touro, a fim de raptar Europa.

Sob tal condição, não é difícil a mescla entre o demoníaco e o divino, trazendo a profunda confusão psíquica ao homem, por já não saber corretamente se a alegria e a ventura, o prazer e o vício, são mais de Deus do que do Diabo.

PERGUNTA: — E quais foram os motivos ou intenções, que promoveram a concepção do Céu para os eleitos de Deus?

RAMATÍS: — A fim de estimularem os seus fiéis à pratica do Bem, os antigos magos e sacerdotes conceberam um céu guarnecido com o máximo possível de tudo o que poderia ser considerado o extremo do prazer, da alegria e da ventura. Daí, um céu povoado de anjos, no eterno manejo de rabecas e harpas, que eram, na época, os instrumentos mais aperfeiçoados para transmitir a "divina música" e a idéia de "gozo" e "ventura", resumidos, mais propriamente, na concepção infantil de "não se fazer nada", ou seja, a "dolce vita", naquele tempo. É muito provável que, se a carpintaria humana resolvesse montar um céu nos moldes das realizações técnicas e conquistas científicas modernas, teria de instalar conjuntos musicais e orquestras sinfônicas de alto gabarito, capazes de executar, desde as melodias singelas do folclore de um povo virtuoso, até a sensibilidade de um Chopin, a matemática de sons de um Brahms, a espiritualidade de um Mozart ou, mesmo, a mensagem universalista de Beethoven. Sem dúvida, o céu no Século XX ainda exigiria o toque artístico dos mais hábeis decoradores terrícolas, o preenchimento pela cinematografia panorâmica e pela televisão colorida, num ambiente sofisticado por um éter perfumoso, onde os mais variados cardápios deveriam assinalar os pratos epicurísticos das confeitarias terrenas.

Mas, infelizmente, o Paraíso teológico ainda apresenta, no século atômico, as mesmas emoções e os prazeres medíocres vividos há milênios, os quais não parecem seduzir os homens para qualquer promoção virtuosa.

PERGUNTA: — E que dizeis, quanto à concepção do Inferno, cujo cenário também se mantém imodificável, após dois mil anos de sua criação?

RAMATÍS: — Na composição literária do Inferno teológico, um produto inegável da imaginação humana de mais de dois mil anos, também foram ajustadas as características das torturas e dos castigos primitivos, mais conhecidos e empregados naquela época. Na intenção de impressionar fortemente a humanidade, o sacerdócio hebreu procurou estimular os homens à fuga dos pecados, sob o temor de serem cozidos em caldeirões de água, cera, azeite e chumbo ferventes ou, ainda, assados entre carvões incandescentes e o enxofre sufocante,

Sob a Luz do Espiritismo

numa paráfrase assustadora do que, realmente, acontecia de mais atroz em sua época, que era o culto a Baal ou a Moloch.

Obviamente, se o Inferno fosse imaginado no vosso século atual, os religiosos teriam de descrevê-lo como provido de todos os recursos científicos e aparelhagem de tortura e punições modernas. Seria necessário concebê-lo guarnecido de cadeiras elétricas, bombas escaldantes e asfixiantes, câmaras eletrônicas superaquecidas, leitos de chapas eletrificadas, chuveiros ferventes e torradeiras anatômicas. Seriam dispensados os seus caldeirões e tachos anacrônicos e anti-higiênicos, eliminando-se o sistema obsoleto de queima de enxofre e carvão, cujo braseiro primitivo e oneroso consome verbas astronômicas, sem a possibilidade de qualquer indenização por parte dos pecadores completamente falidos.

Sem dúvida, o Diabo sentir-se-ia eufórico nesse Inferno eletrificado, programado pelo Serviço de Computação Luciferiana S.A., onde lhe bastaria apertar um botão para mover talhas, guinchos, depiladores, ferretes e controle térmico. Câmaras acústicas, para evitar que a sinfonia de gritos, berros e uivos incomodassem os ouvidos de Sua Majestade. Os ventiladores e exaustores elétricos, a eliminarem o odor nauseante da carne queimada. Um Inferno limpo, técnico, onde as únicas punições mais primárias e, semelhantes às dos policiais seriam o célebre "pau de arara", os choques elétricos com os pólos passando por um telefone de campanha, os afogamentos e esmagamentos de órgãos genitais masculinos, bem como a introdução de instrumentos rotundos na genitália feminina, fora o comum espancamento nas partes moles para não deixar marca.

PERGUNTA: — Quais são as razões mais convincentes de que o Diabo não existe, apesar de tantos séculos de crença e temores da humanidade terrena?

RAMATÍS: — É do mais singelo bom senso que Deus, em Sua Infinita Bondade, não iria criar o Diabo, um ente absolutamente perverso e com a finalidade de atormentar os seus próprios filhos. Qualquer um, que tenha compreendido o mecanismo da evolução, entende a impossibilidade lógica e ontológica de a criatura ser capaz de se rebelar contra o seu Criador, a ponto de desafiá-lo.

PERGUNTA: — Conta-nos a história religiosa, que Deus criou um anjo chamado Lúcifer, o qual depois se rebelou contra o Criador e, por isso, foi atirado às profundezas do Inferno e, ali, transformado num ser diabólico e abominável para o tormento da humanidade. Que dizeis?

RAMATÍS: — A história, ou mais propriamente o simbolismo daqueles tempos, o que para a nossa cultura peca pela base, aos desmentir a Infinita Sabedoria de Deus, ao criar um anjo perfeito, para posteriormente involuir, avilta-se por toda a eternidade, transformando-se na criatura teratológica, perversa e defeituosa, contrariando plenamente a obra divina. É evidente que o anjo Lúcifer, como uma parte da criação Divina, possuía e possui, em si, as qualidades de seu criador, que lhe asseguraria a perfeição suprema. Jamais ele poderia regredir aos comportamentos primitivos e egoísticos, pois o raio de sol não se macula com a poluição da atmosfera terrícola que ilumina e aquece.

Se o "Anjo Lúcifer" existisse, seria uma paradoxal negação da Suprema Perfeição Criadora, capaz de falhas tão gritantes, nos seus processos operativos. Entretanto, nos mundos em fases primárias de evolução, há sempre a polaridade como lei fundamental: claro e escuro; bem e mal, amor e ódio; e sombra e luz, que representam referenciais aos espíritos imperfeitos na sua escalada ascensional do menos infinito ao mais infinito eterno.

Sob a Luz do Espiritismo

PERGUNTA: — Asseguram outros entendidos, que Deus não pôde dominar o Diabo, o qual se move em plena liberdade no Universo, lutando pelo governo universal sobre todos os seres.

RAMATÍS: — Considerando-se a possibilidade de que Deus ainda não conseguiu dominar o Diabo, na sua interferência negativa e malfazeja na administração do Cosmo, conclui-se que Deus não dispõe do propalado Poder Infinito e, portanto, lhe falta um atributo essencial: ele deixa de existir. Em consequência, devem aumentar as nossas preocupações quanto aos destinos do ente espiritual, pois, ou o Criador não existe, ou é da mesma espécie do Satã, e nada teria sentido dentro do Universo, o que contradiz a nossa experiência sensível. Logo, o Demônio é a projeção dos instintos animalescos humanos, nos campos mais transcendentais da evolução anímica.

Os homens, durante os milênios, praticaram mais perversidades no mundo do que qualquer Diabo mal-intencionado. Não há dúvida de que esse lendário e pelotiqueiro personagem da "escatologia" católica só deve assustar aos religiosos infantilizados ou bestializados pelas consciências culpadas.

PERGUNTA: — Quereis dizer que a presença sistemática e lendária do Diabo atuando no mundo ainda não passa de um mito superado pelos pecados e pelas perversidades da própria humanidade? Não é assim?

RAMATÍS: — Sem dúvida, Satanás torna-se uma figura cada vez mais ridícula e anacrônica, ultrapassada pelo maquiavelismo do homem, que o venceu, largamente, em maldade, hipocrisia, cupidez, vingança, luxúria, avareza e desonestidade. Examinando-se a história da humanidade, comprova-se que o Diabo foi derrotado pela sua falta de criatividade na prática de crueldades inéditas, completamente incapaz de superar os humanos nos seus requintes de perversidade. Conforme já dissemos alhures, a velha fórmula de se cozinhar os pecadores em caldeirões de água e azeite ferventes, afora algumas variações primárias de espetá-los em garfos enferrujados ou assá-los ao molho sulfuroso, não só demonstra uma tortura muito rotineira, como demonstra a incapacidade diabólica do próprio diabo na administração infernal excessivamente burocrática e, portanto inoperante e fadada à extinção no futuro organograma sideral.

Todo esse aparato em nada tem modificado a essência da humanidade no emprego da tecnologia científica nos bastidores das guerras e ditaduras, incrementadas por papas, cardeais, bispos e outros "religiosos" paranóicos, que, na busca do poder no mundo de César, sacrificam aos milênios a ventura harmoniosa do mundo Divino.

PERGUNTA: — Malgrado as vossas considerações, algo divertidas, quanto à inofensividade do Diabo superado pelas torpezas humanas, muitos intelectos desenvolvidos e até de mentalidade científica incomum, cogitam, seriamente, na veracidade da lenda satânica. Que dizeis?

RAMATÍS: — Os intelectos bem desenvolvidos na Terra podem ser crianças analfabetas, quanto ao entendimento da vida superior espiritual. Embora sejam criaturas que dominam os conhecimentos do mundo, e cultivam uma erudição voltada para os fenômenos da existência física, são muito elementares e sem correspondência real no trato dos valores eternos da Vida Imortal.

Há criaturas que acreditam piamente na pluralidade dos mundos habitados, confiando tão somente na afirmação de Jesus, quando assegurou no Evangelho, que "Na Casa de Meu Pai há muitas moradas". Grandes cerebrações no campo da filosofia, da psicologia, da ciência em geral, no entanto, apesar da

Sob a Luz do Espiritismo

capacidade cultural e científica na face do orbe terráqueo, não só descrêem dessa possibilidade lógica, como ainda se opõem às doutrinas místicas e ironizam os crentes de tal hipótese, supostamente ingênuos. Da mesma forma, os homens que ainda crêem num paraíso de rabecas e harpas anacrônicas, num céu de nuvens acolchoadas, de gases espumosos sob a gerência de um velhinho, ora bondoso e sábio, ora decrépito e errado; na lenda geratriz de Adão e Eva, único casal responsável pelo povoamento de toda a Terra, incluindo pretos, amarelos, vermelhos e brancos, desprezando os princípios imutáveis da genética, malgrado terem apenas três filhos, Caim, Abel e Seth; que admitem a lenda de Elias subir ao céu num flamejante carro de fogo; ou do profeta Habacuc, pendurado pelos cabelos;[4] Deus feito carne em Cristo, nascido por obra do "Espírito Santo"; ou a ascensão de Jesus e Maria, em corpo e alma, para um céu destituído de quaisquer recursos sanitários, agrícolas e medicação; também hão de crer na existência do famigerado Diabo. Essas criaturas, na realidade, apresentam somente o brilho do verniz da cultura humana; na intimidade, são almas primárias, movidas pelo instinto deturpado na busca dos prazeres imediatos, que mal podem esconder nas manipulações sociais indignas e hipócritas.

PERGUNTA: — Mas o certo é que esses homens cultos, paradoxalmente, além de crerem, temem pessoalmente o Diabo. Não é assim?

RAMATÍS: — Relembramos que essa crença e temor infantil de Satã espelha a alma desses crentes temerosos, porém, apegados ao imediatismo dos prazeres da vida, a desforrarem-se dos seus desafetos políticos e religiosos; a subor-

---

4 N. do Médium: Com referência à ascensão do profeta Habacuc, pendurado pelos cabelos, Nho Quim, entidade sertaneja que se comunica em nossos trabalhos mediúnicos, deu-nos a seguinte resposta: "A sorte do profeta Habacuc ter subido ao céu não foi tanto de virtudes, como pelo fato de não ser calvo".

narem os representantes da Lei, nas sonegações fraudulentas; a lançarem, anualmente, no mercado da prostituição, jovens ingênuas e indefesas, iludidas por falsas promessas; a afundarem-se na cachaça ou no uísque; a pilharem as fortunas dos mais ingênuos; a inverterem os valores sadios da moral humana; e a locupletarem-se dos bens públicos, protegidos pelas tolas imunidades do mundo. Assim, as mesmas criaturas que se apavoram ante a possibilidade de o Diabo lhes surgir à frente, num gargalhar sinistro, ainda são as mesmas que, durante as hecatombes guerreiras, campanhas de ódios políticos, ou lutas fratricidas entre os descendentes do mesmo país,[5] praticam as mais dolorosas torturas — desde o arrancar de unhas, olhos, línguas e orelhas, ou decepamento de mãos, pés, braços e pernas, até a destruição de agrupamentos pacíficos, quando, as chamas desintegradoras de "Napalm", desfazem os seres humanos, num punhado de cinzas gordurosas.

Sob os olhos de um psiquiatra, são doentes mentais; mas, na grande escada evolutiva, são almas primárias ou estacionárias no epicurismo mórbido e na sabedoria hipócrita humana. Não é difícil, nem discutível, tais homens acreditarem na existência do Diabo, pois, transferem a essa criatura os seus estados anímicos, e Satã representa-lhes, na realidade, a própria alma com toda a hediondez primitiva.

PERGUNTA: — Segundo a história sagrada, Satã não passou pela forma humana. Não é assim?

---

5 N. do Médium: A fim de comprovarmos a que limite chega a maldade humana, basta-nos examinar as descrições dos acontecimentos tenebrosos, as vinganças horripilantes entre os mesmos compatriotas, durante as revoluções intestinas, como, no caso da guerra da Secessão dos Estados Unidos, nas Revoluções Francesa e Russa, nos conflitos internos do Nazismo, na Alemanha, na infeliz e esfomeada Biafra, na Nigéria, e as abomináveis atrocidades no Vietnã, entre nortistas e sulistas. Aliás, mesmo no Brasil, onde vive um povo mais pacífico e menos cruel, na rebelião do Contestado, brasileiros degolavam-se, entre si, na mais estúpida das vinganças, tão-somente por questões de limites e doutrinas políticas.

Sob a Luz do Espiritismo

RAMATÍS: — Conforme a exposição da Bíblia, o "pedigree" do Diabo é muito mais nobre do que o do homem, pois ele descende diretamente de Deus e pertence à linhagem angélica. Posteriormente, chefiou a subversão celeste e, consequentemente, foi cassado e exilado. O cidadão terreno, feito do barro podre dos pauis paradisíacos, tratou logo de gozar a vida e deleitar-se com as crueldades infligidas aos seus irmãos, em nome de Deus, sem ter qualquer credencial superior. Assim, assistimos às guerras religiosas e à famigerada Inquisição, feitas em nome de Deus, como justificativa para matanças e crimes torpes. Enquanto isso, ao Diabo atribui-se a origem de todas as insânias e maldades do mundo. Pobrezinho! Reles aprendiz de feiticeiro.

Sem dúvida, ele possui, originalmente, um pouco da natureza divina, pois, tornou-se um "anjo decaído", numa rebelião esquisita contra a sua própria essência. É surpreendente como Deus, um Ser perfeito, possa ter gerado um monstro. Mais uma vez, afirmamos: o homem, perdendo-se na maldade e hipocrisia, teve que transferir a alguém os seus defeitos e, daí, o Diabo serviu de "bode expiatório".

PERGUNTA: — Existe algum simbolismo ou ensino esotérico na configuração excêntrica do Diabo com chifres de touro, asas de morcego, pés de cabra, cascos de cavalo, garras de abutre, cauda de leão, e a expelir fumaça de um corpo revestido de pele rubra e chamejante?

RAMATÍS: — Indubitavelmente, os responsáveis primitivos pela configuração lendária do Diabo cogitaram, inconscientemente, de fazê-lo algo humano, mas, estigmatizado pelos sinais dos próprios instintos inferiores animais, como brutalidade, violência, destruição, crueldade, cinismo, e rapinagem. Sob a aparente teratologia dessa configuração semi-humana, oculta-se o simbolismo das paixões, dos vícios e dos pecados tão peculiares ao homem. Satã, portanto, conforme a mais antiga iniciação, significa o instinto animal, evoluindo para o Anjo. Por esta razão, a cor rubra representa a força sanguínea primitiva e as asas, o anseio do princípio espiritual para galgar os cumes mais inacessíveis de evolução.

PERGUNTA: — Poderíeis clarear-nos melhor esse simbolismo do Diabo?

RAMATÍS: — Na figura dos chifres, o esoterista pode aperceber-se muito bem da fúria impulsiva e indomável do touro, que se traduz pela agressividade humana; os pés caprinos são a lascívia; as asas, ora de morcego, ora de pássaros, representam a procura de ascensão, ou o vampirismo; o corpo semi-humano é o homem, espírito e matéria; as garras de abutre ainda podem lembrar a avareza e a peculiar agiotagem humana; os cascos de cavalo, a violência... e, assim cada teólogo diabólico criou o seu diabo, feito à sua imagem e semelhança anímica.

Satanás, em suma, é a figura representativa do próprio homem — as paixões, a lubricidade, a avareza, a violência, a brutalidade e as ambições desmedidas; juntamente com o amor, a meiguice, o altruísmo e todos os valores inatos e adormecidos nas fímbrias do espírito imortal. Satanás é como o homem; misto de divindade e animalidade.

PERGUNTA: — Mas de tanto cultuarmos a idéia do Diabo, temos u sensação de que essa entidade interfere em nossas vidas; ou seria produto de nossos temores inspirados na infância?

RAMATÍS: — Não resta dúvida de que, no esquema criativo do Universo, o homem participa com sua consciência em incessante produtividade. Em consequência, toda atividade humana que melhora, atribui-se a Deus, e toda atividade que piora ou destrói, ao Diabo. Assim, palpita no âmago do próprio homem, uma "fórmula básica", de que Deus é a evolução e o Diabo, a involução; Deus é a luz, o Diabo, as trevas; Deus, o positivo, e o Diabo, o negativo.

No entanto, o que mais justifica essa crença ou temor subjetivo do Diabo deriva-se do fato de que todos os espíritos, em sua incessante ascese angélica, passam, em algum estágio de predomínio da animalidade, pelas regiões trevosas do Astral Inferior, guardando reminiscências temerosas das entidades malformadas e sádicas dessas regiões de densidade mais pesada. Explicando melhor, no momento em que a centelha se individualiza no seio da Energia Cósmica, o seu psiquismo é dirigido no sentido daquilo que chamamos instinto, cuja função é criar uma nova consciência, que irá se estruturando lentamente até o Infinito. Nesses momentos de maior egocentrismo, a alma pode executar ações que a levem ao Astral Inferior, onde outras almas deformadas pelo ideomorfismo perispiritual, trazem configurações hediondas.

Sob a força desse magnetismo inferior, que imanta o psiquismo e o amordaça à atividade animal, as consciências primárias desencarnadas, e ainda algo inconscientes, quase sempre caem, "especificamente", nas regiões trevosas e muito densas do mundo astral. Nessas zonas, demasiadamente compactas em sua especificidade magnética, predomina uma vida quase física, que é liderada por espíritos brutalizados e excessivamente vitalizados pela animalidade, falsos diabos, perversos, despóticos e escravos indomáveis do sexo, entidades que não guardam qualquer escrúpulo para a sua satisfação ignominiosa, assim que escravizam as almas mais débeis e desguarnecidas pelos seus próprios pecados.

Trata-se de lembranças que todas as almas trazem gravadas em sua intimidade psíquica, desde o mundo astral "trevoso" ou "infernal" e, assim, traduzem, na tela embaçada da memória mental atual, as impressões de um passado impreciso. E, como Satã é cópia deformada do homem, a sua contextura peculiar também pode variar, conforme seja a psicologia e o temperamento de cada povo ou raça.

PERGUNTA: — *Poderíeis explicar-nos, mais claramente, essa variação da figura do Diabo, conforme seja o tipo de cada povo ou raça?*

RAMATÍS: — Conforme a latitude geográfica, a região, os costumes, o sentimento religioso e o entendimento psicológico da vida humana, a figura do Diabo também varia na sua personalidade representativa. Assim, para o oriental, o Diabo tem a cara exata do ocidental, enquanto Deus, tem os olhos oblíquos; o zulu rende homenagem ao seu Deus preto como carvão e se arrepia e excomunga o Diabo Branco, de fisionomia européia. Quer o chamem, na linguagem clássica, de Satanás, Demônio, Belzebu, Lúcifer, Espírito do Mal, Anjo das Trevas ou Belfegor, ou a voz popular o denomine de Tinhoso, Capeta, Coisa Ruim, Canhoto ou Demo, ou, ainda seja o Anhangá dos indígenas, o Mafarrico dos portugueses, o padeiro dos franceses, o Exu da macumba, o Pedro Botelho, ou Mofino, das velhas lendas, o Diabo representa, sempre, a figura da própria alma, quando subverte as admiráveis qualidades de sua natureza espiritual para se devotar, apenas, às paixões odiosas, à crueldade ou às impurezas da velha estirpe animal.[6]

Na ascensão do espírito para os planos edênicos, o Inferno e o Diabo também se tornam cada vez mais distantes e apagados, porque as zonas trevosas, existentes em cada criatura,

---

6 N. do Médium: A própria Bíblia enuncia, nominalmente, os seguintes demônios: Enoch, príncipe do poder dos ares; Belzebu, chefe de todos os demônios, Asmodeus, espírito da libertinagem; Apollyon, o anjo das profundezas, Behemot, e Leviatã, Belial ou Lúcifer, e outros de sua estirpe. Aliás, o Diabo só foi oficialmente registrado no ano 446 d. C., no "Concílio de Toledo".

principiam a ser clareadas pela luz angélica.

PERGUNTA: — Há algum prejuízo mental ou espiritual pelo fato de as religiões dogmáticas ainda nutrirem e incentivarem a idéia do Diabo e do Inferno, com a finalidade de atemorizar os fiéis?

RAMATÍS: — Sem dúvida, é bem lamentável o prejuízo dessa campanha, tão obsoleta e mórbida, pois a vida mental predomina primeiramente no homem e tanto o liberta como o estigmatiza de acordo com a sua convicção boa ou má, fantasista, enfermiça ou sadia da Realidade Espiritual. Infelizmente, as religiões católica e protestante, com os seus afluentes, que brotam, incessantemente, na diversidade das interpretações bíblicas de características pessoais, ainda crêem nelas e alimentam as configurações tenebrosas e aniquilantes de um credo infantil, dominado pelas sugestões mentais negativas e apavorantes.

Sob tais circunstâncias, apontam, todos os dias, no Além-túmulo, magotes de espíritos alucinados, cuja mente desgovernada pelas concepções terríficas sobre o Inferno e os seus demônios, os leva a tal desespero que se impermeabilizam a qualquer sugestão confortadora ou socorro benfeitor. Os espíritos malfeitores, então, se aproveitam dessas mentes infantilizadas e apavoradas pelas imagens diabólicas e mais reforçam os quadros visualizados e os vitalizam por técnicas ideoplásticas especiais.

PERGUNTA: — Seria de maior progresso para as religiões dogmáticas o desaparecimento dessa tradição mórbida infantilizada do Céu e do Inferno, arraigada entre os seus adeptos?

RAMATÍS: — Considerando-se que a humanidade não melhorou, apesar do incessante convite para o Céu, ou da ameaça de um Inferno, o sacerdócio católico e a comunidade protestante há muito que deviam ter esclarecido a mente dos seus fiéis, fazendo-os compreender que Deus não é um bárbaro impiedoso, a punir eternamente os seus filhos. Nem se trata de um Deus, a distribuir favores e prêmios celestiais aos fiéis seguidores de suas doutrinas religiosas preferidas na Terra, nem é um soberano vingativo, cujo amor-próprio é ferido pelos simpatizantes de outros credos religiosos. O Céu e o Inferno são conquistas da alma operosa, dirigindo os seus labores para o serviço desinteressado ao próximo e não procurando explorar o irmão em todos os aspectos.[7]

Considerando-se que raras almas desencarnam isentas de qualquer mácula ou pecado, então, a dúvida e o medo sempre acompanham a maioria dos "falecidos", após a alfândega do túmulo para o ingresso no Além, onde as criações mentais macabras pela perspectiva do Inferno deixam-nos completamente alucinados pelo pavor. As incoerências ensinadas pelos dogmas católicos e da Igreja Reformada trazem, assim, dificuldade de socorro a esses pobres espíritos, sem a mínima esperança de salvação, ou a graça de retorno ao lar amigo deixado na Terra.

PERGUNTA: — Através das vossas palavras, pressupomos que os espíritas, ou adeptos de credos mais liberais, como o Rosa-Cruz, a Teosofia, a Ioga ou mesmo a Umbanda, depois de desencarnados, sofrem menos no Além-túmulo, em face do seu melhor conhecimento da realidade espiritual. Não é assim?

RAMATÍS: — Realmente, tais adeptos sabem que o Inferno é apenas uma lenda infantil, enquanto o pior sofrimento do mundo astral ainda é provisório e sempre alimentado pela esperança de uma recuperação espiritual pela Bondade e Mag-

---

7 Trecho extraído da obra *Libertação*, ditada pelo espírito André Luiz a Chico Xavier, edição da Livraria da Federação Espírita Brasileira, que esclarece quanto à realidade do Inferno: "A rigor, portanto, não temos círculos infernais, de acordo com os figurinos da antiga teologia, onde se mostram indefinidamente gênios satânicos de todas as épocas e, sim, esferas obscuras, em que se agregam consciências embotadas na Ignorância cristalizada no ócio reprovável ou confundidas no eclipse temporário da razão", capítulo 1 — "Ouvindo Elucidações".

Sob a Luz do Espiritismo

nanimidade de Deus.

Em verdade, toda alma egressa de mundos primários ainda traz, simbolicamente em si mesma, um pouco do Inferno; mas é insensatez religiosa, torturar-se a imaginação humana e predispor o espírito desencarnado ao terrível desespero mental de julgar-se condenado ao eterno sofrimento. Ao contrário da fé católica e protestante, a doutrina espírita esclarece, sadiamente, quanto à existência de um Pai amoroso e incapaz de castigar seus filhos, proporcionando-lhes novas oportunidades de redenção espiritual, através da reencarnação.

PERGUNTA: — Como se verifica essa indesejável condição mental, que é provocada pela imprudência do sacerdócio católico ou do ministério protestante, quanto à idéia enfermiça do Inferno e Diabo eternos, e que conduz os desencarnados às incontroláveis alucinações e ilusões no Além-túmulo?

RAMATÍS: — Assim como as crendices sombrias e a fantasmagoria das lendas mórbidas criam estados de temor e angústia nos sistemas nervosos fracos, chegando a alterar o equilíbrio psíquico, as descrições apavorantes que as religiões dogmáticas fazem do Inferno e do histérico Satã também fixam, nos seus fiéis, os quadros tenebrosos e enfermiços, que, mesmo depois da morte corporal, permanecem vivos na tela mental para o medo e desespero da alma pecadora.

Sob tal condição ideoplástica, produzem-se pavores e demenciação tão intensa que impede o socorro dos espíritos guias e mentores, confundidos pelos "clichês mórbidos", profundamente impressos na mente dessas almas perturbadas.

PERGUNTA: — Considerando-se que o Diabo é uma lenda sem qualquer foro de realidade, mas, apenas, uma figura simbólica do próprio homem com suas maldades, que se deve julgar das manifestações diabólicas, que o sacerdócio católico procura neutralizar com o recurso do exorcismo?

RAMATÍS: — É de senso comum, entre os espíritas e umbandistas, que, mesmo os piores quadros de pavor e incontrolável manifestação extraterrestre, não passam de acontecimentos produzidos por espíritos de criaturas já falecidas.

Embora eles assumam características tão terrificantes e hediondas, justificando a presença do lendário Satã, assim mesmo, não passam de atuações de espíritos obsessores, cruéis e vingativos, que usam de todas as armas e recursos possíveis para exercer a sua vingança contra os adversários encarnados. E, quando eles se apercebem de que suas vítimas crêem infantilmente na existência do Diabo, aproveitam-se para lhes atirar pavor, no sentido de enfraquecer, cada vez, mais o equilíbrio mental e anímico.

Fica um ensino: é bem mais difícil, para o espírito obsessor, conduzir um homem sensato, bom, lúcido e descrente da lenda do Diabo, a um estado de enfraquecimento ou pavor mental, tornando impossível, ou muito difícil, a obsessão ou possessão.

Não há dúvida de que certas manifestações de espíritos vingativos identificam, no campo físico, características, intenções, insultos, mentiras e cinismos tão chocantes que podem ser atribuídos ao tradicional e temido Satanás, o mais imoral dos seres, depois do homem.

PERGUNTA: — Mas o espírito diabólico não pode tomar, facilmente, o organismo de uma pessoa viva e expulsar-lhe dali o espírito?

RAMATÍS: — A esse respeito, transcrevemos uma das magníficas lições de Allan Kardec, que assim diz: "O espírito não entra em um corpo, como entra numa casa. Identifica-se

Sob a Luz do Espiritismo

com um Espírito encarnado, cujos delitos e qualidades sejam os mesmos que os seus, e a fim de obrar conjuntamente com ele. Mas, o encarnado é sempre quem atua, conforme quer, sobre a matéria de que se acha revestido. Um espírito não pode substituir-se ao que está encarnado, por isso que este terá de permanecer ligado ao seu corpo até o termo fixado para a sua existência material".[8]

Em consequência, é preciso existir um "consentimento" para que se suceda a possessão, quando o possuído, então, se acha "subjugado" ou "obsidiado", de modo que sua vontade enfraqueceu e ele se torna impotente para vencer a força oculta dominante, porque vibra no mesmo padrão ondulatório.

PERGUNTA: — Em que se resume esse "consentimento", quando o próprio indivíduo se torna eletivamente, a vítima de um espírito obsessor?

RAMATÍS: — O consentimento é sempre fruto da negligência, fraqueza, viciação perigosa ou, então, pelas culpas cármicas. A conduta irregular, o procedimento criminoso, a especulação fescenina minam as defesas do homem, pois, sob a própria Lei do Livre-arbítrio, quando se perde a autonomia espiritual, escravizado pelos vícios ou paixões vis, então, é facilmente possível a intromissão de outro comando indesejável. Residência de portas e janelas escancaradas é fácil presa dos amigos do alheio. A prece e o reto viver são os melhores antídotos às possessões diabólicas, às obsessões ou às espoliações de vampiros, espíritos das trevas e mistificadores.

PERGUNTA: — Mas, nos casos dos desequilibrados ou deficientes mentais, eles renascem vulneráveis ao assédio

---

8 *O Livro dos Espíritos*, capítulo IX — Da Intervenção dos Espíritos no mundo corporal — Possessos, pergunta 473.

70   Ramatís

dos espíritos diabólicos, ou deixam o Além-túmulo sob o jugo dessas entidades?

RAMATÍS: — É ainda Allan Kardec, através das mensagens dos espíritos benfeitores, que assim responde à vossa pergunta: "Muitos epilépticos ou loucos, que mais necessitavam de médicos do que de exorcismos, têm sido tomados por possessos.[9]

Conforme explana o sensato codificador do Espiritismo, no tocante ao fato de certas almas ficarem sob a dependência nefasta de espíritos imperfeitos, vingativos e gozadores, elas renascem com lesão perispiritual, resultante de conduta malfazeja ao próximo, ou de pensamentos desregrados. O estigma perispiritual materializa no corpo físico alterações orgânicas ou fisiológicas, dando as mais variadas doenças, que, no campo das psicopatologias, aparecem como simples perturbações neurovegetativas, até a loucura, na forma perigosa e incontrolável das manifestações maníacas.[10]

PERGUNTA: — Que dizeis, quanto ao fenômeno incontrolável e coletivo chamado de "convulsionários"? Isso também é produto de espíritos malfeitores ou vingativos?

RAMATÍS: — Há que se distinguir, entre os fenômenos conhecidos por "convulsionários", as criaturas que sofrem agitações, frenesis e perturbações incontroláveis, quase sempre produto de obsessões coletivas provocadas por falanges de espíritos desordeiros, ou dos charlatões e mistificadores, que podem simular o mesmo fenômeno, a fim de se mostrarem relacionados com alguma inspiração divina ou em contato com seres sobrenaturais. Ademais, não é difícil a histeria coletiva, capaz de se confundir com o fenômeno convulsionário, quando, numa

---

9 *O Livro dos Espíritos*, capítulo IX — Possessos, pergunta 474.
10 Sobre tal assunto, Nho Quim, entidade sertaneja presente em nossos trabalhos mediúnicos, assim disse: "São espíritos que já nascem com defeito de fábrica".

ondulação intermitente e num ritmo implacável, um grupo de criaturas pode atingir tal gama vibratória, sob a força de um fato incomum ou dramático. Então, se rompe o equilíbrio "psicofísico", assim como a ponte frágil pode desabar sob a marcha rítmica e constante de um batalhão de soldados imprudentes. Mas, no caso da interferência de falanges de espíritos, com o fito de produzir males, escândalos ou acontecimentos ridículos, eles operam aproveitando-se de certas predisposições mórbidas dos chamados convulsionários e, assim, atingir o "clímax", na histeria coletiva.

Isso ocorre em virtude do estado psíquico anormal dos convulsionários propensos às crises nervosas e, num estabelecimento, podem-se estender, rapidamente, à grande massa da população, como nas penitenciárias, nosocômios, instituições religiosas e, até, num vilarejo pacífico, conforme já se registrou no vosso mundo.

Mas, tudo isso se sucede por um efeito de simpatia, ou mesmo de empatia, quando as disposições pré-mórbidas do comportamento coletivo se assemelham, sendo fácil a reação em cadeia do fenômeno. Em consequência, produz-se uma disposição incomum, que imanta todos os participantes num mesmo frenesi, permitindo que dezenas, centenas e até milhares de criaturas atinjam o fenômeno convulsionário.[11]

PERGUNTA: — Embora considerando-se que o Diabo não existe, e que toda manifestação maligna e abominável ainda é fruto da presença de espíritos maus, a simular configurações diabólicas, as fórmulas clássicas de exorcismo da Igreja Católica podem atuar, eficazmente, sobre esses espíri-

---

11 Considerando-se que pesquisas recentes, realizadas em Nova Iorque, demonstraram que 80% da população geral apresenta entre graves e mínimas alterações psíquicas e predominam as alterações de potencial elétrico cerebral, é fácil compreender como se instalam as grandes crises convulsivas coletivas.

tos perversos e subversivos?

RAMATÍS: — Jamais um rosário de exortações bíblicas, anátemas ou sentenças religiosas conseguem o êxito de afastar qualquer espírito intruso do corpo carnal, que ele governa, por descuido ou fraqueza do próprio dono. O exorcismo clássico só causa divertimento para os espíritos gozadores, enquanto as entidades mais vingativas e vaidosas reagem violentamente, por se sentirem insultadas ou feridas, em seu orgulho, quando taxadas de demônios.

Os espíritos capazes de subjugar alguém na matéria são bastante aptos, pela inteligência, para avaliar e analisar as ridículas e inócuas cerimônias religiosas do exorcismo. Há séculos que a Igreja Católica pretende expulsar os demônios por meio de preces e esconjuros.

Os sacerdotes se deixam tomar pela ingênua convicção de que podem afastar facilmente os "demônios" pelo simples borrifar de água benta ou, em última instância, afrontá-los, com a imagem de Jesus crucificado. Mal sabem que, no instante de representação exorcista, os espíritos intrujões riem-se a bandeiras despregadas e divertem-se do inútil esforço de os afastarem, à guisa de demônios. Jamais se comovem, ou se apavoram, ante as rezas e ladainhas compungidas ou pelos melodramáticos sinais-da-cruz.

PERGUNTA: — Através do próprio Evangelho, sabemos que Jesus expulsava os demônios. Não seria isso, também, um exorcismo?

RAMATÍS: Em face da sublime graduação espiritual de Jesus, a sua simples presença era suficiente para afastar as entidades malfeitoras dos obsidiados. A figura de Miguel Arcanjo expulsando o Diabo de sua presença, o qual recua acovardado ante a fulgência de luz, é um dos mais significativos símbolos,

Sob a Luz do Espiritismo

comprovando que os espíritos atrasados não resistem à presença do anjo, assim como a luz e o calor da explosão atômica cegam o observador de olhos desprotegidos.

Jesus, em seu imenso campo de luz sideral, modificava qualquer estado vibratório e abria clareiras lucíferas no seio das sombras, desintegrando os densos fluidos da vida inferior. Ele não era um simples exorcista, preso a este ou àquele ritual, ingenuamente convicto de que bastaria atirar água benta no obsidiado e recitar algumas ladainhas bíblicas para que o demônio se afastasse. Ele era a própria Luz Divina, limitada por um corpo carnal perecível.

PERGUNTA: — Desde que os exorcismos não vão além de um verbalismo inútil e até ridículo, quais seriam os recursos mais eficientes e sensatos para se afastar os espíritos endemoninhados de suas vítimas indefesas?

RAMATÍS: — Realmente, são inócuos os exorcismos, os ritos infernais, os cerimoniais cabalísticos, as deformações, invocações ou talismãs mágicos para afastar os obsessores, refratários a qualquer excomungação, exceto a presença e a exortação de uma pessoa com condições morais e espirituais nobres.

Os tradicionais exorcistas precisam compreender que as almas obsessoras também fazem jus a direitos e indenizações por parte das vítimas obsidiadas de hoje, porquanto, se é de Lei Cármica que "a semeadura é livre e a colheita é obrigatória" ou o "homem pagará até o último ceitil", no processo obsessivo, alguém cobra de quem deve. O exorcismo mais sensato, proveitoso e eficiente para expulsar os demônios ainda seria a simbólica "mesa redonda", onde se examinariam, friamente, os problemas pregressos e de ordem espiritual, entre o algoz e a vítima. Jamais a gritaria melodramática, na teatralização de gestos, palavras cabalísticas ou invocações divinas, pode afastar o implacável "cobrador cármico", aderido à residência carnal do devedor, cobrando a indenização de acordo com a Lei. Aliás, em qualquer terapêutica de ordem psíquica, vale mais a natureza sublime e o entendimento fraterno do pretenso exorcista do que mesmo, a cultura de teólogo, hierarquia religiosa ou o pseudopoder sugestivo de "expulsar demônios".[12]

Em face da incontestável justiça de Deus, jamais o inocente seria obsidiado, assim como a criança ou o adolescente não pode ser punido pelas mesmas penas reservadas pelos códigos aos adultos. Em todo o quadro obsessivo, há sempre um culpado e um vingador; uma vítima e um algoz; e, comumente, quem se vinga julga-se no direito de cobrar prejuízos ocasionados pelo outro. Em tal caso, a Lei Espiritual determina quais os juros e as devidas correções para a vítima, independente da ação de outrem, o qual é advertido de que adquirirá, diante da lei do amor, dívidas a serem saldadas, como diz o evangelho: "O escândalo há de vir, mas ai daquele por quem ele vier".

O anacrônico exorcismo deixará de existir, quando o homem conseguir viver em perfeita paz e harmonia com os outros seres do Universo, bafejado pelo próprio Cristo que mora no seu interior, a irradiar as vibrações do mais puro amor para todos os seus irmãos criados por Deus.

---

12 N. do Médium: Lembrando o filme *O Exorcista*, em que após alguma atmosfera de "suspense" cinematográfico, explorada no gênero, em que os psiquiatras e sacerdotes tentam expulsar o Diabo da menina pivô do drama, em mais de 2 horas de projeção, não posso olvidar que, em certos terreiros de Umbanda, os pretos velhos e silvícolas desencarnados chegam a expulsar uma dúzia de pseudodemônios, em uma só noite, sem fazer fita ou vomitar suco de abacate.

Sob a Luz do Espiritismo

4.
Suicídio

PERGUNTA: — Como é visto no campo espiritual o problema do suicídio?

RAMATÍS: — Não podemos esquecer que a sementeira é livre, porém, a colheita obrigatória. Portanto, o suicídio pode ser interpretado ora como patológico, ora como desespero por causa da perda de bens materiais, ora como resultado de paixões insatisfeitas e, ora como punição a alguém. Em qualquer dos casos, continua sendo crime doloso e, consequentemente, sujeito às penalidades legais, começando por ter o suicida de encarnar novamente para completar o ciclo vivencial interrompido e, depois, outra reencarnação de risco para colher a sementeira de joio, saldando seu débito na contabilidade sideral, perdendo tempo e energia na sua evolução espiritual.

O suicida é um trânsfuga das responsabilidades por ele criadas. Fugindo do dever cármico, não só prolonga sua aspiração libertadora, como aumenta seu saldo negativo diante da Lei de Ação e Reação.

PERGUNTA: — Mesmo no caso das doenças mentais,

como nas Psicoses Maníaco-depressivas, fase depressiva, ele ainda está sujeito às penas?

RAMATÍS: — Segundo critérios médicos simplificados, doenças podem ser: hereditárias, degenerativas e infecciosas. E as depressões mentais, de qualquer origem, são consideradas, hoje, como geneticamente transmissíveis, e espiritualmente, seriam deflagradas pela programação perispiritual, resultante do primarismo anímico do ser, ou de seus vícios, paixões, sentimentos impuros, ações dolorosas e, sobretudo, pelas agressões alcoólicas, tabagistas, substâncias euforizantes ou alucinatórias, que carregam a contextura sutil do perispírito de material denso e impróprio para sua futura ascensão angélica.

Jesus disse: "Vós sois deuses" e ninguém poderá alcançar a divindade, sem antes ter vestido o traje resplandecente e imaculado para as bodas eternas com o bem e o amor.

Assim, pode-se estacionar nos vales das trevas até por milênios, porém, a centelha divina de cada um procura a luz de onde veio para poder brilhar conforme sua destinação, desde o momento da própria individualização no seio do universo.

PERGUNTA: — Gostaríamos que esclarecêsseis melhor sobre o suicídio por doença.

RAMATÍS: — Sempre há uma alteração mental nos casos de suicídio, não importando que essa alteração seja fruto de uma doença, como o câncer, ou de abusos de substâncias psicoativas ou de qualquer outra causa exterior, porque o motivo fundamental está no perispírito por ser o registro da memória do indivíduo em suas vidas, desde o elétron ao homem. É o "akasha" dos mestres indianos, que poderíamos interpretar como sendo a memória de Deus manifestando-se na energia grosseira, a qual manda viver e evoluir sempre e não procurar a fictícia morte como a cessação da vida, pois, sabemos da sua inexistência no Universo. A morte é simples transformação da forma em energia, ou vice-versa.

Logo, qualquer que possa ser a razão do suicídio, ele somente terá retardado a evolução espiritual e, muitas vezes, nos casos de doentes terminais, há o malogro do resgate cármico, quando estava praticamente realizado, tendo o espírito, além de completar o tempo restante, ainda que retornar para nova experiência vivencial, porém, com o agravamento de sua dívida.

PERGUNTA: — Não constituiria um atenuante nos casos de suicídio, quando a noção de honra e dignidade leva a pessoa a ele, ou pela perda de seus bens?

RAMATÍS: — A grande Lei leva em consideração um til, ou uma vírgula, da ação humana e de sua motivação, e tudo é pesado e medido com exatidão. Assim, a honra e a dignidade humana são levadas em conta, como efeito de uma educação dentro dos padrões superiores da conduta humana; e, também, será observada e computada a quantidade da vaidade, do orgulho e de outros defeitos dos humanos. Tudo isso será adicionado à conta cármica para a próxima reencarnação; todavia, a nova experiência na matéria terá de ser feita em situações mais precárias.

Já a perda de bens materiais, como causa do auto-extermínio, é considerada um agravante e, logo, levará a um reajuste ainda mais penoso, porquanto o espírito encarnado nada tem e nada leva do universo da forma, a não ser o bem praticado, o amor desinteressado e a sabedoria adquirida. Isso tudo representa os tesouros do Céu; o resto são os bens terrenos, que passaram a ser corroídos pela ferrugem do tempo.

PERGUNTA: — Temos sabido de alguns casos em que jovens desiludidos por desenganos amorosos, ou por não

aceitarem as restrições familiares, bem como cônjuges aban-
donados pelo outro, deixam uma comunicação, culpando
algo ou alguém, como causa de seu suicídio. Isso pode ser
considerado como motivo relevante ?

RAMATÍS: — Não. Lembramos sempre a diferença entre a vida eterna e a momentânea. A primeira é a consequência de todo o acervo acumulado no perispírito, enquanto a segunda é o reflexo desse acúmulo no instante fugidio de uma existência terrena.

Sabe-se ser a ascensão espiritual produto do trabalho constante da razão humana para vencer impulsos instintivos animais e, portanto, casos de frustrações em nome de um pretenso amor, ou de uma paixão irrefreável, causar o ato irracional da própria morte, somente se demonstra o atraso da individualidade que necessita o devido corretivo pedagógico, na sublime escola da vida.

O mesmo poder-se-ia argumentar quanto aos adolescentes rebeldes, que se matam com a intenção de punir os pais, cujo único interesse é a felicidade deles, educando-os para que sejam cidadãos úteis e responsáveis na sociedade, onde terão de se integrar um dia.

PERGUNTA: — Dai-nos o julgamento superior, nos casos
de suicídios induzidos pelo uso de drogas.

RAMATÍS: — Representam esses casos uma dupla transgressão: a eliminação do corpo físico, o escafandro do perispírito para sua manifestação terrena e a falta de higiene mental na preservação do cérebro orgânico, principal veículo da manifestação da essência na forma.

As drogas sempre foram usadas nos cultos antigos e hoje estão aí, podendo ser facilmente adquiridas, porém, muitos experimentam e somente uma porcentagem torna-se dependente.

Sob a Luz do Espiritismo

PERGUNTA: — O hábito alcoólico também leva a alterações mentais e, muitas vezes, ao suicídio e, como é um costume socialmente admitido, não seria a culpa da sociedade e não do indivíduo?

RAMATÍS: — Se assim pensarmos, como alguns sociólogos, o indivíduo nunca terá qualquer culpa e julgaremos a sociedade como delinquente. Entretanto, segundo a antropologia, teria surgido primeiramente o homem, depois reunido em famílias nucleares, as quais formavam os grupos, que, reunidos, constituíram as tribos e, assim progressivamente, até alcançar o estágio social atual com a complexidade de todos conhecida.

A evolução natural do homem, como agente dos usos e costumes sociais, evidencia-se pelas próprias transformações dos agrupamentos humanos; é o homem doente que faz um ambiente doentio e, quando evoluir do egoísmo ao altruísmo, ter-se-á uma sociedade mais justa e igualitária. Não é a modificação do meio que irá transformar o homem, como pregam certos doutrinadores socialistas, mas, o ser humano, quando aderir aos postulados da eterna sabedoria, encontrada nos ensinamentos dos grandes mestres espirituais. Não é o ambiente que faz o homem, porém, o homem é o agente transformador do ambiente, sob todos os aspectos.

PERGUNTA: — E nos casos de suicídios coletivos, induzidos por falsas crenças ou líderes, qual é a atitude dos espíritos superiores, ou puros, na avaliação da culpa ?

RAMATÍS: — Não esqueçais ser o livre-arbítrio faculdade desenvolvida pelo espírito no seu caminho para a angelitude.

Se qualquer pessoa deixar de fazer uso dessa qualidade essencial, passa a ser robotizada, não usando da faculdade mais importante que é a razão humana, uma das asas da evolução espiritual; e, mesmo assim, caber-lhe-iam as penas da Lei.

PERGUNTA: — Poderíeis nos esclarecer melhor?

RAMATÍS: — No Universo, há a complexidade da manifestação da essência na forma, porém, as leis que regem essa manifestação são simples e, poder-se-ia exemplificar com algumas frases evangélicas: a cada um será dado de acordo com suas obras ou pagareis até o último ceitil a tudo que fizerdes; ou, assim como desejais ser tratados, tratai os outros.

Não existem privilégios para ninguém. Nos níveis superiores da vida, existe, na realidade, a igualdade de direitos, e é para todos. As causas são levadas em conta, mas sobretudo o livre-arbítrio.

PERGUNTA: — Ainda temos dúvidas quanto às noções de livre-arbítrio e o determinismo, e gostaríamos de melhor esclarecimento.

RAMATÍS: — O próprio Paulo ensinava que se dá o alimento conforme a idade de cada um. Fazendo uma analogia com o sistema educacional, poder-se-ia dizer que, na escola maternal, a criança é atendida completamente pelos assistentes, ajudando-a nas necessidades primárias de alimentação e higiene, sendo dependente quase completamente.

No jardim de infância, a criança começa a desenvolver a percepção simples do ambiente, porém, deverá ser orientada pelos instrutores. Ao iniciar o primeiro grau, ainda tem suas tarefas marcadas e um programa para ser cumprido sob a orientação de professores, que tudo fazem para o aprimoramento delas, estimulando a aprendizagem.

Ao ingressar no segundo grau, já existe certa liberdade para escolher este ou aquele caminho para a sua profissionalização. O método pedagógico é mais flexível, sendo dada ao estudante mais noção de responsabilidade e dever, cujas raízes foram, lenta

Sob a Luz do Espiritismo

e progressivamente, cultivadas nos níveis inferiores.

Chegamos, enfim, à faculdade, onde a função do educador é de simples orientação e avaliação, deixando toda a responsabilidade para o indivíduo decidir qual a melhor opção para se transformar num bom ou mau profissional, num humanitário ou num egoísta, num sábio ou pseudo-sábio, ou escolher um ideal divino, espiritual, humano ou material, para, depois, sofrer o julgamento pela própria opção.

Portanto, o livre-arbítrio é conquista do espírito na sua busca de luz, enquanto o determinismo é resultado de um plano evolutivo peculiar a cada um.

PERGUNTA: — *Faltam-nos elucidações quanto ao carma dos líderes que induziram a suicídios coletivos. Qual a vossa explicação?*

RAMATÍS: — Segundo alguns teóricos sociais, os líderes de grupos foram escolhidos primeiramente pela força física, depois, era o melhor guerreiro e, assim, foi evoluindo para, hoje, ser o mais hábil político ou o mais brutal ditador.

Em cada um desses estágios há o líder e os liderados, cujas reminiscências permanecem na memória perispiritual, e, num momento adequado, elas se instalam no grupo, em função de necessidades cármicas. No entanto, todos têm o livre-arbítrio de seguir, ou não, a orientação de seu líder, em dependência do grau de fanatismo, fruto da cegueira espiritual; e, nesses casos, terão de, novamente, retornar à carne para cumprir os ditames da Lei.

PERGUNTA: — *Mas eles foram induzidos por alguém ao suicídio; logo, nos parece ser quase nula a responsabilidade deles e mais a do indutor do erro. O que nos respondeis?*

RAMATÍS: — Está escrito na Lei: "Não matarás". E o que é o suicídio, senão, matar a si mesmo? Portanto, dentro da teoria evolucionista espiritual, é retardo desse processo, não só para a própria pessoa, como também para outros que deixaram de reencarnar e evoluir. Há, além do dano pessoal, o prejuízo para a coletividade.

Quanto ao líder, é simplesmente um detonador psíquico das tendências oriundas do perispírito de seus liderados, que, em épocas passadas, pertenceram todos a um mesmo conjunto de almas, endividadas nas tropelias das conquistas de povos ou membros de confrarias acumpliciadas com mortes pela Santa Inquisição, ou outros grupos religiosos fanáticos, os quais falam em nome de Jesus, entretanto, esquecem os fundamentos da sabedoria dele, como: "Pode um cego guiar outro cego? Os dois não vão cair num buraco?; "Por que me chamais Mestre, mas não fazeis o que eu vos digo?; "Acautelai-vos, que ninguém vos engane; porque muitos virão em meu nome dizendo: Eu sou o Cristo; e enganarão a muitos".

São advertências; porém, em vez de seguirem os ensinamentos magistrais de Jesus, ficam a ouvir os falsos profetas, a cumprir os dogmas humanos com a sua ritualística infrutífera, perdidos nessa selva de enganos e mentiras, cujo único caminho é o Evangelho.

PERGUNTA: — No caso do honroso harakiri dos nipônicos, como o explicaríeis, pois, faz parte de uma cultura?

RAMATÍS: — Sobrepondo-se à cultura, estão os instintos primitivos, mais sábios, da manutenção da vida em todos os campos do universo. O harakiri pertence à velha civilização dos orgulhosos samurais japoneses e, diante dessa proposição, é mais uma atitude de orgulho de certa classe e não um fenômeno global, sobretudo, ditada pelo câncer anímico da soberba, comum em outras épocas, porém, inaceitável no mundo moderno, e a Lei maior far-se-á sentir no devido tempo e lugar.

PERGUNTA: — Haveria mais alguns esclarecimentos sobre o suicídio, que nos possais dar?

RAMATÍS: — Acreditamos terem sido aventadas as múltiplas hipóteses possíveis, e ter ficado bem claro ser o ato do suicídio causado por uma carga deletéria do perispírito, impedindo a libertação do espírito e, consequentemente, deve ser eliminada através do corpo físico para o reservatório comum da mãe terra. Se isso não acontecer, haverá duas reencarnações: uma para terminar o tempo prescrito e, a segunda, a fim de, novamente, fazer a drenagem. Pode-se falar em agravantes e atenuantes, todavia o débito deve ser saldado ou pelo amor, ou pela dor. No primeiro caso, juntam-se na matéria os tesouros do Céu e, no segundo, cumpre-se a pena. Em ambos os casos, há o sentido libertador do espírito, porém, em um deles, apressa-se essa conquista.

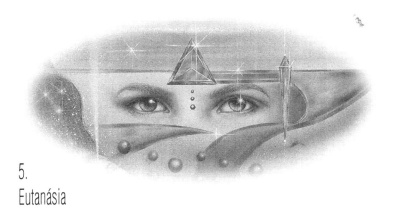

5.
Eutanásia

PERGUNTA: — *Segundo a conceituação, eutanásia seria a morte sem sofrimento; a morte feliz, em seu sentido orgânico; porém, sobre o aspecto espiritual, como a interpretar?*

RAMATÍS: — Para os espiritualistas reencarnacionistas, constituiria um desperdício de tempo e energia apressar o desencarne de qualquer pessoa. Muitas delas necessitam ficar mais algum tempo no corpo carnal, cumprindo os seus ditames cármicos e, nesse caso, obrigaria a uma nova vida material para cumprir alguns dias ou meses completando o tempo necessário na eliminação de energias deletérias.

PERGUNTA: — *Mesmo quando se tratar de enfermos terminais, sem qualquer possibilidade de cura, e padecendo de dores atrozes?*

RAMATÍS: — Sim. E as leis humanas, como reflexo dos princípios que regem o Universo, a consideram crime perante os códigos legais e as religiões dogmáticas a classificariam entre os pecados.

Repetimos: ninguém tem o direito de matar qualquer ser,

mesmo nos processos dolorosos insuportáveis e resistentes aos mais potentes analgésicos e, ainda, quando a previsão da ciência oficial for de morte.

O tempo de vida de cada criatura é resultado de suas necessidades evolutivas na experiência da vida terrena para a ascensão espiritual. Como pode o homem, cego para o mundo maior, arrogar-se o direito de modificar o desenvolvimento anímico do indivíduo, se desconhece as razões da vida e da morte?

Pode livrar, aparentemente, o doente de suas aflições dolorosas, entretanto não o livra de suas obrigações espirituais no universo paralelo da matéria quintessenciada. Aliás, em Esparta — na Grécia Clássica — jogavam-se as crianças com defeitos físicos ou psíquicos do cimo da Rocha Tarpéia, como processo eugênico de eliminar os possíveis socialmente inúteis. Mas, isso ocorreu numa etnia bastante bárbara e primitiva.

Em circunstância alguma, por mais racional que seja a argumentação, cabe ao homem o direito de deliberar e julgar sobre a vida e a morte de seu próximo, ou a própria. Cada criatura traz um programa de vida, ao deixar o Além para reencarnar. Esse programa vivencial, diríamos, numa linguagem cibernética, é formado por vários projetos — profissional, social, familiar, onde estão previstas as metas máximas e mínimas, dentro de um tempo mais ou menos determinado e, além disso, o seu perispírito traz cargas pesadas de energias negativas que, no processo de higienização pessoal, passam para o mata-borrão carnal, com todas as dores e angústias devidas pelo ser eterno.

Por desconhecer esses preceitos da ciência espiritual, o próprio enfermo, julgando-se incapaz de aguentar o sofrimento, pede a morte, como alívio final, sem saber que as dores do psicossoma o acompanharão no outro mundo. Há o alívio dos padecimentos corporais e não da individualidade eterna; pois, a eutanásia interrompe o processo de desintoxicação psíquica dos resíduos cármicos densos, aderidos ao perispírito, resultantes das imprudências em vidas pregressas e da atual.

Inúmeros casos de morte clínica são relatados na medicina e, no entanto, retornam à vida em consequência de necessidades evolutivas·[1]

PERGUNTA: — Não haveria um certo sadismo da parte de Deus, ao criar no mundo físico criaturas enfermas orgânica ou psiquicamente, ou defeituosas de nascença? E, ainda, negar-lhes o alívio das dores atrozes, da teratogênese, ou da alienação irrecuperável?

RAMATÍS: — Sem entrarmos em elaborações teológicas sobre Deus, e ficando somente em nosso planeta, não nos

---

1 Nota do organizador: Nos atuais estudos de tanatologia, nos casos de ressuscitamento após a morte clínica há uma coincidência das descrições sobre as ocorrências no período do falecimento, assim descrito por Raymond A Moody Jr. em *Reflexões sobre a vida depois da vida*:
"Um homem está prestes a morrer e, ao atingir o ponto máximo do sofrimento físico, ouve o médico declará-lo morto. Começa a ouvir um ruído desagradável, como uma campainha tocando muito alto e, ao mesmo tempo, sente-se em movimento rápido através de um longo túnel. Depois, encontra-se fora do seu corpo físico, mas, ainda no ambiente físico imediato, e vê o seu próprio corpo à distância, na posição de espectador, assistindo, assim, às tentativas de reanimação, numa situação vantajosa e invulgar, sob um estado emocional complexo. Passado algum tempo, acalma-se, e começa a habituar-se à sua nova condição, verificando que tem um "corpo", mas de natureza e possibilidades muito diferentes das do corpo que acabou de deixar. Em breve, começam a suceder outras coisas. Vêm ao seu encontro seres que o ajudam, e vê os espíritos de parentes e amigos mortos. Um ser cheio de amor, de uma espécie nunca encontrada — um ser de luz — surge diante dele. Este ser faz-lhe, não verbalmente, uma pergunta que o obriga a avaliar sua vida e ajudá-lo, mostrando-lhe a visão panorâmica dos principais acontecimentos por que passava antes de morrer. Então, encontra-se próximo de uma espécie de barreira ou fronteira que, aparentemente, representa o limite entre a vida terrena e o que a ela se segue. No entanto, percebe que tem de regressar à Terra, que a sua hora ainda não chegou. Nesse ponto resiste, pois agora, a sua experiência no Além fascina-o, e não deseja voltar. Sente-se inundado por uma intensa situação de paz, alegria e amor, mas, apesar disso, reencontra o seu corpo físico — e vive.
Mais tarde, tenta contar aos outros, mas sente dificuldade em fazê-lo. Em primeiro lugar, não consegue encontrar palavras adequadas à descrição destes episódios extraterrenos. Compreende que os outros duvidam, não se refere mais ao assunto, mas, a experiência afeta profundamente a sua vida, principalmente, no que se refere aos seus pontos de vista sobre a morte e às suas relações com o mundo dos vivos."

esqueçamos ser a Terra uma escola do primeiro grau de educação espiritual, cuja finalidade é ensinar o bê-á-bá para o espírito em evolução, que é o amor ao próximo e a si mesmo e, nesse objetivo, são usadas várias técnicas pedagógicas. Por causa do primarismo emocional e dos sentimentos humanos, muitas vezes os mestres vêm-se na obrigação de usar certas técnicas, aparentemente odiosas, lembrando-nos da advertência crística (em Mateus): "Não deis o que é sagrado aos cães, não jogueis pérolas aos porcos, para que eles não as pisem com as patas e, voltando-se, vos dilacerem".

Um desses métodos são as moléstias com seus sofrimentos atrozes, consequentes a desvios da Lei maior, feitos pelo doente por sua animalidade primitiva.

A Lei Divina, em seu objetivo maior, serve-se de uma didática, às vezes pouco ortodoxa, para proporcionar à pessoa um retorno mais rápido à escalada evolutiva. A Lei reeduca, não pune.

Portanto, constitui a prática da eutanásia uma intervenção inoportuna, não permitindo ao enfermo completar sua higiene perispiritual, conforme o projeto reencarnatório, planejado pelos mestres espirituais dentro de uma prática divina.

Sabe-se que a dor concentra as forças internas do espírito para resistir ao desprazer, mobilizando as energias sublimes internas e, ao mesmo tempo, leva a alma a reflexões, num movimento total para novos paradigmas vivenciais.

Diante do exposto, não podemos atribuir qualquer injustiça à Divindade, pois, é o próprio homem, com sua incúria, quem cria as situações dolorosas para si e para seus parceiros cármicos. Toda a constelação social forma um grupo de resgate das relações desarmônicas do passado. Deus nada tem com os nossos compromissos criados pelo primarismo humano; a eutanásia seria mais uma forma de pô-lo em prática, fugindo à obrigações anteriormente assumidas.

A eutanásia, resultado de uma falsa compaixão, é motivada por diversas finalidades sub-reptícias dos compadecidos.

Usando um jargão jurídico, é sempre um crime diante dos códigos legais da Vida Real, porquanto interfere num programa reencarnatório, cujo objetivo geral é a libertação e a felicidade eterna do homem.

PERGUNTA: — Mas no caso de o enfermo solicitar a morte por não sentir qualquer esperança de cura e, também por não suportar as dores que nada alivia, ainda assim, seria considerada uma transgressão da Lei maior?

RAMATÍS: — Só pode dispor da vida o seu Criador, através de seus prepostos, por ser Ele o gerador e, consequentemente, unicamente a Ele cabe cessá-la. Quem assim age é por desconhecer os desígnios vivenciais, cuja finalidade é promover a ventura eterna de seus filhos.

Pedir a morte pela eutanásia ainda é uma forma de autodestruição consciente; é o suicídio deliberado, conforme afirmam os mestres da espiritualidade. O homem é o produto dos seus próprios pensamentos e, por esse motivo, deve sofrer todos os efeitos danosos de sua vida particular, ou gozar dos prazeres de uma vida correta. Logo, sob qualquer hipótese, o enfermo sem qualquer esperança, que nasceu estigmatizado por uma enfermidade ou defeito anatômico, ainda está colhendo os efeitos de sua própria vontade. Sob a "Lei do Carma", "cada um colhe segundo as suas obras". Portanto, é tão condenável a prática da morte piedosa pela eutanásia, quanto pedir a morte e exigi-la num suicídio deliberado.

Como ninguém sabe, ao certo, o tempo de vida do paciente, caso pretenda aliviá-lo dos sofrimentos atrozes, incorre na sanção das leis divinas, uma vez que interfere indebitamente no programa do Senhor e da libertação espiritual do moribundo.

Sob a Luz do Espiritismo

A enfermidade, por mais aflitiva, prepara o homem para a sua vivência espiritual. E as dores e sofrimentos efetuam a limpeza do perispírito, a fim de ele chegar ao mundo imaterial, vestido com a "túnica nupcial" de convidado pelo Mestre.

PERGUNTA: — Não fere os princípios do livre-arbítrio o homem não poder dispor de sua vida como deseja? Se a existência lhe é insuportável, não pode pedir a morte para a cessação de dores cruciantes?

RAMATÍS: — Acontece que só pode dispor da vida do homem quem a criou. Há um programa para cada ser, cuja finalidade é conduzi-lo até a eterna ventura. As dores e os sofrimentos são produtos das etapas que o homem tem de vencer em direção à sua felicidade. Como o bom aluno ao realizar um curso acadêmico, a criatura humana precisa fazer as suas lições com carinho e correção. Ademais, todas as vicissitudes e os sofrimentos humanos são transitórios, só a Felicidade é eterna...

PERGUNTA: — Que dizeis do fato de que nós, seres humanos, criados por Deus, não temos o direito de uma prévia consulta sobre "se realmente desejamos nascer ou ter consciência?" Não é justo que a criatura humana primeiramente fosse consultada sobre se preferiria existir em consciência individual, no seio da Consciência Divina? E, depois, devesse sofrer atrozmente os efeitos dos seus equívocos, resultantes da sua ignorância?

RAMATÍS: — Acontece que o espírito do homem só pode decidir se deseja viver ou continuar inexistente em fusão com a Divindade depois de, realmente, tornar-se criatura ciente de si mesma, isto é, possuir uma consciência individual para poder decidir sobre o seu destino. Como irá responder e decidir, se ainda não é ninguém individualizado? Provavelmente, quando o espírito tornar-se completamente consciente de si mesmo, um perfeito iniciado, então, poderá decidir do seu destino: "ser ou não ser"!

PERGUNTA: — Não caberia ao médico, após ter usado todas as terapêuticas disponíveis e não conseguir ao menos minimizar as dores, esgotando todos os recursos, sem qualquer esperança, estinguir, através da morte científica as dores insuportáveis do seu paciente terminal, desde que haja autorização da família e do paciente, quando lúcido e consciente? Haveria, ainda nesses casos, dolo ou culpa perante as leis eternas?

RAMATÍS: — Sem qualquer alternativa atenuante: "Não matarás".

O médico, em todas as circunstâncias, é um sacerdote da vida, não lhe é permitido interrompê-la. Se considerarmos que, onde o homem falha, Deus trabalhou, há sempre uma tênue esperança de surgir algo novo para o pior enfermo, ou de não ter chegado a hora final, e o espírito mobilizar as energias divinas para a sua cura.

Não se justifica que um programa cuidadosamente traçado no mundo espiritual por instrutores sábios e cientes das verdadeiras necessidades dos reencarnantes, seja irrefletidamente interrompido, no momento final da drenagem para o corpo carnal das últimas toxinas perispirituais, libertando o ser de um retorno à matéria orgânica para cumprir algumas horas ou dias.

PERGUNTA: — E no caso dos doentes terminais, no CTI, com tubos em todos os orifícios do corpo, naturais ou artificiais, sob respiração assistida, poderia o médico, com ou sem autorização dos familiares, desligar toda essa parafernália inútil?

RAMATÍS: — Infelizmente, o homem, em seu desenvolvimento tecnológico, vem conseguindo equiparar-se a Deus, em alguns dos progressos científicos, porém, os médicos que não aprenderam a humildade, sentem-se onipotentes e têm a falsa noção de poderem manter uma vida, mesmo quando a descerebração torna-se evidente, com alguns fenômenos de incipiente putrefação cadavérica, e o próprio espírito nada mais tem a usufruir daquele corpo exangue; e o seu desligamento é mais difícil, pois, fica retido pelo magnetismo celular no seu instinto atávico de vida.

Nada mais resta ao esculápio senão desligar toda aquela aparelhagem inócua e deixar que a natureza cumpra com seu desiderato. Nesses casos, não se configura a eutanásia; porque, praticamente, a vida estava no seu processo final de interrupção.

PERGUNTA: — Quais são os benefícios de ordem espiritual, que podem decorrer de o homem atingir o "clímax" de sua dor e, assim, justificar-se a condenação da eutanásia?

RAMATÍS: — Há sempre o perigo de uma interpretação errônea, pois, a vida humana e a posse de um corpo físico podem ser comparados a um acordo bilateral com a Divindade, sujeito a determinadas obrigações recíprocas. No entanto, verifica-se que Deus sempre cumpre a sua parte contratual, mas, o homem raramente age com a devida lisura e honestidade.

O patrimônio orgânico, que lhe é emprestado para evoluir e buscar a verdadeira felicidade, ele o desgasta com libações, banquetes pantagruélicos irresponsáveis, com o uso imoderado do tabaco ou de outras substâncias nocivas ou, ainda, por medicações de todos os tipos, entre as quais destacamos os anorexígenos, os contraceptivos e uma vitaminoterapia desnecessária, numa tentativa de burlar a natureza em sua sabedoria eterna.

Temos, ainda, as tensões emocionais e sentimentais das paixões degradantes, quando usa o maravilhoso equipo carnal para agredir, torturar, prejudicar, chegando a exterminar os seus irmãos.

Apesar de ter consciência, desde a infância, de que deve cumprir até o último ceitil a sua dívida e não lesar o próximo com advertências como, "quem com ferro fere, com ferro será ferido" ou "a semeadura é livre, mas a colheita é obrigatória", o homem fecha os ouvidos a semelhantes avisos orientadores da vida sadia, pois, na sua estultícia e envaidecimento intelectivo, ainda acredita que será capaz de burlar os fundamentos educativos, aperfeiçoadores, da Lei do Universo criada pela inteligência suprema.

Mas, em face do abuso sistemático e sua frequência irresponsável contra a Lei, o homem deve submeter-se à corrigenda benfeitora, ou desenvolver os seus poderes internos num curso iniciático, quando, para isso, vem programado.

Em face do seu primarismo, a criatura humana ainda não possui, conscientemente os conhecimentos completos sobre a sua figura "psicofísica" e, por isso, ignora as sutilezas do mundo espiritual em sua pedagogia excelsa.

Não é uma entidade elevada liderando grupos de companheiros para atuar nos altos níveis da angelitude, porém, um elemento individual em burilamento, sob as diretrizes das entidades supremas. Até o seu tempo de vida é determinado no Além: a descendência hereditária, o ambiente educativo, as uniões familiares e sociais na Terra. Ainda jovem, vacila incessantemente quanto às razões do casamento, pois, levado pelo instinto animal, cm vez de fazê-lo numa união afetiva, respeitosa e fraterna, torna-o apenas um motivo de satisfações sensuais. Mesmo as profissões, os ideais e as realizações futuras já estão esquematizados na sua intimidade espiritual antes de nascer. Conhecendo muito pouco de si mesmo, é incapaz de traçar um plano definitivo para o futuro, de acordo com as regras

Sob a Luz do Espiritismo

transcendentais, para aplicar sabiamente nos anos de sua vida na Terra.

Em consequência, todos os benefícios que conseguir, jamais virão das zonas inferiores do mundo material, onde atua incessantemente, porém, apenas, quando se eleva intuitivamente às fontes criadoras do Alto, onde os mestres e guias esquematizam os programas dos terrícolas.

A eutanásia, portanto, pode ser uma censurável interferência num processo de intensa purificação do paciente, perturbando todos os planos purificadores dos técnicos do Além para a felicidade futura dele próprio.

PERGUNTA: — Referistes-vos acima que desenvolver as faculdades superiores do espírito só é possível no caso de haver uma programação anterior nesse sentido. Como explicar os gurus e mestres, que lecionam técnicas de adquirir os poderes da mente?

RAMATÍS: — Dizem os videntes para o homem se prevenir contra os chamados falsos profetas, aos quais acrescentaríamos os pseudo-sábios. São cegos tentando guiar outros deficientes visuais.

O verdadeiro iniciado, que sabe ser responsável não só pelo bem, mas também pelos males feitos a seus irmãos, é silencioso, não apregoa poderes mentais, e nem como desenvolvê-los. Simplesmente, vive e deixa viver, não interfere dando possíveis soluções aos problemas alheios. Meramente, expõe as várias alternativas de solução para o consulente e deixa-o com a responsabilidade de decisão, porquanto a sua programação etérica é única, somente ele a conhece e tem o instinto da melhor solução.

Todos nós conhecemos inúmeras pessoas que frequentam centros espíritas ou cultos africanos, esotéricos, lojas maçônicas, praticam yoga ou outras doutrinas desenvolvimentistas espirituais e, após tudo isso, por algumas dezenas de anos, continuam aparentando o que sempre foram. Porque nada se perde no Universo, esses praticantes desenvolvem o vero amor pelo serviço ao próximo e, ao mesmo tempo, sensibilizam o perispírito para a compreensão intuitiva da vida real, nos seus chamados campos de manifestação.

PERGUNTA: — Considerando que todas as enfermidades se manifestam ora pela destruição, ora pela deformação anômala dos tecidos orgânicos, como poderíamos conceber uma purificação da alma através desses fatos?

RAMATÍS: — Não são as condições materiais genéticas que impõem a forma ao organismo, mas as energias más do corpo perispiritual a causa determinante da hereditariedade patológica de cada um, criando situações adversas para obrigar o próprio espírito a mobilizar suas próprias forças morais, mentais e volitivas, a fim de resistir ao impacto do sofrimento. Toda essa reação, o psicossoma usa para eliminar suas anomalias intrínsecas, perturbadoras da ascensão evolutiva.

Os fenômenos que os nossos irmãos estão observando à luz da crítica humana, invertem os seus valores, quando examinados no outro plano oposto e de indescritível sensibilidade para a mente do homem. A eutanásia não é uma solução para o paciente condenado pela ciência do mundo; ela apenas, interrompe um processo de aprimoramento que, infelizmente, terá de ser reiniciado em condições piores, e com menos êxito, no futuro.

Então, só resta à alma atribulada e enferma o recurso profilático de filtrar e "drenar" a toxicidade do seu perispírito, através do corpo físico, durante as encarnações na matéria, e esse processo lento e insidioso provoca os estados vibratórios coercitivos pelo padecimento. À medida que o homem cresce e

Sob a Luz do Espiritismo

envelhece, o conteúdo de seu campo vibratório tóxico perispiritual flui mais intensamente para o "mata-borrão" vivo, que é o corpo carnal; disso, então, resulta a enfermidade específica a cada tipo de ser, agravando-se tanto quanto a criatura se torna mais idosa. Quase sempre, pela maturidade, o espírito encarnado principia a sentir a descida cármica e cáustica de sua carga tóxica do perispírito, a se desprender pelas vias endócrinas e nervosas, fluindo pelos "plexos nervosos" do corpo físico, afetando morbidamente todos os centros principais etéricos que comandam o metabolismo orgânico. Sob o aspecto de um morbo fluídico, que busca a sua materialização na indumentária psicofísica, as toxinas do perispírito incorporam-se, através dos sistemas próprios de drenagem, a todo o conjunto, produzindo os climas eletivos para a proliferação de determinados germens, vírus e ultravírus, que são os principais responsáveis pelas diversas doenças da terminologia patogênica do mundo.

Assim, sob a ação específica das várias toxinas que se desagregam do perispírito para o corpo físico, se nutrem determinadas coletividades microbianas, além das cotas normais do seu organismo físico, surgindo as cefaléias, artrites, hiperestesias, dermatoses, inflamações, inclusive as infecções das regiões gástricas, pancreáticas, renais ou hepáticas, que, de conformidade com a gravidade, a ciência médica caracteriza por úlceras, colites, diabetes, nefrites ou hepatites. E à medida que a criatura mais se impacienta, se irrita ou perde o ânimo vivificador, esse morbo "psicofísico" mais se acicata e agrava, porque o processo de envelhecimento reduz a produção de insulina, bílis, fermentos, sucos gástricos, diminui a fisiologia do fígado, a drenagem renal, perturba o peristaltismo intestinal ou altera o metabolismo endocrínico, as funções cerebrais pela atrofia cortical, numa técnica natural de libertação da individualidade.

Notamos a sabedoria das inteligências que regem o Universo quando, primeiramente, o ser cumpre o cicio biológico de nascer, crescer, reproduzir-se, ajudar na criação da prole, pagando o seu tributo à vida, para, depois, saldar os seus débitos do pretérito, o que é facilitado pela pouca resistência do organismo ao escoamento do residual venenoso do perispírito para a matéria. Como é uma ação planejada, então, se esgotam todos os procedimentos médicos. E as terapêuticas não têm efeito, ou podem agravar o estado geral, quando empregadas de maneira agressiva.[2]

Desesperada, não encontrando uma solução científica, a criatura entrega-se aos mais pitorescos métodos do curandeirismo amador. Sendo católica, recorre ao socorro do padre; protestante, procura o pastor exorcista; em última instância, recorre ao médium kardecista ou ao "aparelho" de Umbanda.

Nessa busca, há o contato com as filosofias dos credos, o conhecimento de novas doutrinas; há o efeito salutar da prece, num conjunto de ações que podem mudar o modo de pensar do sofredor, permitindo mais entendimento de seus males e a consequente modificação de suas doenças anímicas, como o egoísmo, a vaidade, o orgulho, transformados em fraternidade e humildade.

À guisa de um vaso vivo, a colher em seu bojo a carga venenosa vertida do perispírito pelo mecanismo drenador e purificador, o corpo carnal do homem torna-se um excêntrico "fio terra" dessa limpeza cruciante, mas benéfica.

Entretanto, a ignorância humana, abrangendo o enfermo, a parentela piegas e, inclusive, os médicos alheios à realidade

---

2 N. do espírito Victor Leferriere: Eis um dos motivos por que a terapêutica homeopática atua com mais eficiência nessas condições enfermiças, pois, sendo "energia"dinamizada das substâncias, dos ácidos e até de tecidos mórbidos, ela age diretamente no campo das energias inferiores acumuladas pelo homem nos seus momentos pecaminosos. Em verdade, a medicação homeopática é um poderoso campo de frequência eletro-biológica superior, capaz de não só apurar a descida das toxinas do perispírito, como ainda volatiza mais breve qualquer residual energético inferior.

Sob a Luz do Espiritismo

espiritual, julga ser o sofrimento atroz da purificação perispiritual resultado de algum equívoco da criação e, portanto, resolve interferir, matando o agonizante e o desligando, prematuramente, de sua filtração saneadora e proveitosa.

PERGUNTA: — Quais são os resultados negativos para o espírito que desencarna prematuramente pela eutanásia, e antes de terminar a sua drenagem tóxica perispiritual?

RAMATÍS: — Infelizmente, a vaidosa sabedoria humana ignora que, sob tal decisão tresloucada, o espírito transfere para a próxima encarnação a mesma experiência dolorosa, e o expurgo tóxico fluido mais se avoluma, impedido pela indesejável eutanásia. Sob a técnica sideral, o processo higiênico drenador fica interrompido, mas não solucionado, uma vez que só se completa pela transferência total de certo "quantum" de toxicidade do perispírito para o "mata-borrão" vivo do corpo carnal. Não há outro método ou processo; numa analogia, um litro de água, para ser filtrada pela técnica comum exige um tempo certo para se concretizar completamente.

PERGUNTA: — Poderíeis explicar-nos melhor essa condição do espírito que, desligado prematuramente do organismo físico pela eutanásia, ainda deve sofrer novamente a drenagem perispiritual no futuro?

RAMATÍS: — Segundo a Lei do Carma, cuja finalidade é reajustar o pecador, e não puni-lo, todo recurso terapêutico perispiritual, não terminado pela interrupção indevida, deve ser recomeçado para compensar a sua inutilização anterior. Daí o motivo por que a criatura desligada do seu corpo enfermiço antes do prazo previsto, pela prática da eutanásia, para expurgar o tóxico opressivo do seu perispírito, há de recomeçar toda a operação sacrificial de drenagem interrompida.

Em consequência, o "homicídio piedoso" pela eutanásia é

mais propriamente fruto do sentimentalismo e da ignorância espiritual da família, acrescido, ainda, do desconhecimento dos médicos quanto aos processos purificadores do espírito. Assim, o enfermo fica impedido de terminar a sua transferência tóxica para o organismo físico, sujeito à dependência de uma nova oportunidade semelhante noutra encarnação, a fim de solucionar o problema de sua purificação perispiritual para poder alçar vôos mais altos.

PERGUNTA: — Aqueles que matam por piedade, ou praticam a "eutanásia", mas o fazem sinceramente comovidos pelos sentimentos sublimes, ante as dores atrozes do enfermo irrecuperável, assim mesmo deverão sofrer as consequências punitivas por parte da Lei Divina?

RAMATÍS: — É de Lei Cármica que todas as criaturas que efetuam intervenções negativas ou prejudiciais à vida alheia, ficam imantadas aos mesmos problemas que tentaram solucionar de modo equivocado. Assim, por exemplo, quem se serve de um espírito primário, ou delinquente, para colher vantagens ou procedimentos censuráveis, numa certa existência, termina por imantar à sua vida futura a mesma entidade de que se aproveitou, abusando de sua fraqueza espiritual para fins egocêntricos. Daí, o caso de certas famílias de bons costumes, cujos progenitores sofrem a desdita de gerarem um filho irresponsável ou delinquente, falsificador de cheques, vigarista ou estelionatário, o qual é tão-somente o espírito primário atraído do passado, resultando num "mau negócio" na próxima encarnação.

Toda intervenção indébita no destino do próximo exige reparação e inapelável indenização, oneradas de juros contabilizados até o momento do pagamento. Ademais, como já vô-lo dissemos, a eutanásia, nem sempre, é fruto de compassividade

Sob a Luz do Espiritismo   99

ou do amor da parentela, pois, no subjetivismo da alma humana, às vezes, confunde-se um matar por piedade com um matar por comodismo, ou por interesse. Existem impulsos sub-reptícios na intimidade da alma de pouco esclarecimento espiritual, que se manifestam na consciência humana em formação, numa atuação subjetiva e capaz de iludir o homem, como é o caso da eutanásia.

PERGUNTA: — Como poderíamos entender melhor as vossas palavras?

RAMATÍS: — Quantas vezes, diante da visão desagradável do familiar a sofrer sem alívio, a parentela deseja-lhe a morte, rogando a Deus que o leve o mais breve possível, a fim de livrá-lo das dores e, no entanto, essa decisão é mais decorrente de se dar um fim a um quadro demasiadamente desagradável e contristador, embora seja um membro familiar. Ainda, existem criaturas que se compungem e angustiam-se profundamente ante o sofrimento do ente querido, mas são impassíveis quando isso acontece com o vizinho detestável ou com o parente indesejável e ingrato.

Há certa dificuldade da criatura humana em identificar a realidade dos seus próprios impulsos diante da sua consciência. Assim, podem confundir como um sentimento elevado e generoso, o que, apenas, é uma reação instintiva de seu interesse pessoal. Quantas vezes, as noites mal dormidas, as queixas de dores incessantes, os gastos incomuns com hospitais, cirurgia familiar do enfermo há longo tempo levam os parentes, sob tal cansaço e sem esperanças, a recorrerem à "eutanásia", sob o argumento de ser a solução mais cômoda e mais piedosa.

Em consequência, "matar por piedade" não passa de "matar por ignorância", delito que o autor piedoso terá de ressarcir no futuro. No momento atual, em face do coeficiente moral baixo do atual cidadão terreno, que se desbraga cada vez mais, no culto da lubricidade, da glutonaria, da avidez em juntar um patrimônio econômico capaz de mantê-lo por inúmeras vidas, esquecendo da advertência crística: "Não acumuleis tesouros na terra, onde o verme e a traça os decompõem, e onde os ladrões entram e roubam, mas acumulai tesouros no céu, aonde nem o verme nem a traça decompõem, e nem os ladrões penetram e roubam", aumentam as energias pesadas na delicada vestimenta perispiritual, obrigando a futura drenagem higienizadora para o corpo material.

PERGUNTA: — Os médicos que praticam a eutanásia, visando apenas a terminar com o padecimento do enfermo incurável, também se comprometem com a Lei do Carma, devendo sofrer idêntica experiência?

RAMATÍS: — Praticar a eutanásia não é atribuição do médico por ser ele o sacerdote da vida, e não, da morte, conforme o seu milenar juramento hipocrático. Ele não é onipotente e nem onisciente, não pertencendo às suas atribuições interromper o fluxo da vida, porém, procurar mantê-la sempre. Aliás, a eutanásia é execução antecipada, sem a autorização do Superior Tribunal Divino.

Logo, o esculápio não escapa à Lei e unir-se-á à sua vítima de agora em resgates futuros.

PERGUNTA: — Gostaríamos de compreender melhor a necessidade do sofrimento humano até os derradeiros segundos de sua vida, a fim de se processar a limpeza de seu perispírito e favorecê-lo no decorrer de futuras encarnações.

RAMATÍS: — Considerando-se que a carga tóxica presente no perispírito do homem é um residual fruto de seu mau uso do combustível inferior nos momentos de imprevidência, usando a

Sob a Luz do Espiritismo   101

energia dos campos de frequência da vida animal, é óbvio que depois também deve ser devolvida ou drenada para a própria fonte original. Assim, através do seu corpo carnal, o espírito convoca e usa o energismo primário e sustentador da vida instintiva animal para seus fins egoístas e viciosos, saciando suas paixões. É justo, então, que seja o próprio corpo físico o elemento intermediário ou dreno de tais forças impróprias à vida espiritual, as quais devem ser devolvidas à sua fonte original.

Consequentemente, o espírito do homem usa dessas energias para fins criativos louváveis, e delas abusa para objetivos condenáveis, resultando um saldo comumente desfavorável para si, de uma carga de resíduos nocivos em sua estrutura mais sutil, perturbando a vida do próprio ser no Além. Logo, muitos desencarnados, almas com certo aprimoramento, conseguem situar-se em regiões agradáveis, mas, infelizmente, não são completamente felizes e radiosas em sua organização perispiritual sobrevivente à morte do corpo físico, porque nele circulam as toxinas e resíduos resultantes dos seus momentos de incúria na Terra, e não foram expurgados. Então só lhes resta uma rigorosa purgação nas zonas astralinas, ou a prática de sublimes virtudes, num hercúleo esforço para mobilizar as forças angélicas.

Sob tal determinismo sideral, em cada encarnação, o espírito drena uma parte do seu acervo culposo e, ainda pela sua imprudência ou primarismo espiritual, impregna-se outra vez com um diferente residual tóxico decorrente de novas estultícias e desregramentos sociais. Lenta e implacavelmente, de existência em existência, de vida em vida, vai expurgando as suas cargas indesejáveis para os diversos corpos físicos, que lhe servem, em suas reencarnações, de instrumentos para a própria manifestação nos cenários dos mundos materiais. Ainda débil de vontade, e incapaz de suportar os sofrimentos lancinantes como as almas estóicas, o espírito, vítima do energismo da vida inferior, purifica-se dos seus pecados sob o automatismo da Lei do Carma, gastando alguns séculos e até milênios para se liberar definitivamente da mesma toxicidade perispiritual, que poderia drenar numa só vida carnal, caso conseguisse suportar o indescritível sofrimento.

Considerando-se que "Deus não dá o fardo maior do que as costas", tais espíritos endividados vão drenando as cargas conforme a sua resistência psíquica e o seu comportamento humano mais cristianizado. Mas, as almas mais esclarecidas sob a pedagogia da vida eterna, ao sentirem o peso acumulado em suas vivências de violações, então, resolvem submeter-se ao processo acelerado da drenagem mais rápida para o solo terráqueo, por intermédio do corpo carnal. Assim, tentam expurgar da vestimenta delicada do perispírito, numa só existência física, a maior percentagem desse lastro de alta densidade, embora, também, pudessem processar esse expurgo em várias reencarnações, e em doses homeopáticas. À medida que se faz o envelhecimento físico, o magnetismo gravitacional da Terra atua, atraindo o conteúdo tóxico do perispírito, o que também concorre para aumentar o sofrimento e as dores, que deverão cessar fisicamente com o último suspiro de vida.

Quando o espírito se submete conscientemente, a esse processo tão mortificante, embora ainda esteja encarnado, pressente a sua necessidade purificadora; por esse motivo, sabe-se de pacientes que se tornam conformados, alguns até otimistas, na certeza íntima de que todas aquelas dores acerbas têm uma finalidade transcendente libertadora.

Todavia, à medida que se concentram energias purificadoras, a ação da luz divina vai fazendo fluir, cada vez mais intensa, o residual para a periferia, desintegrando miasmas, vírus, toxinas, ultravírus, formas mentais que freiam a sublime atividade perispiritual. Enquanto o perispírito vai-se liberando de sua carga virulenta, o desencarnado principia a sentir fluidos balsâmicos envolvendo-o numa sensação de conforto. Só, então, ele começa a compreender a felicidade de ter recusado o recurso derradeiro da eutanásia, e entende o porquê de tanto sofrimento. Bendiz a prova redentora, ao deixar seus males na intimidade silenciosa do túmulo.

PERGUNTA: — Qual a conduta mais própria que devemos manter diante de nossos familiares acometidos de padecimentos dolorosos, males incuráveis, sem qualquer possibilidade de alívio?

RAMATÍS: — A prece em favor do enfermo ainda é o recurso balsâmico mais aconselhável e benfeitor, pois, além de envolvê-lo sob um manto de vibrações sedativas, ainda o ajuda a suportar, corajosamente, seu estado mórbido. É o socorro psíquico capaz de aquietar a alma em dolorosa agonia e prestes a abandonar o mundo físico, porque a oração fervorosa não só produz clareiras de luz no ambiente, como facilita a interferência auxiliadora dos bons espíritos. É um banho vibratório, refrescante, acalmando o espírito do doente e ajudando-o a partir em paz para o mundo astral; inclusive, proporciona o ensejo de vislumbrar mais cedo os familiares e amigos que o esperam nas portas do Além-túmulo.

Diante da morte do corpo carnal, ajuda o espírito eterno a libertar-se suavemente dos laços físicos. O desespero diante da separação física inevitável, os gritos e as revoltas íntimas dos familiares inconformados jamais impedem o desenlace já previsto pela implacabilidade da Lei. Assim, enquanto a prece traça fronteiras vibratórias na defesa fluídica e serve de auxílio psíquico, o agonizante pode desligar-se do casulo de carne, lembrando a ave que alça o seu vôo, fugindo do solo em busca da amplidão livre do céu.

PERGUNTA: — Afirma-se que a oração dos vivos, junto aos moribundos, pode, mesmo, ajudar aos próprios técnicos ou espíritos desencarnados. É exato?

RAMATÍS: — Realmente, os espíritos técnicos e assistentes de desencarnações, quando auxiliados pela prece, conseguem reduzir grandemente a cota de sofrimentos dos agonizantes, agravada pelos laços enfermiços dos familiares e amigos, bem como ajudam o expurgo final. As vibrações dinâmicas da oração ajudam a dissolver esses fluidos imantadores da mente dos familiares desesperados, e ainda ignorantes da realidade espiritual. Caso seja mesmo conveniente prolongar por mais tempo a vida do moribundo, proporcionando-lhe drenagem de maior lastro de toxinas e acentuando a purificação perispiritual, isso ainda é mais fácil num ambiente calmo e energizado, positivamente, pelo poder sublime da prece. O certo é que as angústias e a atitude inconformada dos amigos e familiares, na hora da desencarnação, produzem forças negativas, dificultando ainda mais a libertação espiritual.

PERGUNTA: — Ainda gostaríamos de mais algumas palavras que nos esclareçam sobre o efeito sedativo e proveitoso da oração na hora constrangedora da morte. Seria possível?

RAMATÍS: — A oração aquieta a alma e eleva o seu padrão vibratório, porquanto o instinto animal é superado pela sintonia do espírito aos planos mais elevados. Ela promove um estado de serenidade íntima, que ainda mais se engrandece e se dinamiza, ao se conjugar com as vibrações de outras almas ligadas pelos mesmos propósitos espirituais. Embalada pela prece, a alma do moribundo recompõe-se e desvencilha-se mais cedo dos laços que a ligam aos centros vitais do corpo físico.

Sob a Luz do Espiritismo

105

Aliás, é muito comum os desencarnados, mais tarde, lamentarem-se dos dramas assistidos e vividos junto ao seu leito de morte. Comumente, sentem-se bastante vexados, quando, pela proverbial ignorância humana terrícola sobre a vida espiritual, tiveram um comportamento infantil e de imenso pavor na hora de a alma abandonar o seu uniforme carnal no educandário da Terra.

Em consequência, só a maneira pacífica, humilde e respeitosa com que aceitamos as dores do corpo e a separação provisória dos nossos familiares é que, realmente, é testemunho da nossa fé e confiança em Deus. Mas, se é criticável a tolice do tumulto primário em torno do leito familiar ou amigo, onde alguém deve partir para o seu verdadeiro lar, muito mais grave é quando, médicos, sacerdotes ou familiares pretendem solucionar o problema da morte, com a própria morte antecipada pela "eutanásia". Assim, liquidam prematuramente o enfermo, cujo sofrimento é justamente a preliminar da terapêutica psíquica que higieniza e purifica sua vestimenta perispiritual, a fim de chegar em paz e saudável ao ambiente do verdadeiro lar, o reino divino do Espírito Eterno.

6.
Aborto

PERGUNTA: — *Sob a luz do Espiritismo, constitui crime a provocação do aborto, em qualquer período de gestação?*

RAMATÍS: — Considerando-se o Espiritismo a doutrina codificada por Allan Kardec, sob a orientação dos espíritos superiores, cremos que o próprio codificador é quem melhor responde, quanto ao aspecto doloso ou não do aborto, conforme a seguinte orientação dos seus mentores: "Há crime sempre que transgredis a Lei de Deus. Uma mãe, ou quem quer que seja, cometerá crime sempre que tirar a vida a uma criança antes do seu nascimento, por isso que impede uma alma de passar pelas provas a que serviria de instrumento o corpo que se estava formando".

Sob tal consideração, verifica-se que a doutrina espírita é taxativamente contrária ao processo censurável do aborto, o qual impede o ingresso de um espírito no cenário do mundo físico, a fim de cursar mais uma série na proveitosa escola terrena de alfabetização espiritual. Lembra o aluno sequioso de aprender a ler e escrever para acelerar o seu progresso humano e realizar os seus ideais junto aos demais companheiros de jornada evolutiva, que se vê enxotado impiedosamente para fora do recinto, sem qualquer direito ou possibilidade de defender-se.

PERGUNTA: — Poderíamos supor que todo espírito sempre fica determinado para nascer através de certa mulher, previamente escolhida para lhe servir de mãe?

RAMATÍS: — Há leis, organizações, disciplina no Além Túmulo. Portanto, todo o processo reencarnatório é estudado e programado pelos mentores espirituais, em todos os seus detalhes: progenitores, constituição física e mental, temperamentos.

São mobilizados todos os recursos possíveis para que o espírito, ao retornar à matéria, tenha êxito em seu projeto de vida; inclusive, com várias soluções secundárias. São programadas uma alternativa principal e outras secundárias, de modo a ser a vida material mais útil para o reencarnante. Mesmo os espíritos de consciência primária, que ainda são incapazes de traçar os programas de suas vivências na matéria, dominados pelos comportamentos decorrentes das forças coercitivas do instinto animal, são conduzidos à encarnação obedecendo a certo esquema "coletivo" e disciplinado pelos mestres da espiritualidade. Embora sejam, mais propriamente, "arrastados" pela lei gravitacional, em direção ao ventre da mulher terrena, os responsáveis por seus destinos na Terra vigiam-nos desde o seu nascimento, crescimento e até os derradeiros minutos de sua vida orgânica. São entidades que ainda renascem à luz da existência carnal entontecidos e ignorantes de sua destinação espiritual em individualização no seio do Universo.

PERGUNTA: — Mas, sob qualquer hipótese, a futura mãe desses espíritos primários ou inconscientes fica obrigada a recebê-los em sua matriz uterina e a gerar-lhes um corpo físico?

RAMATÍS: — Conforme já vos esclarecemos, a reencarnação funciona num processo disciplinado e correto, sob a vigência irrepreensível da Lei do Carma. As atrações e obrigações espirituais dos encarnados e desencarnados dependem exatamente dos compromissos, das relações, responsabilidades, amor, ódio e culpas recíprocas, ocorridos nas vidas anteriores. Assim como o excelso espírito de Maria, mãe de Jesus, encarnou-se na Terra, a fim de usufruir da sublime dádiva de gerar em seu ventre o abençoado corpo carnal para um dos mais sábios anjos do céu, é evidente que Agripina, mulher inescrupulosa, luxuriosa, desregrada, por sua afinidade psíquica, foi designada para servir de progenitora a um espírito nas mesmas condições — o Imperador Nero.

Sem dúvida, o compromisso gestativo foi estabelecido antes de Maria e Agripina encarnarem, embora a primeira fosse escolhida para ser a mãe do Cristo-Jesus, enquanto a futura mãe de Nero foi determinada para receber em seu ventre o próprio adversário e comparsa de suas atividades orgíacas do passado.

PERGUNTA: — Mas, no caso desses espíritos primários ou inconscientes de suas próprias encarnações físicas, suas progenitoras já partem do Espaço cientes da obrigação de aceitá-los como filhos?

RAMATÍS: — Nem sempre as mães que geram corpos para espíritos primários e inconscientes assumem previamente um compromisso direto para cumprir tal encargo. Comumente, elas também são espíritos de pouca graduação sideral e, assim funcionam à guisa de verdadeiros "campos gravitacionais" afins, que atraem vigorosamente os espíritos semelhantes à sua própria estrutura.

Hoje, a ciência admite existirem as forças gravitacionais, eletromagnéticas e as nucleares forte e fraca, mantendo os astros em equilíbrio, a estabilidade das substâncias químicas e da matéria densa; e também regem a atração eletromagnética ou gravitacional entre mães e filhos, pessoas e grupos, as quais poderíamos denominar de psicomagnéticas, mais fortes entre os espíritos das escalas evolutivas mais baixas. Mas além dessa atração, que funciona sob os impulsos da afinidade recíproca espiritual, também há espíritos abnegados, que aceitam a tarefa sacrifical e educativa de gerar corpos físicos para entidades primárias e até indesejáveis. No desempenho dessa missão desagradável, devem servir e educar pelo amor entidades hostis e indisciplinadas pelo domínio do instinto animal. Nesse caso, o espírito da mãe heroína desperta e desenvolve virtudes excelsas, melhorando o seu investimento na conta bancária divina. Sem dúvida, trata-se de tarefa estóica e difícil, porém, sob a própria Lei do Amor, psicoeletromagnetismo, a criatura que ajuda o próximo, ajuda-se a si mesma.

PERGUNTA: — Os compromissos assumidos por espíritos que deverão ser nossos pais ou filhos resultam de simpatias, acordos fraternos ou, apenas, devem submeter-se à decisão dos mentores do mundo espiritual?

RAMATÍS: — É impossível expor-vos, nestas singelas páginas, a multiplicidade de motivos que podem aproximar e ligar os espíritos para se organizar o conjunto da família humana. Sob tal condição, há entidades que se unem por afetos e amizades indestrutíveis, cultivadas há milênios, enquanto os adversários, comparsas, algozes e vítimas, ligam-se por força dos efeitos odiosos dos conflitos e das frustrações pregressas. Em consequência, na formação da família humana terrícola, unem-se tanto as almas atraídas pela afinidade dos mesmos sentimentos, ou preceitos de sabedoria, como, também, se associam as entidades atraídas pela força disciplinadora da Lei do Carma.

110   Ramatís

PERGUNTA: — *Por qual razão não obrigam os mestres a reencarnação de espíritos relativamente evoluídos, contudo ainda rebeldes e refratários ao perdão das ofensas?*

RAMATÍS: — Como sabemos, o processo gestacional é muito delicado, e tem início antes da concepção, quando são escolhidos os genes, e o encontro deles nos gametas para formar o ovo, a nidificação, o embrião, o feto e o parto. Fases sensíveis, que podem ser alteradas de forma destrutiva pela mente enfermiça, dificultando e mesmo impedindo, pela destruição, os elementos usados na gestação.

PERGUNTA: — *É impossível a um espírito rebelde e vicioso reencarnar-se no mundo físico sem o prévio consentimento dele?*

RAMATÍS: — Nada é impossível ao Criador, que através dos espíritos superiores, usando de técnicas sutis ou mais avançadas, leva esses seres primários ao adormecimento temporário, para só despertar no organismo físico.

Os espíritos amorosos e justos, segundo as necessidades do reencarnante e de seus grupos afins, suspendem por algum tempo o livre-arbítrio da individualidade imortal para cumprir com a Lei da Ação e Reação, que é eterna.

Por analogia, é um processo idêntico ao das prisões terrenas, cuja finalidade é reeducar o delinquente.

Em quaisquer condições, as mães recebem amplo auxílio dos técnicos em reencarnação; sobretudo, sempre há uma vigilância severa para que a mãe não sofra prejuízos de saúde em sua tarefa procriativa, nos casos de uma entidade que lhe foi comparsa de orgias, pilhagens, vinganças e outras atividades delituosas no passado. Em tal caso, o laço das afinidades que os une é o responsável pelo processo gestativo.

Sob a Luz do Espiritismo

Sem dúvida, há casos em que o poder mental é tão desenvolvido, em certas entidades malévolas, que dificulta completamente qualquer tentativa encarnatória por parte dos mentores espirituais, sem a vontade e aquiescência das mesmas. São espíritos que exercem a sua atividade perniciosa e o poder mental deletério há séculos, ou milênios, nas regiões astrais inferiores. São os responsáveis pela figura do abominável Satã, o lendário inimigo de Deus e príncipe do Mal. Mas, o bom senso diz-nos serem as maldades de Lúcifer e os sofrimentos do Inferno mais inofensivos do que as torturas, a perversidade e as práticas animalescas do próprio homem. A clássica luta entre o Bem e o Mal ainda é um produto do estágio do espírito, no seu desenvolvimento da consciência individual durante a vida humana, quando ainda é dominado pela força indomável do instinto, sobrepondo-se aos elevados princípios da vida eterna.

Aliás, os espíritos rebeldes, simbolizando os "anjos decaídos", consideram o mundo material como o cenário eletivo e de direito para a sua atividade pervertida, enquanto acoimam as entidades cristificadas de ridícula aristocracia de afeminados. A hierarquia angélica, atuante sob o patrocínio do Cristo-Jesus, não atrai, de modo algum, essas almas hipertrofiadas pelo instinto inferior, pois, consideram o amor e a humildade manifestações ingênuas e improdutivas, que adulteram e inutilizam o poder do espírito. Apregoam ser o domínio do mundo carnal para os másculos, "homens", e o infantil reino celestial para os tolos desfibrados pelo escravagismo divino...

PERGUNTA: — Em consequência, cada encarnação é disciplinada por um esquema de vida e mútuo compromisso cármico entre os espíritos que deverão constituir certa família terrena?

RAMATÍS: — Realmente, há um programa básico e disciplinador das encarnações dos espíritos comprometidos entre si por mazelas pregressas, no qual se delineiam os principais acontecimentos da vida física, e os objetivos das prováveis evoluções espirituais. Daí, o motivo de existirem certos destinos fatais e inexoráveis na vida dos seres humanos, causadores de dramas, tragédias e catástrofes, contrariando o merecimento e as intenções dos encarnados. Em verdade, ao chegar o momento nevrálgico de a criatura cumprir determinada "cláusula" do seu programa cármico, esquematizado antes de renascer, nenhuma força ou interferência extemporânea do mundo poderá desviar ou modificar o acontecimento previsto. Malgrado as revoltas, os desesperos e mesmo as acusações contra Deus. É sempre o esquema "pré-encarnatório" desenvolvendo-se em suas etapas previstas no Espaço e aceitas pelo grupo de almas interessadas na composição da mesma família terrena.

Antes do renascimento físico, os mentores da espiritualidade sugerem as atividades terrenas e os procedimentos educativos mais proveitosos à renovação espiritual dos seus pupilos. Eles assinalam as aflições, dores e enfermidades que, embora façam sofrer, despertam os impulsos superiores, afastam dos vícios e enfraquecem as paixões escondidas no espírito, induzindo ao prazer transitório, mas nefasto. Ninguém se diploma para a angelitude antes de sua iniciação através da "porta estreita" das vicissitudes, dores, mortificações e desilusões da vida física, porquanto o espírito do homem encarna-se como "escravo" da carne e, paradoxalmente, deve aprender a libertar-se conscientemente desse mesmo jugo indesejável.

PERGUNTA: — Existem pessoas incrédulas que ironizam esse cuidadoso planejamento de se disciplinar os espíritos em suas encarnações terrenas. São homens descrentes do mundo espiritual, e julgam a vida física um produto de incessante adaptação por atividades ocasionais, decorrentes, simplesmente, de etapas e fatores produzidos por uma causa inicial, mas sem qualquer base inteligente. Que dizeis?

RAMATÍS: — A ciência é hoje experimental, seguindo modelos próprios, e tudo aquilo que não pode ser medido e repetido inúmeras vezes não fará parte de seu acervo. Ela deixa para a filosofia a razão de ser e a causa primeira de todas as coisas. Porém, há um cientismo positivista que, simplesmente, não considera os chamados mistérios da alma e, juntamente com os ateus materialistas critica e ironiza os crentes pelo seu pieguismo inconsequente, gerador de um modo de vida conformista com a miséria em que vivem, na crença de serem os futuros habitantes do Céu, para isso bastando-lhes cumprir as ordens de seus guias terrenos religiosos: padres, pastores, médiuns, mestres... e toda uma falange de cegos a guiarem outros cegos.

A ciência é um dos caminhos para chegar ao próprio Criador, pela razão. Ela é neutra em sua essência. Os cientistas é que ora são monistas, panteístas, teístas, deístas ou materialistas ateus. É necessário não misturarmos as causas com os efeitos.

PERGUNTA: — Poderíeis informar-nos como os espíritos mentores e responsáveis pelas encarnações terrenas esquematizam a composição de uma nova família na Terra?

RAMATÍS: — Citemos um exemplo peculiar na sociedade atual: os desajustes dos casais e as consequentes separações. Há um plano de resgates mútuos entre os cônjuges e a prole, mas, os erros, ódios e vícios do passado tornam a vida comum impossível e a prova é suspensa até outra ocasião, e a todos são dadas novas experiência vivenciais, que melhor se adaptem ao planejamento global evolutivo.

De um modo geral, há todo um esforço nos projetos para

que as reencarnações não venham a requerer modificações e ajustes extemporâneos, após o nascimento físico das entidades reunidas num mesmo programa de vida física, consanguíneo. Os mentores espirituais preparam previamente, com todas as minúcias e detalhes, a sequência dos eventos educativos e também corretivos, a serem executados na periferia do orbe físico. Evidentemente, as almas que já superaram a maior parte dos conflitos e das ofensas mútuas do passado conseguem maior êxito e fidelidade ao esquema redentor. Assim, velhos inimigos ainda separados por sucessivos conflitos espirituais, mutuamente responsáveis por dramas e tragédias consequentes às desforras e vinganças pessoais, quando se decidem à sua renovação íntima, cursam a existência de um modo mais salutar, com um comportamento mais pacífico, proveitoso e de recíproco esclarecimento.

Em consequência, no esquema básico do futuro conjunto familiar terreno, ficam especificados os deveres de todos, e os vários recursos de retificação espiritual, os incentivos para a tolerância e ajuda mútua e a terapêutica do amor no sentido de o conjunto superar a força instintiva animal pelo uso dos ensinamentos cristãos. Ajustam-se para o progresso da vivência educativa; os esforços dos mentores são no sentido de eliminar as querelas encarnatórias, substituir a brutalidade pela gentileza, a irascibilidade pela tolerância, a frieza da indiferença pelo calor da ajuda, e a desforra pelo perdão, proporcionando o cumprimento da Lei do Amor.

Assim, unem-se figadais inimigos de muitas encarnações passadas, antigos sócios de várias atividades humanas, entrelaçados pelo ódio de faltas cometidas pelo excesso de avareza ou egolatria; políticos ambiciosos, cruéis e vingativos; mulheres traídas pelos esposos libidinosos, ou esposos feridos no seu mais sincero afeto por companheiras fesceninas; escravos e algozes, assassinos e vítimas, comparsas de pilhagens e piratarias perversas fazem uma pausa para a reconciliação no mundo espiritual, antes de partirem para a carne, aguardando a esperança de se ajustarem fraternalmente num mesmo esquema encarnatório. São cientificados de ser a senda definitiva para a angelitude o culto incondicional do Amor, ensinado e vivido pelo Cristo. As almas candidatas à formação de uma nova família, na Terra, então, fazem mil promessas e alimentam mil sonhos esperançosos de uma vida fraterna entre a parentela carnal.

PERGUNTA: — Mas em face da discórdia, de incompreensão, da tragédia, do ódio e do crime, que acontecem no seio da família humana, porventura, não falhariam, lamentavelmente, os esquemas educativos e redentores traçados previamente no Espaço?

RAMATÍS: — Ainda é muito difícil para um conjunto de almas conflitadas entre si, por ressentimentos, ódios e ignomínias do passado, que consigam cumprir de modo integral o programa aceito antes de sua encarnação na Terra, pois, as promessas e mútuos compromissos são velados pela perda da memória perispiritual. É evidente que os projetos elaborados por criaturas viciosas dificilmente serão concretizados totalmente, por serem espíritos primários nos seus esquemas encarnatórios. Malgrado as boas intenções dos espíritos interessados numa vivência amorosa e pacífica, quando na composição da família terrícola, depois de submersos na matéria e subjugados pelos impulsos instintivos da animalidade, torna-se muito difícil manterem entre si os compromissos assumidos antes do renascimento.

O homem terrícola ainda está sob o jugo de sua personalidade egoísta e orgulhosa; é fortemente influenciado pelo instinto animal, e termina por esquecer as promessas de tolerância e perdão aos seus adversários do passado. Dominado pelo perso-

116 Ramatís

nalismo, cômodo e egocêntrico, é incapaz de qualquer sacrifício ou concessão ao próximo. Os sentimentos negativos vitalizados e a vigorosa tendência de ter e não de ser transformam os bons propósitos espirituais em reações mesquinhas, frustrando as boas intenções e iniciativas sadias. Cria-se uma defesa mútua, proporcionando um "não ceder", fazendo de cada criatura um ser vigilante, em incessante estado de defesa, pressentindo subjetivamente os adversários pregressos sob o consanguíneo traje carnal. A fraca memória dos espíritos terrícolas os faz complicar ainda mais os conflitos espirituais do passado; pois, sob a ação da herança animal, escravizam-se às paixões e emoções primárias da vida física transitória. Sacrificam a feliz oportunidade de fazerem as pazes e desatarem os laços cármicos com os velhos adversários, a fim de usufruírem alguns momentos de satisfações inferiores.

PERGUNTA: — Apesar do mais perfeito planejamento elaborado no Espaço, ainda se torna muito difícil a harmonia e o aproveitamento dos espíritos adversos, mesmo com o recurso das uniões através dos laços íntimos de família; não é assim?

RAMATÍS: — Realmente, apesar das promessas e dos compromissos jurados, programados entre os espíritos antes das encarnações, as boas intenções memorizadas na erraticidade, quase sempre, são olvidadas na vivência física por interesses antagônicos, que ainda mais fortalecem os ressentimentos, as críticas, obstinações e queixas, fundamentadas nas animosidades das existências anteriores. Não obstante o disfarce carnal e da semelhança física, unindo os espíritos adversários sob a mesma ancestralidade biológica, emergem as antipatias pregressas, ante a mais leve humilhação ou reação de amor-próprio.

Ademais, ainda se deve acrescentar aos conflitos domésticos da família terrena a interferência de outros espíritos anta-

Sob a Luz do Espiritismo

gônicos e desencarnados, os quais tomam partido por esse ou aquele familiar de sua simpatia pregressa, enquanto acicatam o resto da parentela, como processo de desforra do grupo de seus desafetos passados. A família terrena, via de regra, transforma o lar na miniatura do Inferno, porque os seus membros são deseducados, invigilantes e imprudentes, sacrificando facilmente a vida espiritual definitiva por quinquilharias transitórias materiais e por suas paixões.

PERGUNTA: — Os espíritos que se associam para constituir as famílias terrenas, figurando vítimas e algozes, ofendidos e ofensores, exploradores e explorados, escravos e senhores, sempre se encarnam na condição de pais e filhos, cônjuges, irmãos, ou apenas na condição de parentes colaterais?

RAMATÍS: — A família humana é justamente uma das mais importantes instituições sociais humanas, espécie de abóbada protetora, responsável pela perpetuação física dos seres humanos. Cabe-lhe, ainda, a obrigação de amparar a prole e educá-la, até a sua emancipação na luta pela sobrevivência terrena.

É através da união física entre os esposos, reciprocamente devedores, e sob o teto da família que se acelera a escalonada espiritual, em face do mútuo revezamento em várias encarnações — quando os filhos de ontem podem ser os pais de hoje, ou de amanhã. Quase sempre, os algozes das encarnações pretéritas tornam-se os pais das próprias vítimas de outrora, lapidando-se entre as dores e as preocupações angustiosas, causadas desde a infância aos descendentes carnais, ante as tradicionais doenças como gripe, febres, bronquites, cólicas, dores de ouvido, de dentes, sarampos ou amigdalites. Os perigos de contágio, as epidemias periódicas ou as enfermidades estranhas causam sustos e temores nos pais aflitos, que sofrem por ignorarem que as aflições junto ao leito das próprias vítimas do passado diminuirão suas dívidas encarnatórias.

Graças à sabedoria das leis eternas, apagando as lembranças do passado, os culpados de ontem terminam vinculados às suas vítimas, sentindo no imo da alma todas as agonias que elas enfrentam na existência, aprendendo a sublime lição de amar e servir. Através dos organismos carnais, gerados pela herança biológica da mesma família, os inimigos e comparsas de existências anteriores intercambiam as lições de afeto, desimantando-se, aos poucos, da frequência do ódio ativado pelas desforras e atrocidades pregressas.

PERGUNTA: — Embora os pais e filhos possam ser adversários ferrenhos do passado, qual deveria ser o comportamento mais adequado para mais brevemente se ressarcirem das culpas recíprocas?

RAMATÍS: — Sem dúvida, as relações amistosas, tolerantes e pacíficas tanto devem ser dos pais para os filhos, como dos filhos para os pais. Diante da disposição de ânimo, simpatia ou antipatia dos atores desses dramas, é de senso comum que só a tolerância e o respeito mútuo beneficiam espiritualmente as criaturas. Os filhos não pertencem aos pais, nem os pais pertencem exclusivamente aos filhos, mas trata-se de espíritos cuja individualidade eterna permanece acima das convenções e dos fenômenos sociais, razão pela qual jamais podem ser escravizados entre si.

O respeito, os direitos e deveres e o amparo devem ser recíprocos e, acima de tudo, devem-se manter as relações de liberdade individual, referentes ao destino de cada um, uma vez que tem cada espírito uma tarefa a cumprir, não determinada pelos preconceitos, pelo orgulho ou pela imposição familiar. Há de se respeitar o destino particular de cada membro da família, ante a realidade de ser o corpo transitório e o espírito, eterno. Assim, as filhas e os filhos, às vezes, são inclinados a uniões afetivas, decisões, planos e preferências específicas, que vão desde o namoro, o noivado e o próprio casamento, podendo contrariar os preconceitos sociais, os projetos financeiros ou as simpatias dos pais, obstinados pelas próprias opiniões e decisões, por orgulho familiar. É evidente que, se já existem raízes adversas e ressentimentos espirituais de vidas anteriores, não tarda o conflito na família: — desde os rompimentos afetivos às frustrações e separações entre pais e filhos, o que só agrava a animosidade cármica. O ressentimento da vítima prejudicada cresce e aumenta em sua intimidade espiritual, ao pressentir, sob o disfarce do parentesco, a mesma entidade que já o maltratou ou feriu em vidas anteriores.

Os filhos não são propriedade, nem investimento familiar. As suas relações com os pais devem ser exclusivamente de natureza afetiva, embora se deva manter a disciplina mais justa, sob os códigos morais dos usos e costumes sociais. Os problemas de relacionamento difícil devem ser resolvidos através de diálogo franco e pacífico.

A Terra ainda é uma escola de educação espiritual, onde convivem grupos de espíritos amigos e inimigos, vinculados pela ancestralidade biológica consanguínea. Assim, apesar do seu passado espiritual trágico, dramático ou culposo, esquecido, porém, vivo na intuição mental, é imprescindível que esses espíritos em conflito, mas disfarçados pela máscara corpórea atual, permaneçam disciplinados tanto quanto possível, mantendo fraternal amizade disciplinadora no banco escolar terreno. As lições de vida humana produzidas pelo sofrimento e pelas vissitudes do mundo são do interesse de todo o conjunto da Humanidade, porquanto, na hora dos exames finais, cada um estará sozinho consigo mesmo e a graduação espiritual decorre exclusivamente da própria conduta.

Malgrado os próprios pais possam ser espíritos algozes do passado, devem fazer jus à compreensão e à tolerância de suas vítimas, agora transformadas em filhos, que já lhes ficam devendo a dádiva do corpo carnal recebido, para também lograrem a melhoria espiritual. Por esse motivo, o nascimento na escola terrícola é um ensejo sublime de redenção humana, enquanto o aborto delituoso é uma infração da Lei, destruindo a possibilidade da mais breve reconciliação entre espíritos adversos de encarnações anteriores.

PERGUNTA: — Desde que a própria sociedade egoísta e requintada pouco se importa quanto à vida ou morte dos filhos alheios, o aborto não seria tolerável, quando praticado pelas criaturas infelizes e malogradas, o que, muitas vezes, lhes parece a solução mais sensata?

RAMATÍS: — Sem dúvida, o aborto pode ser encarado sob diversos aspectos e causas diversas, pelos interesses pessoais, problemas econômicos, imprudências sociais, medo, comodidade, perda de estética física ou, mesmo, por crueldade materna. Aliás, ainda há o aborto fruto de certa vingança espiritual. Quando o ódio impera no subjetivismo da alma milenária, ao pressentir em gestação, no seu ventre, o adversário pretérito, expulsa-o, dominada por estranho rancor. Embora ainda ignorante das causas dessa aversão instintiva e profunda no seu ser, a mulher não suficientemente cristianizada jamais admite gerar um corpo físico para quem a magoou no passado. A presença do espírito adversário em suas entranhas atiça-lhe as reminiscências pregressas, evocando a tragédia, a loucura ou, até mesmo, o suicídio, ocasionados pela ação do outro em sua vida mental e espiritual.

Sob a Luz do Espiritismo

PERGUNTA: — *Qualquer tipo de aborto é sempre condenável à luz da vida espiritual?*

RAMATÍS: — Naturalmente, pois, sempre é um infanticídio, e está escrito: "Não matarás". Porém, as leis humanas são reflexos das espirituais e, se examinarmos os códigos legais, vamos encontrar as circunstâncias atenuantes e agravantes e mesmo termo "por justa causa". São agravantes os motivos fúteis: a estética materna, o controle da natalidade e o temor da não-aceitação do grupo social.

Podemos considerar como atenuantes o fato de certas culturas não admitirem os deslizes de seus componentes femininos, e o caso de suicídios diante das pressões psicológicas. Ainda poderíamos citar os casos de senhoras casadas que, por contingências da vida prevaricam, e o nascimento do fruto do descuido ocasionaria um rompimento familiar, com graves consequências à prole e ao outro cônjuge.

É admissível o aborto terapêutico, quando a gestação não tem condições de chegar ao fim, porque a doença materna é mortal, e a única maneira de salvar, pelo menos a mãe, é o aborto. Também incluiríamos, com alguma ressalva, os casos de fetos anormais, cuja patologia não lhes permitiria viver, e estão prejudicando a saúde da mãe, pondo em risco sua vida.

Muitas vezes, na espiritualidade, fazemos projetos corajosos e sublimes, entretanto, no retorno à carne, velhos vícios, medos, emoções e paixões ainda não dominados afloram e nos levam a deslizes. Mas, se as leis humanas são sábias e justas em cada época evolutiva, procuremos visualizar a divina que, além de ser justa e equânime, é tolerante e bondosa com nosso primarismo espiritual. Evidentemente, não deve ser acusada e condenada a mãe que se submete ao aborto terapêutico, — intervenção cirúrgica que procura salvá-la, embora deva sacrificar o filho nascituro. Sob tal condição, deve sobreviver a mãe, em cujo corpo a natureza trabalhou mais tempo e já assumiu inúmeras obrigações e vínculos de responsabilidade na existência física. Ademais, o que identifica e caracteriza profundamente a culpa das mulheres, quando malogram propositadamente o nascimento de um ser, é a sua decisão íntima de abortar, no sentido de se ver livre do filho intruso em crescimento no seu ventre.

No caso do aborto pela intervenção médica e com o objetivo de salvar a gestante, é claro não ter a própria mãe a intenção de praticar tal ato frustrante e, comumente, ela ainda sofre a dor de perder o filho aguardado com extremo afeto e ansiedade.

PERGUNTA: — No caso de a mãe paupérrima praticar o aborto, quando já é responsável por uma prole numerosa e enfrenta grandes dificuldade para sobreviver, não seria isso motivo justo? Assim mesmo, cabe-lhe a obrigação de prosseguir até o parto, embora o novo filho possa tornar-lhe a situação ainda mais calamitosa, sem qualquer ensejo de educação ou existência sadia?

RAMATÍS: — Conforme esclarecemos, nem todos são julgados de maneira inflexível; cada delito ou equívoco humano é tratado segundo o grau de responsabilidade e entendimento espiritual. Ademais, existem fatores ou circunstâncias que também levam a mulher a abortar por culpa ou indução de outras criaturas. É o caso das mães solteiras, dominadas por homens fesceninos e delinquentes, as quais são obrigadas a se desfazerem dos filhos, para evitar-lhes comprometimentos pessoais. Mas, como pagarão até o último ceitil os débitos da economia do mecanismo da vida, os responsáveis pela coação abortiva também deverão enfrentar o julgamento agravado pelo prejuízo a dois espíritos: mãe e filho. A mulher que aborta obrigada pelo marido, amásio ou sedutor, sendo incapaz de opor-se à

Sob a Luz do Espiritismo

vontade dele mais vigorosa, não pode ser julgada espiritualmente pela mesma culpa que deve sentenciar a madame rica e farta, ao livrar-se do filho intruso para evitar a deformação do corpo ou algum escândalo público.

Contudo, é certo ter a mãe pobre e capaz de cumprir até o final o resultado de sua própria vontade sexual, e dar vida a um novo ser, os méritos espirituais, sendo agraciada com créditos a serem usufruídos na próxima encarnação.

Diante dos fatos dados pela ciência como explosão demográfica, levando, em épocas futuras, à extenuação energética do planeta, bem como do primarismo do homem dominado pelo instinto do prazer, há toda uma indústria científica para a anticoncepção. É um recurso usado pelas populações, a fim de evitar o crime de aborto; entretanto, existem os métodos anticoncepcionais contrários à natureza humana, como os hormônios, os dispositivos mecânicos, as mutilações cirúrgicas, e os mais naturais, como a abstinência sexual, e o uso das tabelas dos dias férteis e inférteis da mulher.

Perante a Lei da Vida, cujo objetivo maior é a evolução de todos os espíritos, o meio mais lícito é a continência sexual. Assim fazem os animais, guiados por essa força chamada instinto, que só procriam no período do cio, para manter as espécies em equilíbrio biológico.

Em consequência, o aborto praticado pela mãe pobre ou rica, no seio da miséria ou da riqueza, é sempre censurável sob as leis da Vida, porque se trata de uma violência intempestiva, implicando uma série de prejuízos e alterações, desde o mundo espiritual até o terreno. O fato é que a mãe rica, pelas suas condições, tem a obrigação de dar à luz o filho e criá-lo, por não lhe faltarem os meios necessários para o êxito dessa nova vida; a mãe pobre, mesmo diante das dificuldades para cumprir o dever da procriação, tem o merecimento da coragem de não temer a miséria.

PERGUNTA: — Insistimos, ainda, em indagar-vos: mesmo submetida às maiores privações do mundo, sobrevivendo dificilmente, sem qualquer ajuda, a mãe paupérrima é sempre culpada se praticar o aborto? Não lhe cabe nem o direito de decidir pela solução de abortar, ante a angústia de procriar um filho para a nudez e a fome?

RAMATÍS: — Que seria do mundo, caso Maria de Nazaré resolvesse abortar o seu filho Jesus, só por causa de sua pobreza? Ela não sabia se teria o pão do dia seguinte. Quantos artistas sublimes da música, da pintura e da escultura, ou servidores da ciência humana, teriam deixado de existir, não trazendo aos sentidos humanos a beleza da cor, a harmonia dos acordes ou a estesia da forma, caso suas progenitoras indigentes os tivessem abortado pelo medo da miséria?

Seja qual for a opinião do mundo, justa ou injusta, racional ou emocional, o certo é que, após se iniciar a gestação, e apesar das justificativas de problemas sociais, financeiros, econômicos, é sempre um agravo interromper o curso criativo. Ainda, supondo-se que o nascituro venha a se extinguir pelas forças agressivas e precárias do meio ambiente, a mãe cumpriu o seu dever e redimiu-se perante a Lei.

Conforme já vos dissemos, o aborto só é lícito em casos excepcionais, como quando periga a vida da gestante a ser salva pelo médico, embora com o sacrifício do feto. O destino de qualquer criatura é previamente traçado antes de sua encarnação e a "Administração Divina" jamais elabora programas absurdos, injustos ou impossíveis. Não cabe à mãe, ou aos demais, decidir se o aborto é mais salutar nos casos de dificuldades sociais, econômicas ou mesmo de estabilidade civil. O espírito que se materializa no ventre da mulher terrena, apesar de onerado por mil dificuldades, há de viver e cumprir o destino, que é o resultado específico da soma das virtudes e dos vícios perpetrados em suas encarnações anteriores. Mesmo o nascituro atirado numa lata de lixo jamais perecerá à míngua, caso seja do seu projeto sobreviver e emancipar-se no seio da maior pobreza do mundo.

Não há qualquer imprudência, leviandade ou negligência por parte dos mentores siderais, quando decidem sobre determinado destino humano, considerado pelos homens justo ou injusto. Tudo é examinado, programado, de modo a favorecer o encarnante quanto à sua vida espiritual, pois, o resto é simples acessório de vivências carnais transitórias. Cada homem vive o esquema necessário ao seu carma passado, quer venha a nascer num tugúrio infecto ou num palácio dourado. Jamais receberá proventos e favorecimentos indevidos; nunca pagará dívidas e contas que não assumiu. O ventre materno é, tão-somente, a "câmara de materialização" do espírito encarnante, o qual mobiliza as energias etéreo-físicas do mundo e, ali, confecciona o traje carnal para frequentar a escola terrena. Todo aborto não justificado por uma razão importante é sempre violência e crime, frustrando um curso benfeitor. É insensata a mulher que resolve eliminar o fruto resultante do seu próprio prazer, só porque isso lhe traz incômodos, desprestígio social, críticas públicas ou vivência onerosa na existência física tão passageira. Terminada a gestação e entregue o resultado à luz do mundo, a mãe ainda pode ser algo culpada, caso não cuide da sobrevivência daquele filho; mas, é bem menor o seu delito, quando não pratica o aborto, mesmo diante da dificuldade, porque da vida física do filho os fados se encarregam.

PERGUNTA: — E quanto à mulher prostituta, que por força de sua condição abominada pela sociedade, ou pela impossibilidade de criar o filho, pratica o aborto na luta pela sobrevivência?

RAMATÍS: — A Lei não julga com medidas diferentes a mulher que é prostituta e a que não é. No tocante à condição de mãe, ambas são disciplinadas pelos mesmos preceitos, nos quais não há qualquer diferença entre a "mãe prostituta" ou a "mãe digna". O processo de criar um corpo destinado previamente a certo espírito encarnante é uma tarefa assumida antes da própria encarnação pela mulher terrena.

O aborto é, no código penal da espiritualidade, crime infamante, porque destrói um organismo indefeso, e já servindo a um espírito em descenso reencarnatório. Toda gestação, aí na Terra, é vinculada no Espaço a um programa cármico coletivo, desenvolvido através de séculos e séculos, reajustando e redimindo adversários dominados pelo ódio, pela vingança e por faltas recíprocas. Em consequência, o aborto é um "imprevisto", alterando todo o programa de um grupo, pois, além de expulsar do organismo físico, o espírito enquadrado num plano redentor na carne, também frustra o trabalho de centenas de almas submetidas ao mesmo processo encarnatório.

Em face das reduzidas oportunidades de reencarnações para os espíritos aflitos, precisando pagar seus débitos, para eles, pouco importa se renascerem no mundo físico através de mãe milionária e de elevada condição social, de mãe paupérrima e com dificuldade de sobrevivência ou, mesmo, por intermédio do ventre materno de uma prostituta. Quem necessita urgentemente de um traje protetor para cumprir suas tarefas nos ambientes terrenos pouco se importa com a marca e a qualidade da vestimenta; mas, aflige-se para envergar, o mais cedo possível, o agasalho capaz de aliviar a sua terrível necessidade espiritual.

Porém, toda prostituta que se submete ao processo gestatório até o seu término se redime, em parte, de sua imperfeição

Sob a Luz do Espiritismo

diante da sociedade. Entre a mãe rica, sofisticada e epicurística, a praticar o aborto por motivos sociais ou por vaidade pessoal, e a prostituta que, com as dificuldades da vida libertina, cumpre a sua gravidez, a vida maior coroa a infeliz moradora do prostíbulo com o galardão da glória maternal. No entanto, a mãe rica abortadeira ainda terá de expiar a sua falta contra a Criação, enfrentando, em próxima existência, o destino infeliz de também negociar a sua própria carne para viver.

PERGUNTA: — Muitas pessoas são defensoras do aborto, alegando não existir, nos primeiros meses de gestação, uma vida organizada; logo, se não existe uma vida disciplinada ou superior no ventre da mulher, não é delito a prática do aborto.Afirmam que, só depois de nascer a criança, há o aparecimento de uma personalidade para, depois, se desenvolver no decorrer da própria existência. Que dizeis?

RAMATÍS: — Nenhum julgamento científico, ou dos "entendidos", pode ser levado a sério, caso o seu autor desconheça essas três premissas fundamentais: vida imortal, Lei do Carma e Reencarnação. Qualquer opinião sem o conhecimento da vida real da individualidade imortal é absolutamente falsa, incoerente e sem fundamento plausível.

Mesmo o dogma católico de que a alma do homem só se incorpora no corpo carnal na hora do nascimento é falho, porquanto existe vida e não se justifica o aborto do nascituro. Seria absurdo o fato de se gerar uma vestimenta de carne para uma alma, sem que ela mesma escolha o tipo da fazenda. Portanto, se a alma existe mesmo antes da formação do corpo carnal, obviamente, esse organismo é produto de um plano, ou esquema antecipado, no qual a futura mãe já está comprometida; e será culpada por fugir à responsabilidade de criá-lo.

Mas, a realidade espiritual ainda é bem mais severa, porque o corpo carnal do homem não é simplesmente o traje físico, envergado pelo espírito para manifestar-se no mundo material — é a materialização de si mesmo, traço por traço, célula por célula, órgão por órgão. O organismo físico, em consequência, é o "traje vivo", em progressiva materialização no orbe terráqueo, dentro do ventre da mulher. Reafirmamos ser o aborto provocado causador de lesões profundas, traição, irresponsabilidade ou crime do espírito da mãe, a qual partiu do Espaço prontificando-se a cumprir essa tarefa, a fim de resgatar suas culpas passadas e auxiliar o espírito encarnante no seu retorno à vida física.

Não há justificativa para se liberar o aborto, sob a alegação de não existir vida superior ou individualidade nos primeiros meses de gestação; o feto, em incessante transformação, é, na verdade, o próprio espírito a se plasmar na figura do homem terrícola. Não se trata de justificar as condições fetais, mas a interrupção de uma vida planejada e ativada desde o Além, para se manifestar na forma de um ser, à superfície do mundo físico que, tanto poderá ser um flagelo, como um benfeitor da humanidade.

PERGUNTA: — Qual é a mais grave repercussão do aborto no mundo espiritual?

RAMATÍS: — Sem dúvida, é a violência, a perda de tempo e energia desperdiçada num projeto cuidadosamente elaborado para um espírito materializar-se na Terra e ressarcir-se das culpas passadas, cujo remorso o aflige constantemente na vida astral.

É impossível, para o homem encarnado, avaliar o sofrimento e o desespero da alma, quando a mãe lhe destrói o organismo carnal, destinado a servir-lhe de instrumento apropriado para se livrar mais breve dos seus desvios pregressos. Mal sabem as infelizes mães abortadeiras que esse

Sob a Luz do Espiritismo

rompimento imprevisível frustra um programa da mais alta responsabilidade espiritual, do qual os médicos e as "fazedoras de anjos" assumem a responsabilidade, e terão de ressarcir os danos causados à mãe e ao filho, em próximas reencarnações, atrasando a própria evolução espiritual.[1]

PERGUNTA: — Que dizeis da estuprada que, em consequência, engravida e pratica o aborto por causa da revolta justa em expulsar de si o fruto de um delito hediondo? Ela também incorre na mesma culpa atribuída às que praticam o aborto sem um motivo real?

RAMATÍS: — Cada existência humana, já o dissemos, é um enredo elaborado e decorrente de acontecimentos vividos no passado. Não há, jamais, um "fio de cabelo" de injustiça por parte da Lei Cármica. A criatura humana passa sobre o planeta colhendo os frutos saborosos ou insulsos da má sementeira anterior ou, então, usufruindo dos benefícios da boa sementeira do passado. Nenhum acontecimento, fato ou vicissitude ocorre sem algum fundamento cármico geratriz, em encarnações anteriores. Embora se verifique certa fatalidade nas vivências humanas, não há, propriamente, um destino implacável e insuperável, o qual é sempre decorrência de um programa previamente elaborado pelos próprios personagens do drama terrícola, sob a assistência de entidades superiores; e esses quadros aflitivos e acontecimentos trágicos ainda proporcionam a devida educação superior espiritual. Aliás, em obra anterior,[2]

---

1 Vide o capítulo "Os Charcos de fluidos nocivos no Astral inferior", da obra *A Vida Além da Sepultura*, de Ramatís, EDITORA DO CONHECIMENTO, onde se descreve a terrível situação dos responsáveis pelo aborto, considerados os "inimigos da vida", além das deformações ideoplásticas que, depois, os materializam na Terra, compondo uma das repulsivas faunas teratológicas. Na hora infeliz do aborto, são seccionadas abruptamente as ligações não só de corpo para corpo, como, também, de espírito para espírito, frustrando uma plêiade de tarefeiros do Bem, curvados e pesarosos pela ignorância humana, a ceifar de um só golpe brutal a vida carnal e anímica de um ser esperançoso de encontrar a redenção de seus equívocos.

2 Vide a obra *O Evangelho à Luz do Cosmo*, de Ramatís/Hercílio Maes, EDITORA

expusemos que o próprio homicida não fica predeterminado a ser assassinado na próxima encarnação, mas, por força de sua índole inferior, é atraído para viver no seio de assassinos. Em verdade, quem mata elege-se para viver num ambiente ou coletividade afim a sua natureza criminosa, assim como o pintor, o músico e o escritor, na Terra, buscam-se, entre si, pela lei de afinidade, e passam a viver mais propriamente em grupos eletivos.

Evidentemente, a mulher que sofre o estupro, e ainda a infelicidade de ser fecundada, malgrado ser vítima de revoltante ignomínia de um indivíduo desnaturado, demonstra encontrar-se desprotegida pela própria Lei infringida por ela no passado, quando provocou desditas semelhantes. A ação corretiva ou exemplificadora da Lei da Vida não implica uma injustiça, porquanto é do conhecimento do homem que "a semeadura é livre, mas a colheita é obrigatória" ou que "a criatura sempre recebe segundo as suas obras". Não obstante quaisquer justificativas ou revoltas íntimas contra o fato, ainda cabe à mulher infelicitada e inconformada a tarefa de dar à luz o filho do tarado sexual, para redimir-se de culpas pretéritas. Sem dúvida, foi apanhada pela Lei no momento oportuno, pelos laços expiatórios, para saldar débitos passados. O estupro odioso é um acontecimento abominável e revoltante, ferindo profundamente o amor-próprio humano; no entanto, quer seja praticado o aborto por antipatia cármica, quer por questões sociais, financeiras ou excesso de filhos, é sempre um corpo cm gestação expulso extemporaneamente do útero materno, onde se acolhia uma alma em terrível aflição psíquica. O certo é que o aborto, em tempo algum, repara qualquer dano ou injustiça. A gravidez é uma determinação cármica e, jamais, produto acidental de um acaso, jubiloso ou triste.

DO CONHECIMENTO.

Sob a Luz do Espiritismo

PERGUNTA: — Qual é a vossa opinião sobre alguns países de bom nível social e cultural que já legalizaram o aborto?

RAMATÍS: — Primeiro, nível social humano nada tem com a evolução espiritual e, nem cultura é sabedoria. Esses países, forçados pela explosão demográfica, não encontraram outra solução, pois, com a escolaridade de sua população agravada por conceitos religiosos errôneos, ou pelo ateísmo filosófico, ora não conseguem usar com eficiência os métodos anticoncepcionais, ora os tabus da crença, ora os dogmas materialistas da descrença, obrigaram os legisladores a incluírem, nas regras de controle da natalidade, o aborto. Resolveram os problemas imediatos do país, porém, não solucionaram o espiritual. Queremos salientar serem os métodos anticoncepcionais um recurso mais aceitável diante da espiritualidade, porque são uma consequência do livre-arbítrio do indivíduo e é um direito usá-lo; entretanto, irão, num futuro próximo ou remoto, afetar-lhe as reencarnações educativas, enquanto o aborto é contrário ao "não matarás".

Diríamos serem essas medidas governamentais fatores atenuantes, num julgamento. Representam a liberdade pessoal das almas exercerem na Terra a experiência libertadora de se autogovernarem. A Grande Lei tudo aproveita em benefício da evolução em todos os campos do Universo.

Salientamos estarmos no fim de um ciclo evolutivo, onde cada um poderá sublimar ou expandir seus defeitos de antanho; e, como sublimar é muito difícil, estamos assistindo a uma liberação desenfreada dos instintos mais primitivos. Cabe-nos cuidar e vigiar para que não cheguemos a legalizar as drogas, a eutanásia, a feitiçaria, o estupro, o estelionato, o suicídio, a corrupção...

PERGUNTA: — Sabemos haver um crescimento na prática do aborto, sem qualquer medida eficiente e exequível para evitá-lo; não seria melhor que isso acontecesse sob o amparo das leis, não o considerando como crime? O reconhecimento oficial do aborto ajudaria a grávida a buscar os recursos científicos e salutares na própria medicina, recebendo a assistência do médico competente, em vez de se submeter às intervenções perigosas de mãos inexperientes e inescrupulosas, das "fazedoras de anjos", pondo em risco a vida de suas clientes ingênuas.

RAMATÍS: — Indubitavelmente, sob os aspectos acima descritos, é melhor a mulher procurar o médico ou a instituição competente para abortar, e não submeter-se, perigosamente, à intervenção precária e empírica das "fazedoras de anjos"; nesse caso, as gestantes arriscam-se a lesões que podem levar à esterilidade, a doenças da genitália ou, mesmo, à morte.

No entanto, malgrado se satisfaçam as necessidades imediatas do mundo físico, quanto à proteção da mulher na insensatez do aborto, e sob a legalização oficial de "não-crime", diante da Lei Espiritual é delito matar um ser em formação, o que, ao mesmo tempo, impede a concretização de um plano de aprendizado, cujo objetivo é o bem da alma em encarnação. Embora a legalização do aborto para evitar-se os efeitos danosos produzidos pelas intervenções malfeitas e imprudentes, jamais, poderemos endossar, espiritualmente, qualquer propósito para encorajar a mulher a uma situação delituosa, c agravar a própria situação em futuras encarnações. A mulher que aborta propositadamente, livrando-se do filho intruso, sem ser por decisão médica de proteção à sua vida, há de ser candidata, na próxima encarnação, à esterilidade, ao aborto incontrolável, à enfermidade genital insolúvel, ao estupro, à condição irreversível de mãe solteira e, mesmo, à prostituição.

Sob a Luz do Espiritismo

Sem dúvida, tanto há de gozar das condições atenuantes para diminuir sua culpa, como há de sofrer os agravantes criminais da vaidade, do orgulho, ou do egoísmo.

PERGUNTA: — Qual seria a falta mais grave do ser humano: servir-se do recurso anticoncepcional ou praticar o aborto, a fim de limitar a sua prole?

RAMATÍS: — Sem dúvida, enquanto a limitação de filhos, através de recursos anticoncepcionais, é tão-somente uma "fuga" da procriação e, mais propriamente, o prazer sem riscos, o aborto é um "homicídio", porque impede uma alma de renascer na matéria e cumprir um plano benfeitor elaborado no Espaço. Antes da gestação física, os mentores dos departamentos reencarnatórios do mundo espiritual escolhem, assinalam o candidato mais próprio para o evento de uma nova materialização carnal. Dali por diante, providenciam todos os cuidados para o êxito do futuro renascimento, embora essa louvável eventualidade de benefício para uma alma aflita não signifique uma gota de transformação no oceano das necessidades espirituais.

Desde o momento inicial da gravidez até surgir à luz do mundo material, o espírito encarnante deve submeter-se aos preceitos criativos e ao amparo da Lei da Vida, processo que se sucede sob a vigilância dos técnicos e responsáveis espirituais por sua nova existência. Quanto à configuração física do encarnado, parte fica a cargo dos ascendentes biológicos, manifestos através dos genes selecionados pelos responsáveis pela constituição física, enquanto outra parte resulta da influência do próprio perispírito. Sob a complexa ação dos estímulos cromossômicos e da matriz espiritual, tanto pode nascer uma criança perfeita, quanto um deficiente ou retardado mental, dependendo da necessidade "cármica" de retificação do conjunto familiar.

Logo, o aborto inesperado é uma violência ao processo gestativo "psicofísico", já em andamento, lembrando a tempestade arrasando tudo, deixando atrás dela ruínas. Em consequência, cabe ao responsável abortador a obrigação de compensar e indenizar, o mais breve possível, todo o prejuízo por ele causado em sua insânia espiritual.

PERGUNTA: — Que acontece ao espírito encarnado, quando, por força do aborto delituoso, é expulso violentamente do útero materno?

RAMATÍS: — São indescritíveis a revolta, a tristeza, a apatia, ou as reações violentas de ódio e vingança, pelo malogro da medida benfeitora e da esperança de reabilitação. Subitamente, desmoronam seus sonhos e ilusões, além dos sofrimento físicos, e sem qualquer perspectiva de alívio. Aliás, sob a implacabilidade da Lei do Carma, o espírito indicado para renascer na matéria, e passível de sofrer a violência do aborto por parte da mãe, é também uma entidade primária, de sentimentos inferiores e paixões incontroláveis, afinando-se fortemente ao tipo da mãe irresponsável que, depois, o repele.

Mais uma vez, prevalece o conceito tradicional do "semelhante atrai o semelhante", pois, se Jesus se decidiu pelo ventre materno de Maria, entidade espiritualizada e sem a mais fugaz intenção de abortar, a alma de Agripina, facciosa, lúbrica, cruel e leviana, foi o veículo que atraiu para a vida física um espírito de qualidades semelhantes a Nero, cumprindo-se a lei de eletividade espiritual entre ambos.

PERGUNTA: — Mas, no caso de Agripina praticar o aborto e impedir o nascimento de Nero, disso não resultariam benefícios para o mundo e, talvez, muitos cristãos deixariam de ser sacrificados, por não existir tal criatura perversa, debochada e ignorante espiritualmente?

RAMATÍS: — Considerando-se que a personalidade de Nero, com suas mazelas e crueldades, seja resultado de um tipo de graduação espiritual, é evidente que a Terra ainda ficaria com alguns milhares de "neros", dispersos por todas as latitudes geográficas, e capazes de substituí-lo nas mesmas infâmias, atrocidades e vilanias. Pouco importa que se chamem Nero, Torquemada, Átila, Cômodo, Caifaz, Calígula, Caracalla, Tamerlão, Hitler, Himmler ou Heliogábalo. Mil abortos por dia, praticados pelas imprudentes Agripinas, não eliminariam da Terra a fauna dos "neros" existentes sob várias personagens, cujo ambiente não lhes permite a manifestação, e permanecem ignorados no seio das multidões. Quantas vezes, após a morte de odioso personagem guindado ao poder governamental, com o qual praticou perversidades, vinganças e pilhagens, quando é eliminado, o seu substituto revela-se portador de pior caráter e capaz de cometer maior soma de corrupções e atrocidades?

No entanto, se pouco benefício representaria para a humanidade terrena a eliminação pelo aborto de alguns "neros" em potencial, bastaria, apenas, a infeliz decisão de Maria, repelindo do seu ventre o sublime espírito de Jesus, para que as sombras da animalidade permanecessem por mais alguns séculos, ou milênios, retardando a ascese espiritual do homem.

PERGUNTA: — Quais são as consequências espirituais a que fica exposta a mãe praticante de aborto, com relação ao espírito de que frustra a encarnação, por odiá-lo como inimigo pregresso?

RAMATÍS: — Em vez de a mulher proteger-se do assédio e da perseguição do espírito inimigo, que tenta o renascimento através do seu ventre, o qual além de segregado na prisão carnal do próprio corpo, também receberia amor e carinho num reajuste de erros, pratica o aborto e comete a imprudência de devolvê-lo novamente para o mundo espiritual, onde ele passa a agir em profunda revolta e com projetos de vingança. Comumente, é a fera humana enraivecida e capaz de vender a alma ao Diabo, a fim de exercer a sua desforra contra a criatura que lhe negou o acesso à vida redentora.

Aliás, relembramos existir um vínculo cármico repulsivo e agressivo entre a mãe e o espírito reencarnante, sendo o segundo a vítima inconformada e disposta a quaisquer vinditas, transformando-se no algoz atento para revidar a agressão. Assim, trata-se de uma gestação compulsória e retificadora, cuja não-realização por um dos parceiros resulta numa eclosão de ódios e perseguições que ultrapassam as raias da lenda de Satanás.

Realmente, são indescritíveis a fúria e o desespero do espírito, quando desperta de sua condição de "feto" perispiritual, depois de haver sido submetido à redução compatível para se aninhar no ventre materno. Ao sentir-se devolvido ao estado anterior, a alma revive, incessantemente, sob a forma de delírios, os remorsos angustiantes do passado, na sua memória perispiritual. Jamais, a pena humana poderia descrever tais cenas. Toda a sua carga psíquica emotiva represada explode com a terrível comprovação de ter sido expulso do organismo carnal materno, pelo qual deveria manifestar-se no mundo físico, a fim de redimir-se do pretérito de culpas. Então, a sua fúria estoura, fragorosamente, sobre a mãe irresponsável que lhe negou o abrigo materno, a qual só não é fulminada, porque a bondade e a compreensão das almas superiores não deixam ninguém sem proteção.

PERGUNTA:— Para nosso melhor esclarecimento, o espírito repelido pelo aborto prossegue mais furioso na sua vingança contra a mulher que lhe negou um organismo carnal, e essa frustração ativa-lhe todos os ódios represados. Não é assim?

RAMATÍS: — Conforme explicamos, o espírito indicado para tentar o renascimento pela mulher terrena tem de admitir a probabilidade do aborto, por ser entidade de baixa graduação espiritual, ainda dominada por reminiscências indesculpáveis do passado. Em geral, são almas as quais somente após muitos esforços e interferências de espíritos amigos e familiares do Espaço, é que se decidem à reencarnação, guardando alguma esperança de amenizar seus débitos cármicos e, simultaneamente, também desenvolverem os princípios criativos para a melhoria de sua posição espiritual. Em geral, o espírito delinquente ou obsessor reingressa na vida física quase sob a hipnose dos mentores do Além, porque muitos deles dificilmente aceitam a condição humilhante de renascer carnalmente através do próprio adversário de outras vidas.

Em consequência, ao ser expulso do ventre materno, ao qual se confiara num momento de ilusão, destroem-se nele todos os ensejos de qualquer contemporização espiritual com a criatura que lhe negou a guarida materna. Após o aborto e o breve regresso da forma feto-perispiritual à condição adulta, o espírito frustrado pelo aborto desperta irado e tomado de incontável cólera, para fazer a mais brutal vingança contra a mãe imprudente e abortadeira. Transforma-se num fantasma cruel, dominado por uma só idéia fixa e obsessiva — desgraçar a mulher leviana, enganadora, que inutilizou os seus sentimentos afetivos despertados num momento de boa intenção. Ela terá de pagar-lhe as contas e indenizá-lo da frustração e humilhação; mobilizará os mais sórdidos e perversos recursos, associando-se a outras entidades atrasadas e odiosas para ajudá-lo na vingança cruel.

PERGUNTA: — O espírito vingativo e perseguidor sempre consegue concretizar a sua justa vindita contra a mãe imprudente que o abortou?

RAMATÍS: — Tudo depende das defesas fluídicas, resultantes do comportamento dela e do amparo superior, para defendê-la da perseguição do espírito vingativo malogrado pelo aborto. Nem todas as mulheres abortadeiras são facilmente vulneráveis à vingança obstinada do "ex-filho", pois, quando se trata de criaturas serviçais, amorosas e caritativas, preocupadas com as atividades benfeitoras e filantrópicas, gozam da proteção de espíritos amigos e gratos pela ajuda que possam efetuar para os seus familiares ainda situados na Terra. Embora essa amizade e proteção do Além não possam livrá-las completamente das ações obsessivas dessas entidades, pelo menos proporcionam-lhes o ensejo de continuarem na sua renovação espiritual na matéria. Ademais, quando o espírito abortado foi o algoz e a mãe a vítima prejudicada, ele também é cerceado nos seus poderes ofensivos, por não ter todos os direitos.

Acresce, ainda, que muitos abortos são frutos de infelizes jovens empregadas, vítimas ingênuas de patrões libidinosos, ou de namorados irresponsáveis, enganadas pelas falsas promessas de casamento. Muitas delas, sumamente desesperadas pela reação hostil e pelo orgulho ferido dos pais, que as enxotam impiedosamente, então, optam pela expulsão do filho nascituro, no desespero da vergonha social insolúvel. O aborto surge-lhes como a solução mais razoável e prática, diante de sua inexperiência e falta de entendimento espiritual. Sob tal condição de dor e sofrimento, nublada a mente pela desesperança e desencantada pela terrível frustração, o drama de muitas jovens complicado pelo aborto merece atenção amorosa dos guias espirituais, que conhecem as fraquezas humanas e sabem ser a melhor solução a medicação do Amor.

PERGUNTA: — Mas, de que maneira o espírito persegui-dor consegue efetivar a sua vingança contra a mãe culpada de aborto?

RAMATÍS: — Sabeis que o espírito desencarnado não possui mais o "duplo etérico",[3] ou seja, o corpo vital, espécie de intermediário plástico que funciona entre o organismo físico e o perispírito, durante a vida carnal. Através do "duplo etérico", o espírito do homem atua na matéria e manifesta todas as suas idiossincrasias e vontades, enquanto, também, recebe de volta os efeitos de todos os acontecimentos e fatos realizados pelo ser na Terra. Em consequência, toda ação nefasta ou vingativa dos desencarnados sobre os "vivos" só pode ser exercida de modo indireto, porque lhes falta o suporte "etérico-físico", conhecido por "duplo etérico" para poder agir diretamente.

Desse modo, o espírito vingador, dominado pela indomável obstinação de ferir a mulher que lhe negou o corpo carnal, não consegue atuar de modo direto na sua ação obsessiva e limita-se a semear intuições incorretas, pensamentos desnorteantes ou sugestões sub-reptícias, conduzindo sua vítima a acidentes, a prejuízos e aos azares da vida humana. O êxito de certas providências mobilizadas pelos maquiavélicos "veteranos" do Além-túmulo é consequência de o obsessor ajustar-se à faixa vibratória da vivência doméstica de sua vítima, semeando intrigas, estimulando o vício e ocasionando discussões entre os demais familiares, até o conflito perturbador.

Às vezes, ele consegue inserir "suportes de magia", construindo uma espécie de "ponte etérica", que ajuda o vampirismo pela sucção dos fluidos vitais e produz um círculo coerciti-

---

3 N. do Médium: Sob tal acontecimento, e ao ser indagado a respeito, Nhô Quim, entidade sertaneja que participa de nossas reuniões mediúnicas, assim se expressou, no seu linguajar pitoresco: "Muié que arranja espírito inimigo e perseguidor, pelo aborto, é bem melhor prendê-lo noutra gravidez. Inimigo preso em casa é mais fácil de se vigiar e menos perigoso do que sorto lá fora".

vo em torno da mãe culpada. Intoxica-lhe o ambiente fluídico, excita-lhe os sentimentos negativos, abala-lhe a segurança espiritual através do desânimo e da descrença, furtando-lhe o "tônus vital" até o desfalecimento final, e mina-lhe a existência humana sadia, por essa queda vibratória mental e emotiva. Se não ocorresse a interferência socorrista do mundo espiritual, para romper o campo físico-etérico que rodeia a vítima encarnada, o obsessor conseguiria conduzi-la, ao fim, a uma vida aparvalhada, frustrada e à aniquilação irreversível.

Incontáveis manifestações de esquizofrenia hebefrênica, catatônica e paranóide podem resultar da pertinácia e obstinação obsessiva de espíritos vingativos contra as criaturas desprotegidas pela própria situação espiritual. Após longa e perseverante infiltração diabólica, os verdugos do Além conseguem desarmonizar o campo do raciocínio de suas vítimas, até lograrem as manifestações enfermiças mais graves. Arruínam-lhes a existência do ser após o cerco pertinaz do mundo oculto, cuja aura vital de baixa frequência torna-se campo favorável para a proliferação de miasmas, vírus e "formas mentais" perniciosas, produzindo-se a sintomatologia mórbida, a desafiar os mais avançados processos e diagnoses médicas. Algumas vezes, os banhos de descarga de ervas desintegradoras e de bom magnetismo ainda trazem algum alívio ao paciente, mas, na verdade, a cura depende principalmente do afastamento ou da cristianização do obsessor, o verdadeiro responsável pela ocorrência mórbida.

Ademais, há, no baixo Astral uma verdadeira associação de espíritos malfeitores, espécie de mercenários, que aceitam qualquer encargo e atendem às mais ignominiosas solicitações, em troca de outros serviços recíprocos para a exploração dos encarnados. São os conhecidos "veteranos", responsáveis pela lenda dos demônios, constituindo as fileiras de obsessores, com

Sob a Luz do Espiritismo
141

sua permanente agressividade, exploração e perturbação dos "vivos". Às vezes, agem de modo eficiente, impedindo qualquer interferência defensiva na região onde operam com pleno êxito e conseguem dificultar as providências socorristas dos espíritos benfeitores. Os espíritos evoluídos não lutam com as mesmas armas dos atrasados; em consequência, ante as porfias violentas que requerem o uso de métodos maquiavélicos ou ataques brutais, as entidades de bom gabarito espiritual preferem recuar e esperar, evitando cair no mesmo campo vibratório inferior, gerado pelas forças do instinto animal. Ademais, o espírito sublimado encontra dificuldade para atuar no seio do nevoeiro dos fluidos muito densos, por causa da especificidade eletromagnética de cada ser, em todos os âmbitos da vida.

PERGUNTA: — Qual seria a ação benfeitora e útil por parte dos espíritos superiores, em tal caso?

RAMATÍS: — Não é propriamente a interferência dos espíritos protetores que pode impedir a ação nefasta das entidades obsessivas, a fim de solucionar o complexo problema da vingança, no Além-túmulo. Sob qualquer hipótese, todo o metabolismo de "vítima" e "algoz" rege-se disciplinadamente pela Lei do Carma, predispondo aos acontecimentos educativos e corretivos. Na intimidade de todos os seres santificados ou demoníacos, há uma só essência, malgrado o tratamento diferente de ambos, em cada extremo da escala espiritual. Toda a empreitada do Alto é sempre providenciada no sentido de o animal se transformar em homem, e de o homem metamorfosear-se em anjo.

Assim, no caso das mães abortadeiras e enquadradas nos princípios corretivos da Lei do Carma, tanto elas, como os espíritos frustrados pelo aborto, terão de desamarrar entre si os elos cármicos encadeados desde o passado, e substituírem os laços enfermiços do ódio, pelos sentimentos sublimes do Amor. Como, no caso do aborto, o ódio mais se avivou pela recusa do espírito materno em receber no seu regaço carnal a alma adversa, é da Lei de Ação e Reação, que o mesmo compromisso malogrado há de se repetir, tantas vezes quantas forem precisas para se concretizar a liquidação do débito pretérito, até surgir a paz definitiva entre os litigantes. Só resta uma solução redentora para a alma que se negar a fornecer um organismo carnal para qualquer espírito antipático — é retornar ao ponto de partida, onde traiu o evento benfeitor, e reiniciar a sua tarefa inacabada, até ocorrer a sua renovação espiritual, sob a Lei do Amor.

A única maneira razoável e aconselhável de a mãe livrar-se da obsessora perseguição espiritual do "ex-filho" abortado é aprisioná-lo, novamente, na jaula de ossos e nervos de um corpo gerado em suas entranhas. Ao dar-lhe a vida física, ela também se livra do seu ódio vingativo e lhe cerceia a liberdade perigosa no mundo oculto. É da Lei do Carma que a mãe abortadeira, jamais, se livra de novamente se tornar o vaso materno para gerar o corpo do mesmo espírito frustrado pelo aborto. Repetimos: "A semeadura é livre, mas a colheita é obrigatória", ao que se deve acrescentar a sibilina advertência de Jesus, ao afirmar que "o homem deverá pagar até o último ceitil".

PERGUNTA: — No final desta mensagem, quais seriam, ainda, as vossas considerações sobre assunto tão controvertido como é o aborto?

RAMATÍS: — Não obstante as mais diversas opiniões humanas, favoráveis ou desfavoráveis ao aborto, considerando-o ora um crime passível de punição, ora, apenas, uma prática oficializada pela legislação comum, sem as considerações da realidade espiritual, a verdade indiscutível e isenta de quaisquer sofismas é que todo nascimento no Planeta significa um ensejo de progresso, redenção e ventura para um espírito lograr a sua melhoria espiritual, enquanto o aborto é, justamente, a ação impeditiva dessa graça salvadora. Assim, as criaturas que se recusam a procriar organismos físicos para outros companheiros desencarnados também se candidatam às mesmas condições desagradáveis e aflitivas, no futuro, cabendo-lhes enfrentar a simbólica "fila" dos candidatos vezeiros em frustrar o curso vital das existências carnais.

O aborto pode ser justificado de diversas maneiras pelos homens, porém, diante da espiritualidade, haverá sempre um agravo na evolução de espíritos mutuamente comprometidos.

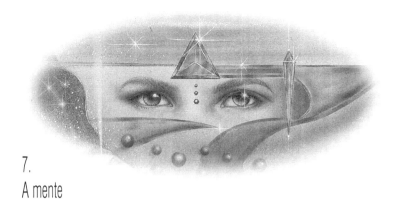

7.
A mente

PERGUNTA: — Seria útil para a doutrina espírita estudar a mente, no sentido de investigar todos os seus refolhos, como fazem o Esoterismo, a Teosofia, a Rosa-cruz e a Ioga?

RAMATÍS: — Evidentemente, deve interessar à doutrina espírita o estudo profundo de todas as faculdades, poderes e recursos do Espírito Imortal, a fim de apressar a evolução da humanidade. E, sendo o Espiritismo um movimento espiritualista prático e popular, sem complexidades iniciáticas, sua principal missão é transmitir o conhecimento direto da imortalidade e ensinar aos homens os seus deveres espirituais nas relações com o próximo.

PERGUNTA: — Que achais da bibliografia espírita sobre o estudo da mente?

RAMATÍS: — Embora não existam compêndios espíritas especializados sobre o estudo da mente, já é bem extensa a bibliografia que trata desse assunto de modo prático e bastante compreensível. São escritas, comunicações e mensagens mediúnicas dispersas, em várias obras, revistas, jornais e panfletos doutrinários, constituindo excelente repositório de conhecimentos, análises e soluções sobre os problemas da mente.[1]

PERGUNTA: — Há necessidade de uma terminologia específica, ou linguagem apropriada, para se compreender a natureza da mente?

RAMATÍS: — Sem dúvida! Os orientais, principalmente os hindus, apercebem-se facilmente dos arrazoados complexos sobre a mente — embora eivados de alegorias, símbolos ou chaves iniciáticas —, porque sentem, através de tais recursos, aquilo que a palavra escrita não pode exprimir na sua frieza. Os ensinamentos orientais parecem complicados na sua expressão figurada, quando compulsados pelos ocidentais, cujo intelecto é avesso a símbolos, terminologias exóticas, alegorias convencionais ou aforismos poéticos. Mas, aquilo que o ocidental precisa "ver" claramente para "crer" o oriental "sente" pela sua avançada sensibilidade intuitiva. Os antigos sacerdotes, magos ou instrutores da vida oculta eram obrigados a resguardar os seus conhecimentos esotéricos, a fim de evitar que os leigos fizessem mau uso de tais revelações.

Todavia, a missão do Espiritismo no século XX é explicar, à luz do dia, a prática desses ensinamentos milenários do mundo espiritual, os quais só eram acessíveis aos discípulos iniciados nas confrarias de mistérios. Cumpre à doutrina de Kardec transferir para a capacidade psíquica do ocidental

---

1 Vide "Ante a Vida Mental", obra *Roteiro*; "Guardemos Saúde Mental", obra *Pão Nosso*, ambas de Emmanuel; *Parasitose Mental*, de Dias da Cruz, *Pensamento*, de Lourenço Prado; "Concentração Mental", André Luiz e "Fixação Mental" de Dias da Cruz, capítulos da obra *Instruções Psicofônicas*, de F. C. Xavier. Vide "Os Fantasmas da Mente" de Albano Couto, "Nem Mesmo Jesus", de Alberto Seabra, da obra *Seareiros de Volta*, do médium Waldo Vieira; "A Epífise", capítulo I, obra *Missionários da Luz*; "Nossa Vida Mental", capítulo 56, obra *Ideal Espírita*, capítulo V e XXV, "Assimilação de Correntes Mentais" e "Em Torno da Fixação Mental", obra *Nos Domínios da Mediunidade*; "Leitura Mental", obra *Obreiros da Vida Eterna*; estas últimas pelo espírito André Luiz, pelo médium Chico Xavier. Vide o capítulo "Mentalismo", da obra *Falando à Terra*, pg. 174, ditado pelo espírito Miguel Couto.

aquilo que os mestres hindus, caldeus, assírios, egípcios ou persas ministravam sob hieróglifos, símbolos, códigos ou sinais cabalísticos.

PERGUNTA: — Poderíeis explicar-nos algo proveitoso sobre a mente?

RAMATÍS: — A mente é o principal meio de ação do espírito sobre as formas ocultas ou visíveis da matéria; é responsável por todas as criações e metamorfoses da vida. Há muitos séculos, já se citava, na Terra, o sábio aforismo hindu: "o homem se converte naquilo que pensa"; equivalente, também, ao conceito ocidental de que "O homem é o produto do que pensa". O poder, ou a energia mental própria de todo espírito, serve para realizar seus objetivos, de conformidade com as aspirações da consciência. É um reflexo do poder do pensamento emanado da Mente Divina, manifestado através dos espíritos imortais.

O espírito do homem aciona, pelo pensamento, a energia sutilíssima da mente e atua, de imediato, através do duplo etérico, no corpo físico, onde cessa o impulso gerado no mundo oculto. Sob o processo mental, produzem-se modificações incessantes nas relações do indivíduo com o ambiente e as pessoas. Em consequência, o homem é o resultado exato do seu pensamento, porque a mente é o seu guia, em qualquer plano da vida. A mente, enfim, é a usina da inteligência, do progresso moral, físico, científico, artístico ou espiritual. É a base da felicidade ou da desventura, da saúde ou da doença, do sucesso ou da fracasso. A atitude mental pessimista do ser estigmatiza-lhe, nas faces, o temor, o desânimo ou a velhice prematura, enquanto os pensamentos otimistas dão juventude ao rosto velho, coragem ao fraco e desanuviam os aspectos desagradáveis. Através das diversas vidas físicas, o espírito educa e aprende a governar suas forças mentais, até plasmar sua forma angélica e usufruir a Ventura Eterna.

O homem pensa pela mente, sente pelo astral e age pelo físico. Sofre, por conseguinte, o bem ou mal que pensar, pois, há pensamentos destruidores e há pensamentos construtivos. O pensamento, sendo imaterial, possui um poder maior do que as realidades físicas. E deve conhecer, tanto quanto possível, a ação e o mecanismo da mente, a fim de governá-la como senhor, e não, ser seu escravo.

PERGUNTA: — No entanto, parece que somente o corpo físico é algo real em nossa vida.

RAMATÍS: — O homem ainda não distingue a positiva ação mental sobre o seu corpo físico; e, por isso, o julga mais importante do que a mente. Mas, em verdade, a mente é o veículo poderoso do Espírito, pois, o corpo carnal é, apenas, a vestimenta provisória, que, minuto a minuto, envelhece e se encaminha, fatalmente, para o "guarda-roupa" do cemitério.

Nada se pode fazer sem pensar, porque a mente é a fonte imutável de toda a criação. Mesmo aquilo que se faz por instinto já foi pensado antes e automatizado no "depósito" da memória; e se revela, no momento propício, na forma de ações instintivas. O pintor, o escultor ou o compositor só criam suas obras depois de produzi-las, em pensamento. Mesmo quando julgam produzir algo por "inspiração" alheia à sua mente, eles recebem sugestões de outras mentes encarnadas, ou libertas no Além, resultando, às vezes, surgirem descobertas e invenções semelhantes, produzidas ao mesmo tempo, por autores diferentes.[2]

Em certos casos, os gênios, artistas, poetas ou cientistas, compõem verdadeiros arranjos "inéditos", mas, em parte, obede-

---

2 Vide o capítulo "Um chafariz da alta função terapêutica", da obra *A Sobrevivência do Espírito*, de Ramatís e Atanagildo, **EDITORA DO CONHECIMENTO**.

cem aos impulsos instintivos do subconsciente, o perispírito que lhes transmite "velhas cousas", em conexão com fragmentos de novos pensamentos, realmente, originais. Jamais, pode ser criada alguma coisa no mundo das emoções ou da matéria, sem que, antes, tenha sido criado pela mente.

PERGUNTA: — Apreciaríamos mais algumas considerações sobre o fundamento desse poder mental do homem.

RAMATÍS: — Sabemos que o Universo é fruto do Pensamento de Deus. Em consequência, tudo o que concebermos, por mais fantasioso ou miraculoso, já existe no Pensamento Divino, porque nada poderíamos pensar fora de Deus. Não existem dois Criadores do Universo. E o próprio Diabo, como entidade adversa, antítese e oposta a todas as qualidades divinas, é um mito ou produto da lenda e da ignorância humana.

Atribuindo-se a Deus nossas virtudes, Ele é infinitamente Bom, Sábio, Justo, Magnânimo, Poderoso e o Autor indiscutível do Cosmo, planejado na Sua Mente. E, sendo o homem uma centelha, fagulha ou chama emanada do Criador, indubitavelmente, também herdamos essas qualidades, embora isso aconteça de modo finito e de acordo com a nossa compreensão e capacidade espiritual. Não só a Bíblia assegura que "o homem foi feito à imagem de Deus", como, o próprio Jesus, mais tarde, confirma tal conceito, observando: "Eu e meu Pai somos um" ou ainda "Vós sois deuses".

Assim, poderemos mobilizar o fabuloso poder da mente, modelando os nossos destinos para objetivos venturosos, porque, em nossa intimidade espiritual, ele permanece indestrutível por ser o alento e a sabedoria do Pai. Muitos homens passaram pelo mundo produzindo fenômenos incomuns, que os classificaram de "magos" poderosos, pois, não só dominavam as leis da natureza, como processavam modificações no próprio

Sob a Luz do Espiritismo

organismo. Através do poder fabuloso da mente, eles levitavam, desmaterializavam objetos e chegavam a se transportar de um local para outro, além de exercerem toda sorte de interferência no seu organismo, conforme narra a história iniciática sobre os famosos iogues Babají, Lahiri Mahasaya e Nagendra Bhaduri.

Feitos à imagem de Deus, nós também possuímos a miniatura do poder, da glória e da sabedoria divinas. O fracasso, o infortúnio, a ignorância e o mal são frutos exclusivos de nossa incapacidade de mobilizarmos a miraculosa energia da mente. São de profunda significação oculta as palavras de Jesus, quando diz "Aquele que crê em mim, também fará as obras que eu faço, e ainda mais". Evidentemente, o Mestre aludia ao governo da mente, porque o pensamento é a base de todas as manifestações da vida, que nos possibilita crer e fazer.

PERGUNTA: — Dissestes que a mente produz a doença ou a saúde. Poderíeis mencionar algo a esse respeito?

RAMATÍS: — "A saúde é o pensamento em harmonia com a Lei de Deus", disse certo espírito.[3] Afora acidentes ou autodestruição deliberada, o homem só enferma quando há desequilíbrio no seu organismo. O corpo humano é constituído de átomos, moléculas, células e tecidos, mas, sustentado, fundamentalmente, pelas coletividades de micróbios, vírus, ultravírus e outros elementos vitais das mais variadas espécies, podendo caber milhões na cabeça de um alfinete. O homem é um aglomerado de vidas infinitesimais em incessante efervescência, pois há espécies que nascem, crescem, procriam e morrem, em alguns minutos.

Trata-se de fabulosa atividade oculta na intimidade do ser, criando, construindo, substituindo ou destruindo tecidos, san-

---

3 Conceito do espírito de Lourenço Prado, através do médium Chico Xavier, no capítulo "O Pensamento", da obra *Instruções Psicofônicas*.

gue, ossos, linfa, sucos, fermentos ou hormônios, resultando as mais inconcebíveis transformações, na composição do edifício carnal. E tudo acontece mesmo sem o conhecimento direto ou a interferência do seu dono.

No entanto, qual é o gênio, ou poder, que atrai e aglutina a fauna heterogênea dessas vidas inferiores, conhecidas por micróbios, vírus, ultravírus e outros, proporcionando a manutenção da forma plástica humana e suas atividades? Quem aumenta no corpo as espécies virulentas, causando a doença ou mantendo o equilíbrio da saúde? Qual é o poder miraculoso criado por Deus, que arregimentou as coletividades microbianas dispersas no seio psíquico, dispondo-as nos reinos mineral e vegetal, e plasmando-as nas espécies animais inferiores, até lograr a configuração humana?

É desnecessário dizer-vos que esse poder fabuloso, à disposição do espírito imortal no planejamento de sua consciência, é a mente. Ela construiu, na noite dos tempos, o atomismo do corpo humano e deu ao homem o poder de raciocinar. Através do tempo, a mente mobilizou e aglutinou a extraordinária "mão-de-obra" fornecida pelos infatigáveis "trabalhadores microscópicos", no cumprimento do plano traçado pelo Criador. Os germens mais díspares confraternizaram-se, para realizar um trabalho construtivo, até comporem os vasos carnais para a moradia das centelhas espirituais emanadas da Fonte Divina. Porém, sob o comando de pensamentos negativos, essas vidas inferiores rebelam-se, causando a desordem, o caos, a doença e a morte; mas, sendo mobilizadas pela vontade forte e energia mental superiores, reativam-se, renovando células, fortificando tecidos e ajustando órgãos à dinâmica fisiológica que proporciona a saúde.

Por conseguinte, se a enfermidade é, realmente, fruto do caos, da desordem e do desequilíbrio na intimidade do equipo

Sob a Luz do Espiritismo

psicofísico do homem, a saúde é o fruto do equilíbrio e do trabalho harmonioso dessas vidas microscópicas, que se condensam, preenchendo harmonicamente o invólucro perispiritual do homem para compor o corpo carnal.

PERGUNTA: — *Que experimentos comprovam esse poder admirável da mente, em sua ação dinâmica na harmonia fisiológica do corpo humano?*

RAMATÍS: — Os espíritos esclarecidos no estudo e treinados no comando das forças ocultas, principalmente, os iogues e os faquires, comprovam o poder da mente, em si mesmos, pelas experiências e fenômenos incomuns que processam no corpo físico, sob a força implacável da concentração de pensamentos positivos e dinâmicos.

Também, podem ser observados os admiráveis recursos e o potencial da mente humana mediante as assombrosas experiências de hipnotismo, quando o "sujet", bastante sensível, dominado pelas sugestões do hipnotizador, produz, em si mesmo, diversos fenômenos anormais e impossíveis de execução durante o estado de vigília. Sob o estado de hipnose, modificam-se as atividades fisiológicas do sensitivo e a própria sensibilidade nervosa; aceleram-se, ou reduzem-se os batimentos cardíacos, eleva-se, ou baixa, a pressão e a temperatura corporais; treme de frio ou sente calor excessivo; embora abstêmio, ingere alcoólicos fortes, sem nenhuma reação; embriaga-se com um simples copo d'água pura. Ri, chora, canta e executa mímica perfeita, tocando hipotéticos instrumentos. Ainda sob sugestão, acusa todas as funções próprias das glândulas salivares, sucos gástricos e fermentos, como se, realmente, estivesse fazendo refeições. O hipnotizado elimina dores habituais ou acusa sofrimentos inexistentes; abandona, por tempos, os vícios mais arraigados, liberta-se de paixões violentas, perde a memória, a identidade, troca os nomes dos familiares; regressa à fase de lactente, ingerindo só leite e rejeitando alimentos próprios dos adultos. Mesmo depois de acordado, ou livre da hipnose direta, ainda cumpre, instintivamente, as ordens que lhe foram determinadas durante o sono hipnótico, sob o controle de um "signo sinal". Tudo isso comprova o tremendo poder da mente.

PERGUNTA:— Por que as crianças podem adoecer desde cedo, se ainda não sabem usar, de modo favorável ou prejudicial, o seu poder mental?

RAMATÍS: — Os espíritas sabem que o homem sofre em vidas futuras os efeitos cármicos do bem ou do mal causados a si e ao próximo, nas existências pregressas.

O perispírito é o invólucro que sobrevive às diversas mortes do corpo físico; e, por isso, registra, na sua contextura plástica, todos os impactos produzidos pela mente humana, nas encarnações anteriores e durante a sua liberdade no Além-túmulo. Já esclarecemos em obra anterior,[4] que as energias mentais e tóxicas se incrustam na vestimenta perispiritual e, depois, "descem" para o corpo carnal, que se transforma no "mata-borrão" vivo, a chupar as impurezas do perispírito. Quando o organismo físico se desintegra no túmulo, não só liberta as coletividades microbianas que constituem a sua contextura física, como ainda dissolve, no solo, os tóxicos, os líquidos e as substâncias nocivas da qual é portador.

Na maioria dos casos, o espírito já se encarna cm novos corpos com o estigma insuperável da enfermidade congênita (pré-reencarnatória), que é fruto de venenos aderidos ao perispírito, ou de deformações, atrofias e lacerações consequentes de abusos pretéritos ou do suicídio. Então, renasce aleijado,

---

4 Vide o capítulo "A saúde e a enfermidade", da obra *Fisiologia da Alma*, de Ramatís, EDITORA DO CONHECIMENTO.

Sob a Luz do Espiritismo

quando há deformação perispiritual, ou enfermo congênito, pela descarga muito violenta de toxinas "pré-perispirituais"; assim como pode adoecer por etapas cada vez mais graves, até consumar-se a morte. A bagagem funesta de outras vidas na indumentária do perispírito é sempre fruto do mau uso da força mental incorporada aos fluidos astralinos perniciosos, gerados pelo corpo astral nas emoções indisciplinadas. Essa carga deletéria, depois, requer longo tempo para a mente efetuar a sua drenagem, ou modificação futura através de novas encarnações.

Aliás, a criança doente também é um espírito adulto com o estigma enfermiço do passado, buscando a sua limpeza perispiritual, no processo doloroso de drenar a escória detestável para o corpo de carne. Ademais, os próprios familiares das crianças enfermas podem agravar-lhes a doença, se as bloquearem com pensamentos mórbidos, idéias funestas, sugestões perigosas ou emoções incontroláveis, que atravessam o lençol mental da criança e a desguarnecem na sua defesa psíquica.

Assim como a concentração de forças mentais agradáveis e esperançosas, projetadas por diversas pessoas, modifica o ambiente para uma atmosfera alegre e saudável, o oposto produz efeito destrutivo. Obediente à lei de que "os semelhantes atraem os semelhantes", a enfermidade agrava-se nos ambientes mentalmente enfraquecidos. Em nossa romagem terrena, conhecemos, na Índia, um adágio que dizia: "Os pensamentos são como os colibris, que se alimentam das flores; ou, como os corvos, que vivem das carniças".

Jesus erguia aleijados, limpava as chagas, ou curava os cegos, pela palavra enérgica e persuasiva. Acasalando sua força mental à mente dos enfermos, modificava-lhes a contextura celular. Ele sabia que o corpo humano é um agregado de microorganismos vivos, dependentes das condições positivas ou negativas da mente, capazes de operarem transformações miraculosas na intimidade atômica do ser humano. Jamais, alguém viu Jesus ordenando que as estátuas caminhassem ou que as pedras se limpassem de suas crostas, pois as pedras não pensam, nem são agregados microbianos sensíveis aos impulsos poderosos da mente humana.

PERGUNTA: — Quais os ensinamentos de Jesus que demonstram mais particularmente o poder da mente?
RAMATÍS: — Quando o Mestre recomendava a "fé que remove montanhas" ou o "buscai e achareis", se referia, mais propriamente, ao poder do espírito sobre a substância mental, pois, a fé não é poderosa através da mente insegura e desajustada. O afastamento da "montanha" de dificuldades, doenças, vicissitudes, tristezas e temores, requer uma convicção inabalável e mente serena.

Os acontecimentos produzidos pelos faquires, magos ou iogues, fundamentam-se no poder da mente; eles conseguem atuar diretamente nos invólucros "astral-etéricos" das plantas e dos animais. São Francisco de Assis prelecionava aos peixes e domesticava os lobos; Jesus aquietava as cobras, à sua passagem; e inúmeros santos da Índia cobriam-se de formigas e aranhas, sem que elas lhes fizessem mal.

PERGUNTA: — O Espiritismo de Kardec também admite essa noção do poder mental em suas atividades doutrinárias?
RAMATÍS: — As tradicionais concentrações que os dirigentes espíritas recomendam nas sessões mediúnicas são para fortificar as "correntes mentais". Por isso, a Igreja Católica Romana adota cerimoniais, orações coletivas e cânticos sacros, focalizando a mente dos crentes à concentração de forças, num só objetivo benfeitor. A energia mental atua positivamente

Sob a Luz do Espiritismo

sobre a matéria astral muito plástica e se incorpora formando uma cadeia invisível, constituindo uma criação coletiva, que pode aglutinar-se de forma compacta e bastante visível pela faculdade psíquica, conhecida no Oriente por Egrégora.[5] Essa coordenação mental é tão necessária que, nos trabalhos espirituais, se sugere pensar ou meditar firmemente em Deus, Jesus, no Amor ou no Bem. Os esoteristas, rosa-cruzes ou teosofistas preferem meditar em imagens simples, familiarmente conhecidas como flores, estrelas, signos e símbolos comumente conhecidos da própria comunidade, porque é mais fácil serem pensados pelas próprias crianças e pessoas comuns. A "Egrégora", ou imagem mental, enfraquece, quando os pensadores divergem nas suas ideações contraditórias; e, por isso, vacilam na configuração do objetivo escolhido para a atração mental.

Embora reconheçamos que é bem mais elevado pensar em Jesus, em Deus, no Amor ou no Bem, como é próprio dos ambientes espíritas, nem por isso, os frequentadores logram mais êxito se divergem na configuração mental. O Amor e o Bem não são entidades conhecidas de modo concreto ou objetivo, mas estados de espírito, que não se podem configurar na mente. Obviamente, pensando em tais sugestões, os frequentadores lembrar-se-ão de atos caritativos e amorosos, correspon-

---

5 "Os pensamentos concentrados por um grupo de pessoas podem criar poderosos centros ou focos de energias mentais, impenetráveis às más influências, e irradiantes de forças em todos os sentidos. Tais focos são imagens astral-mentais geradas por uma coletividade consciente, cadeias invisíveis, ou uma espécie de ser coletivo que, em Ocultismo, se denomina Egrégora". (Trecho extraído da obra *Sabedoria Esotérica*, de Cinira Riedel Figueiredo, editada pela, editora O Pensamento.
Diz C. Phaneg, abalizado ocultista: "O pensamento, a vontade, o desejo, são forças tão reais, talvez mais do que a dinamite ou a eletricidade. Sob sua influência, a matéria astral, tão plástica, faz-se compacta e toma forma, como o têm provado inúmeras experiências.
Vide o capítulo III, "A Oração Coletiva", de André Luiz, na obra *Nosso Lar*, que diz:
— "Pairavam no recinto misteriosas vibrações de paz e alegria e, quando as notas argentinas fizeram delicioso estacato, desenhou-se, ao longe, em plano elevado, um coração maravilhosamente azul, com estrias douradas".

dendo à sugestão do Amor e do Bem, mas não se livram da disparidade de imagens e lembranças pessoais, diferentes entre cada presente. Dificilmente, será criado um "centro de forças" homogêneo e semelhante para o êxito da concentração mental, quando convergem imagens e idéias diferentes.

Da mesma forma, Deus não é entidade morfológica e, jamais, alguém pode conhecer a sua exata Realidade Divina, ou explicá-la de modo a conseguir imagem coerente. Há criaturas que concebem Deus como um Arcanjo, o Senhor; e, até, um Ser humano divinizado, administrando o Cosmo e julgando os homens. Algumas aceitam a idéia de Energia, Sopro Vital, Foco Criador, Centro Luminoso, Luz, Fluido Eterno; outras preferem admiti-lo como o Pensamento Incriado, a Mente Divina ou o Espírito Puro. Não há dúvida de que tudo isso é um esforço, ou tentativa, em que os homens, servindo-se de suas próprias criações finitas e vocábulos insuficientes da linguagem humana, tentam definir o Absoluto. No entanto, tais concepções diferentes, jamais, formam um "foco mental" atrativo de pensamento semelhante.

PERGUNTA: — Mas é evidente que pensar em Jesus, como fazem os espíritas na sua concentração, não dificulta a harmonia de pensamentos. Não é assim?

RAMATÍS: — Pensar na imagem de Jesus é bem diferente de "sentir" Jesus. No primeiro caso, é preciso fixar sua imagem na tela da nossa mente; no segundo, isso varia conforme o nosso sentimento ou grau espiritual.

Como conciliar tantas imagens diferentes que os pintores modelaram, da figura do Divino Mestre, e unificá-las numa só ideação mental, de modo a constituir um centro de forças homogêneo?

PERGUNTA: — Mas, não disse Jesus:"Onde estiverem dois

ou mais reunidos em meu nome, eu aí também estarei?

RAMATÍS: — Mas, Jesus também advertiu: "Eu não vim destruir as leis, e sim, cumpri-las". E o mentalismo também é lei inderrogável, mesmo para o Mestre, pois disciplina a técnica da concentração mental que controla os pensamentos. A arte de pensar e dinamizar energias para um fim construtivo exige os requisitos de convicção e uniformidade de idéias ou de imagens.

Aliás, não basta só pensar em Jesus para Ele manifestar-se junto aos homens reunidos em seu nome; isso também depende das credenciais e intenções humanas. Evidentemente, seria uma traição à confiança do Mestre, alguém se reunir em seu nome, com objetivos ofensivos à sua graduação angélica. Os cruzados massacravam os infiéis, os inquisidores queimavam hereges e os católicos matavam protestantes, na França de Catarina de Médicis, aos gritos de "Viva o Cristo". Na última guerra, os pilotos das aeronaves modernas jogaram bombas fratricidas sobre cidades indefesas, rogando o ajutório de Deus e de Jesus para o êxito dessa empreitada infernal.

PERGUNTA: — Qual é a influência mais positiva do Espiritismo na esfera do aprimoramento mental dos homens?

RAMATÍS: — A Terra é um orbe primário de educação espiritual, palco de retificações cármicas muito onerosas e trágicas, pois ainda predominam em sua humanidade paixões selvagens, vícios desregrados, ódios ferozes, ambições desmedidas, guerras devastadoras e crimes tenebrosos. Em sua aura mental, sombria e viscosa, explodem, incessantemente, as cargas violentas de energias inferiores, concentradas pela mente humana, ainda escrava dos instintos bestiais.

Na lei de que os "semelhantes atraem os semelhantes", a carga mental nefasta produzida pelos homens transforma-se no alimento tão desejado pelos espíritos desencarnados atrasados que se debruçam, famélicos, sobre a crosta terráquea para saciar seus desejos torpes. Então, recrudesce o teor mental prejudicial à humanidade presa aos prazeres incontroláveis da cobiça e da posse material, multiplicando-se, em sua frequência inferior, pela contaminação das mentes desencarnadas. Assim, a aura terráquea mostra-se cada vez mais nociva e perigosa à vida superior. As correntes mentais supercarregadas de magnetismo explosivo atuam sobre os homens inconscientes e irresponsáveis, ativando-lhes a bagagem inferior e fluindo, na forma de emoções violentas e selvagens, através do corpo astral. Por isso, os homens tornam-se cada vez mais neuróticos e desafogam a sua tensão perigosa e apocalíptica nos alcoólicos, entorpecentes e sedativos, aliviando, provisoriamente, os efeitos mórbidos, mas, depois, recrudescem as causas enfermiças da mente descontrolada. Malgrado os esforços da medicina, debatendo-se, aflita, para erradicar esses males, os espíritos diabólicos ganham terreno através da "ponte mental" venenosa, que os homens edificam no intercâmbio perigoso e detestável de "repastos vivos" das Trevas.[6] Por isso, em épocas assim, o Senhor prescreve o "Fim dos Tempos", como medida saneadora da humanidade mentalmente enfermiça, a fim de evitar a ruinosa saturação. Daí, a necessidade de o Alto abrir as portas dos templos e das confrarias iniciáticas, difundindo os ensinamentos ocultos, através do Espiritismo, como socorro urgente para neutralizar os efeitos tenebrosos, gerados pelo egoísmo, ambição, maldade e pensamentos maléficos dos homens.

Num chamamento apressado, "in-extremis", Allan Kardec codificou o Espiritismo, como a terapêutica heróica da Medicina Espiritual, prescrita em vésperas da grande e severa transformação espiritual da humanidade. Portanto, a doutrina espí-

---

6 Vide o capítulo "Como servimos de repastos vivos aos Espíritos das Trevas", da obra *A Vida Além da Sepultura*, de Ramatís e Atanagildo, EDITORA DO CONHECIMENTO.

Sob a Luz do Espiritismo

159

rita deve ser administrada com urgência, por "via endovenosa", sem ritos, símbolos, devoções, alegorias, ladainhas, idolatrias, paramentos ou organizações sacerdotais. A humanidade está gravemente enferma de espírito, e não há mais tempo de confiar nos diagnósticos falhos e dogmáticos da "junta médica" sacerdotal do mundo. É preciso aproveitar, incondicionalmente, o precioso tempo ainda disponível para a urgente renovação espiritual do homem.

PERGUNTA: — Estranhamos que os homens, em cujo âmago permanece, indestrutível, a chama divina oriunda de Deus, produzam essas energias inferiores resultantes dos maus pensamentos.

RAMATÍS: — Os homens não *produzem* substância mental inferior ou superior, mas a utilizam em sua virgindade cósmica para modelar os pensamentos e concretizar seus desejos bons ou maus. Quando a energia mental é consumida no uso de pensamentos sublimes, ela se eleva e se volatiza, passando a influir sobre outras mentes afins às mesmas virtudes. Mas se a utilizam para fins ignóbeis, então produzem resíduos detestáveis, que aderem ao perispírito dos seus próprios autores e infelicitam-lhes a vida. A Mente, portanto, é a fonte energética do pensamento que cria a ventura ou a desventura do seu agente.

PERGUNTA: — Como entendermos o uso da substância mental virgem do Cosmo e sua consequente transformação em energia nociva?

RAMATÍS: — Considerando-se que a água pura e limpa seja "energia mental" virgem no Cosmo, depois de lavardes as mãos sujas, ela será "energia deletéria". Aliás, a Mente Cósmica é uma só essência em todo o Infinito, mas varia em sua manifestação, conforme o campo e o nível onde atua.

PERGUNTA: — Como se processa a atuação da Mente Cósmica, que se gradua de conformidade com os planos ou graus onde se manifesta?

RAMATÍS: — Evidentemente, o Universo é produto do pensamento ou da Mente de Deus. Mas, Deus não só criou o Cosmo e toda a vida nos campos materiais, como é o sustentáculo dessa vida, distribuindo-a, equitativamente, entre toda a criação.

A Mente Cósmica, de amplitude infinita, que impregna todas as coisas e todos os seres, tanto atende aos pensamentos e à vida dos anjos, como atende aos mundos materiais e aos seres inferiores. Lembra a condição da luz, que se gradua aos nossos olhos de acordo com as circunstâncias do meio onde se manifesta e dos veículos que lhe são intermediários. Há grande diferença de qualidade e poder entre a luz de uma vela e a de um lampião de querosene, a de uma lâmpada elétrica e a de um farol de alta voltagem.

Assim, a Mente Cósmica, ao filtrar-se pelo homem, restringe o seu potencial à respectiva função e graduação humana, ou ao meio por onde atua. Indubitavelmente, há grande diferença na qualidade da substância mental que atende ao desenvolvimento instintivo do selvagem, em comparação à que impulsiona os avançados raciocínios do cientista. E, consequentemente, não pode haver igualdade entre a energia mental própria de ambientes inferiores e a sublimidade que cogita das conquistas morais e materiais referentes à evolução da humanidade.

Em verdade, cada espírito possui, em si mesmo, a poderosa energia mental de alto nível criador e também a do mais baixo campo de vida, dependendo do seu tipo, de seus objetivos e do ambiente onde atua. Porém, a Mente Cósmica jamais se modifica em sua essência, embora se manifeste através de vários caracteres humanos e reinos materiais, tal como a luz

Sob a Luz do Espiritismo

161

do Sol, que não se altera em sua origem, quer seja filtrada por vidros coloridos, opacos, ou translúcidos.

PERGUNTA: — Que nos dizeis a respeito da natureza física, mental e espiritual do homem?

RAMATÍS: — O homem é um ser muitíssimo complexo, e nós mesmos, espíritos desencarnados, ainda pouco sabemos da sua contextura espiritual eterna. O espírito do homem é um fragmento ou centelha virginal do Espírito Cósmico. É inconsciente em sua origem, até habitar a matéria, onde aprende a engatinhar e a modelar a sua consciência de "existir" ou "ser" alguém no seio do todo. Através dos estímulos da vida animal inferior ou instintiva, entra em relação com o meio ambiente e, gradualmente, coordena as suas reações, passando a sentir-se um indivíduo de existência à parte, porém, intimamente ligado ao Espírito de Deus.

O espírito virginal emanado de Deus não pode se ligar, de súbito, ao plano denso da matéria. Deste modo, ao emanar do Criador, tem de operar em si mesmo uma incessante e gradativa "redução vibratória" ou "descida espiritual", até conseguir ajustar-se ao padrão do mundo material.

Ainda inconsciente, deixa o seu "lar sideral" e viaja em direção ao mundo físico. No primeiro plano da descida, a mente, então, modela o seu veículo mental, incorporando a energia para pensar; em seguida, no Plano Astral, compõe o veículo astral e emotivo, que lhe dá a faculdade de sentir; depois, no Plano Vital, incorpora o veículo vital para viver no plano exterior; e, finalmente, alcança o último plano, modelando o corpo carnal para agir na matéria. Em verdade, nessa descida, o espírito desprendido da Consciência Cósmica permanece intimamente ligado a Deus, pois, somente reduz o seu estado vibratório, mas não se desprende da fonte criadora.

Mesmo encarnado, o homem já é um espírito imortal, pois a morte física apenas o desliga do mundo exterior, dando-lhe maior amplitude na sua verdadeira manifestação espiritual. Através das esferas da mente, do Astral e Vital, vai atraindo e aglutinando as energias ativíssimas do mundo oculto para configurar, pouco a pouco, o modelo do corpo que deverá plasmá-lo com a substância carnal no término da última etapa de sua descida.

Após completar esse descenso vibratório e atingir a fase mais ínfima da vida na matéria, então, se inicia a composição da consciência instintiva, embora, ainda seja um joguete das forças animais. A centelha virgem e ignorante emanada do Espírito Cósmico de Deus desperta e desenvolve-se modelando sua consciência individual na experiência das espécies inferiores. Mais tarde, desperta o intelecto, que lhe dá o raciocínio, capaz de fazê-lo discernir sobre o que é proveitoso ou maléfico, bom ou ruim, certo ou errado, como elementos aquisitivos na formação de sua consciência individual. Mas, assim como a lagarta possui, no seu âmago, o esquema alado da mariposa, o homem agrilhoado à carne contém em si o poder microcósmico do potencial de Deus. E, à medida que progride no crescimento de sua Consciência Espiritual, se desveste gradualmente das formas carnais, ensejando o vôo definitivo para os mundos felizes.

PERGUNTA: — Essa "descida vibratória" que mencionais também é conhecida por "queda angélica". Não é assim?

RAMATÍS: — Na "descida angélica", a massa espiritual virgem emanada de Deus vai compondo as consciências individuais, através da ação das energias redutivas de cada plano inferior, enquanto, na "queda angélica", trata-se de espíritos conscientes e até de poderes psíquicos desenvolvidos, que são exilados para outros orbes inferiores, pela sua rebeldia ou indisciplina espiritual nos mundos planetários.

PERGUNTA: — Em face da variedade de concepções sobre os princípios que compõem o homem, qual seria a definição "psicofísica" mais próxima da realidade?

RAMATÍS: — Atualmente, ainda é a concepção da Ioga a que mais se aproxima da realidade esquemática do homem. Fora de qualquer cogitação numerológica ou supersticiosa, a criação do Universo obedeceu ao padrão septenário, o qual se constitui num ritmo disciplinado para o apoio sensato e lógico do Espírito, na sua manifestação nas formas.[7] O homem, conforme a Ioga, manifesta-se em sete planos, sete reinos ou sete esferas, porque também é composto de sete princípios, que o relacionam desde o mundo do Espírito puro até à forma inferior da matéria.[8]

PERGUNTA: — Quais são esses princípios conforme o molde da Ioga?

RAMATÍS: — A filosofia iogue, cujos ensinamentos milenários jamais foram desmentidos, ensina que o homem cons-

---

7 A filosofia oriental considera o septenário o número universal e absoluto, porque encerra, em si, os seguintes componentes: binário, representativo de corpo e espírito, luz e sombra, vida e morte, homem e mulher, virtude e pecado; ternário, emblema da trindade Pai, Filho e Espírito Santo; Espírito, Energia e Matéria; o quaternário, equilíbrio perfeito, simbolizado pela cruz, pontificando os quatro elementos ar, água, fogo e terra; e, finalmente, o quinário, o pentagrama ou estrela de cinco pontas, símbolo do domínio do espírito, nos quatro elementos. Ainda sobre o número sete, observa-se que está presente nas coisas mais importantes da Terra. São sete os dias da criação, os dias da semana, as cores do arco-íris, as notas musicais, os pecados e as virtudes teológicas, os sacramentos, os sábios da Grécia, as maravilhas do mundo, as esferas em torno da Terra, os degraus da escada de Jacó e as vacas proféticas do Egito. A criança é inocente até sete anos, a puberdade verifica-se aos 14 anos, e o Juízo do moço, aos 21 anos. Mesmo Jesus, mandou perdoar setenta vezes sete.
8 "O mundo espiritual está dividido em esferas ou reinos. A essas esferas foram dados números, por alguns estudantes e vão, desde o primeiro, que é o mais baixo, até o sétimo que é o mais alto. É costume, entre nós, seguir o sistema de numeração". (Trecho extraído do capítulo "Posição Geográfica", da obra *A Vida Nos Mundos Invisíveis*, de Anthony Borgia, da editora O Pensamento. Vide o capítulo "Os Engenheiros Siderais e o Plano da Criação", da obra *Mensagens do Astral*, de Ramatís, EDITORA DO CONHECIMENTO).

titui-se de sete princípios, assim conhecidos: Espírito, Mente Espiritual, Mente Intelectiva e Mente Instintiva, considerados os princípios superiores; e Prana ou Corpo Vital, Corpo Astral e Corpo Físico, considerados os princípios inferiores. Todavia, é necessário fazer-se pequena alteração na tradicional classificação da Ioga, embora seja a mais próxima da realidade, pois o corpo astral antecede o corpo vital; este é o conhecido "duplo etérico" com os "chacras", e composto de éter-físico, na mais íntima relação com o organismo físico.[9] Em consequência, esta é a ordem mais certa dos três princípios inferiores do homem: corpo físico, o veículo inferior e visível aos sentidos físicos, espécie de janela viva aberta para o mundo exterior da matéria; corpo vital, ou duplo etérico, veículo provisório e mediador plástico, entre o mundo oculto e a matéria; e finalmente, o corpo astral, também conhecido por corpo fluídico ou "fantasma", pelo qual o espírito expressa as suas emoções e sentimentos.

Em seguida, predominam os quatros princípios mentais superiores, ou seja, a mente instintiva, a mente intelectiva, a mente espiritual e o Espírito, que as escolas ocidentais definem, respectivamente, por instinto ou subconsciente, intelecto ou consciente e superconsciente.

Mas, há certa confusão entre os estudiosos do Ocidente, pois, tudo o que sobeja da mente objetiva ou consciente, eles despejam na mente subjetiva ou subconsciente, ali misturando os resíduos e automatismos inferiores com as sublimes qualidades do espírito, nivelando tudo na mesma categoria. Assim, agrupam no subconsciente o que é grandioso e o que é inferior, os produtos do gênio e os do débil.

No porão do subconsciente ou inconsciente, ou arquivo

---

9 Vide os capítulos "Algumas noções sobre o Prana", "O duplo etérico e suas funções" e "Os chacras", da obra *Elucidações do Além*, de Ramatís, EDITORA DO CONHECIMENTO.

dos automatismos das experiências da construção animal, também se misturam as inspirações da fonte excelsa da mente espiritual, autora de tudo o que é nobre e edificante, além da vivência humana. Mas, os iogues distinguem, perfeitamente, as qualidades e funções de cada um destes princípios, embora, aproximando-se da terminologia ocidental, assim conhecidos: a Mente Instintiva, que abrange as partes inferiores da Mente Subjetiva ou Subconsciente, a Mente Intelectiva, conhecida por Consciente ou Mente Objetiva, que é a responsável pelo raciocínio; e, finalmente, a Mente Espiritual, fonte dos mais sublimes desejos, pensamentos e nobres inspirações, que, atualmente se manifesta em pequeno número de criaturas, e conhecida no Ocidentê como o Superconsciente. É a senda da Intuição Pura, pois, o conhecimento do Reino Divino não se obtém pela frialdade do intelecto calculista, baseado nas relações com as formas limitadas do mundo ilusório da matéria. A Mente Espiritual enseja o crescimento da Consciência Espiritual do homem; e, pouco a pouco, desperta-lhe a sensação do Supremo Poder e da Glória de Deus, tornando-o convicto de sua comunhão espiritual com a Família Universal.

PERGUNTA: — O que é, enfim, a Mente Instintiva?

RAMATÍS: — A Mente Instintiva é realmente a sede ou o lugar, onde na intimidade do homem, permanecem em estado latente as paixões, emoções, sensações, os apetites, instintos, sentimentos, impulsos e desejos da natureza grosseira e violenta, porque são provindos da época de sua formação animal. Cabe ao homem disciplinar e dominar essas forças vivas que herdou da "fase animal" e lhe fazem pressão interior. Deve examinar-lhes as ações intempestivas, os impulsos sub-reptícios e submetê-los ao raciocínio superior, antes de agir. Sem dúvida, já foram energias louváveis na construção de sua animalidade, mas, podem se transformar em forças prejudiciais, quando sobrepujam o domínio intelectual ou a razão.

Aliás, a própria guerra entre os homens ainda é um produto do domínio da Mente Instintiva, nas coletividades, exacerbando-lhes as paixões, os desejos e impulsos, que já foram bons, na época da formação animal, mas, são "ruins", quando mobilizados depois que o homem raciocina. É certo que a fome, a sede ou o desejo sexual animal são anseios justos e imprescindíveis, que a Mente Instintiva transmite aos homens para prosseguir ativos no plano físico. No entanto, apesar dessa justificativa, angeliza-se mais cedo o homem frugal, abstêmio e de continência sexual, porque tais práticas, além do limite fixado pelas necessidades humanas, terminam por escravizar o homem aos grilhões da vida inferior animal. As botas grosseiras são boas e adequadas para serem usadas nos terrenos pantanosos e sujos; mas, é um erro injustificável, se os homens teimam em usá-las no assoalho limpo e lustroso dos palácios que habitam.

No entanto, as coisas do mundo instintivo não devem ser condenadas, porque todas são úteis e boas no seu devido tempo e lugar, significando degraus benfeitores na escalonada do espírito, através das formas dos mundos. O mal provém de o homem usar, exageradamente, ou fora de tempo, as coisas já superadas da fase animal. Assim, a brutalidade, a malícia, a violência, a desforra, a astúcia ou a voracidade, embora sejam qualidades louváveis e necessárias à sobrevivência, ao crescimento e à proteção dos animais sob a direção da Mente Instintiva, hão de ser um grande mal, quando a serviço do homem, que já possui o discernimento superior do raciocínio. Isso é um bem necessário e justificável praticado entre os animais; mas, é um mal, quando usado extemporaneamente pelos homens. Daí, a curiosa identi-

Sob a Luz do Espiritismo 167

ficação de alguns pecados com certos tipos de animais, pois, a traição é instinto do tigre, a perfídia é da cobra, o orgulho é do pavão, a glutonice é do porco, a crueldade é da hiena, o egoísmo é do chacal, a libidinosidade é do macaco, a fúria é do touro, a brutalidade é do elefante e a astúcia é da raposa.

Considerando-se que a Mente Instintiva atua mais fortemente nas criaturas primárias, incipientes e de pouco intelecto, podemos comprovar-lhe a ação mais vigorosa e dominante nos agrupamentos aldeônicos, selváticos ou nas multidões entusiastas ou enfurecidas, em cujo ulular descontrolado se percebe a atuação de um só "espírito grupal" ou instinto, em manifestação através de muitos corpos.[10]

PERGUNTA: — Como se formou a Mente Instintiva?

RAMATÍS: — A Mente Instintiva é considerada pelo ensino da Ioga a manifestação Cósmica mais elementar operando nos mundos planetários, pois, a sua primeira atuação é no reino mineral, onde dá forma aos cristais. Do reino mineral, a sua atividade amplia-se para o reino vegetal, motivo por que as plantas já demonstram uma instintiva inteligência, como nos fenômenos de "tropismo",[11] no processo de fecundação, germinação e crescimento. Aliás, essa inteligência instintiva é perfeitamente visível nas espécies vegetais carnívoras, que usam de processos e recursos hábeis, armando ciladas mortais

---

10 Corroborando Ramatís, verificamos a existência desse espírito global instintivo, dominando as coletividades, quando as multidões se deliciavam na matança dos huguenotes pelos católicos, na França; na queima dos hereges, nas fogueiras da Inquisição; no massacre praticado pelos cruzados; no trucidamento dos cristãos nos circos de Roma; ante a guilhotina sangrenta da Revolução Francesa; no linchamento de negros, em nosso século; ou, ainda, na cólera e agressividade das massas, nos campos de futebol, identificando, realmente, o domínio da Mente Instintiva, sob a coação animal.

11 Tropismo - Desenvolvimento de um órgão, ou organismo, em certa direção, influência ou estímulo nas plantas, atraindo-as para determinada orientação, como heliotropismo, atração pelo sol, geotropismo, pela gravidade, principalmente no caule e nas raízes; fototropismo, excitação pela luz, ou hidrotropismo, pela umidade ou água.

para os insetos que pretendem devorar.

Depois, em sentido cada vez mais ascendente, ela elabora e coordena o reino animal, onde a sua interferência valiosa prepara os rudimentos do equipo carnal para servir ao homem futuro. Em sua sabedoria instintiva ela orienta e controla todos os atos humanos, que podem ser executados sem a atenção do consciente, pois toda experiência ou conhecimento acumulado é o resultado do desenvolvimento desde o reino mineral, vegetal e animal, e transforma-se no alicerce para o homem firmar-se na conquista dos planos superiores. Quando a Mente Instintiva termina o seu trabalho, principia a ação do Intelecto ou da Mente Intelectiva, surgindo a razão humana ou o discernimento superior, a diferenciar o homem do animal irracional. Então, ele adquire certa individualidade e se separa da espécie global, mas ainda anda às apalpadelas, tentando reconhecer o seu destino; pois se surpreende com as diferenças verificadas nas suas relações exteriores.

Em consequência, a Mente Instintiva também é utilíssima na fase inicial da Mente Intelectiva, porque é a base segura do crescimento incessante da consciência do ser. Mas, é um campo de forças criadoras de natureza inferior e torna-se bastante perturbador, quando interfere facilmente na escala superior intelectiva. É uma fase intermediária perigosa, em que o homem desperta o raciocínio, podendo distinguir as realizações nobres e superiores, mas, ainda pratica atos próprios da bagagem hereditária da Mente Instintiva, a qual lhe desenvolveu a linhagem animal para a confecção do corpo carnal. Ele, então, oscila no comando intelectivo, entre o "demônio" dos impulsos atávicos da animalidade e o convite do "anjo", pela voz silenciosa da Mente Espiritual.[12]

---

12 Diz o brocardo hindu: "Difícil é andar sobre o aguçado fio de uma navalha"; e "árduo, dizem os sábios, é o caminho da Salvação". Para o leitor estudioso, recomendamos a obra *O Fio da Navalha*, de W. Somerset Maugham, romance que

PERGUNTA: — E como se processa a atuação ou orientação da Mente Instintiva na estruturação das espécies inferiores?

RAMATÍS: — À medida que os animais progridem na sua escala evolutiva, precisam saber, ou fazer, certas coisas indispensáveis à sua sobrevivência no cenário do mundo físico. A Mente Instintiva, ou inteligência subconsciente, então, age no animal e orienta-lhe a experiência nos planos inferiores, fazendo-o realizar inúmeras coisas que lhe garantem a proteção, a vivência e o progresso ordeiro, sem a necessidade de mobilizar qualquer raciocínio.

Desse modo, tanto o animal selvagem como o pássaro, apesar de nascerem em ambientes tão impróprios e hostis, sobrevivem e se armam de poderes instintivos, que os adestram na luta e na defesa, e lhes desenvolvem a prudência e a astúcia. É a Mente Instintiva que também propicia aos animais, insetos e aves o admirável recurso de "mimetismo",[13] verdadeira camuflagem para os proteger, disfarçando-os na própria semelhança com o meio ou terreno onde atuam. Essa sabedoria instintiva também ensina as aves a construírem seus ninhos, a emigrarem em vésperas de tempestades ou a fugirem, a tempo, do inverno rigoroso; também instrui o tatu a construir sua toca; e o joão-de-barro a edificar sua casa, protegida das tormentas; orienta o elefante a buscar vegetação medicinal para se vacinar contra as epidemias dos trópicos; o cão, a nutrir-se

---

expõe de modo compreensível inúmeros ensinos e admiráveis atitudes do discípulo oriental. É o simbolismo significativo do homem caminhando sobre o perigoso fio de navalha do intelecto, entre os impulsos traiçoeiros da mente instintiva e as aspirações nobres da mente espiritual.

13 No fenômeno de mimetismo entre as aves e os animais, a natureza produz determinadas espécies de modo engenhoso. Assim, o leão do Sahara tem a cor da areia do deserto, o urso branco confunde-se com o gelo, o tigre é listado como as florestas de bambus onde se esconde; entre as aves, os papagaios têm a cor das folhas das bananeiras, inúmeros pássaros confundem-se com as cascas de árvores. As cobras tomam a tonalidade do capim verde ou seco. Imaginemos que excelente alvo para os caçadores seria o urso polar com a pele toda negra, a destacar-se ostensivamente sobre o gelo.

com ervas curativas de indigestão e reencontrar seu lar, depois de abandonados a quilômetros de distância.

Ainda guia as abelhas, na confecção matemática dos favos de mel; auxilia as aranhas a tecer as teias admiráveis, as formigas a se organizarem de modo ordeiro e a abandonarem os formigueiros, à margem dos rios, em vésperas de inundações.

Depois que a Mente Instintiva ensina as espécies animais a fazerem as coisas necessárias para a sua sobrevivência e progresso, transforma essas experiências vividas em ações autômatas, e as arquiva, como "tarefas-modelos" para, mais tarde, servirem ao homem sem necessidade de consultar o intelecto ou gastar as energias do raciocínio. Por isso, o homem não precisa pensar para andar, respirar, digerir ou crescer, nem para outras múltiplas atividades do organismo, como produção e reparação de células, de lesões orgânicas, defesas contra vírus, obliteração de vasos sanguíneos ou formação de cicatrizes protetoras.

Graças à inteligência milenária da Mente Instintiva, o recém-nascido ingere leite branquíssimo por alguns meses e, no entanto, crescem-lhe cabelos louros, castanhos ou pretos, os olhos ficam negros, pardos ou azuis, o sangue vermelho, a bílis esverdeada, a pele rosada, os dentes brancos e o fígado num tom vinhoso.

Isso tudo acontece tão naturalmente porque, à medida que o homem supera a memória consciente, transfere os seus conhecimentos adquiridos para a Mente Instintiva, a qual, então, os arquiva para que sejam usados no momento oportuno.

PERGUNTA: — Poderíeis dar-nos alguns exemplos?
RAMATÍS: — Os pintores, músicos, escultores, datilógrafos ou motoristas aprendem a desempenhar sua função mediante o intelecto, mas é evidente que se fatigariam imensamente, caso tivessem de "pensar" ou "rememorar" tais coisas,

Sob a Luz do Espiritismo

todas as vezes que delas necessitassem. A Mente Instintiva se encarrega de arquivar as experiências do homem no processo de pintar, tocar, dirigir, escrever à máquina ou aprender qualquer outra coisa, e esse arquivo pode ser usado quando tais aquisições devem ser evocadas e usadas.

Sem dúvida, seria exaustivo e inconsequente se o homem tivesse de refazer todo o caminho já percorrido no estudo da música, da pintura, da escultura ou da alfabetização, cada vez que precisasse desempenhar essas funções. Assim, ele só precisa pensar quando deve aprender coisas novas, pois, há muita diferença entre aprender a fazer alguma coisa e fazê-la, depois de aprendida. A Mente Instintiva, portanto, encarrega-se de recordar ao homem o seu aprendizado anterior pela persistência e sacrifício, livrando-o de perder o seu precioso tempo em repetir e consultar o Intelecto, a cada momento. Os orientais consideram a Mente Instintiva uma espécie de depósito repleto de coisas recebidas de várias procedências; ali, existem fatos de origem hereditária e da ancestralidade animal; há também, arquivos de trabalho intelectual, experiências emotivas alegres e tristes e até sugestões alheias gravadas para o uso apropriado no futuro.

Mas, quando a Mente Espiritual principia a influir no homem, ele não demora a reconhecer em si que ainda é joguete dos impulsos animais, pois, logo se arrepende de suas precipitações ou decisões egoístas, coléricas ou hostis. Isso já é meio caminho andado para o seu crescimento espiritual, pois, os instintos inferiores são como feras que moram em nossa própria intimidade espiritual. O que ainda é legítimo para o animal, há de ser ilícito e ilegítimo para o homem.

Jesus foi muito hábil, aconselhando o "Orai e Vigiai" ao homem, conceito que, traduzido, em sua essência, bem poderia dizer: "Clareai a vossa consciência e vigiai os instintos inferiores da vossa herança animal". Não deveis desprezar as coisas da Mente Instintiva, porque ela vos serviu e vos serve, continuamente, para o vosso bem. Mas, assim como o homem consegue dominar o leão, o elefante, o lobo ou o cavalo selvagem e, depois, os aproveita em benefício da existência humana, também precisa transformar as forças violentas e agressivas da bagagem desenvolvida pela mente instintiva em energias dóceis e benfeitoras, à disposição do raciocínio superior.

O instinto de violência, por exemplo, pode ser graduado na forma de uma energia que, depois, alimenta uma arte ou um ideal digno; o orgulho disciplinado estimula o heroísmo, a vaidade controlada desenvolve o bom gosto pela limpeza e o capricho pessoal; a avareza esclarecida pode nortear o princípio de segurança econômica para o futuro e a astúcia, a serviço do intelecto, pode transformar-se em elevado instinto de precaução.

PERGUNTA: — Que nos dizeis sobre a Mente Intelectiva ou Intelecto?

RAMATÍS: — O Intelecto é o princípio mental que distingue o homem do bruto; o seu aparecimento marca um grande avanço na senda da realização do espírito lançado na corrente da matéria. Antes, o ser é apenas emoção, desejos ou paixões, mas, depois do advento do Intelecto, goza da vontade raciocinadora e sente, em si, a manifestação da condição humana. É o despertar ou o amanhecer da consciência do "eu", porque o homem, então, já pode comparar-se aos outros seres e coisas; classifica, analisa, junta e separa os acontecimentos nos quais intervém ou os fatos que presencia. Principia a julgar os acontecimentos em torno de si, a ter consciência do "eu", embora, não possa definir tal condição.

O homem já é um ser bom e evoluído, porém, o advento do Intelecto o ajuda a exercer o comando e o controle, cada vez mais enérgico, sobre os próprios instintos animais. Dominando

Sob a Luz do Espiritismo

as forças instintivas da velha animalidade, pode dispor de energias submissas para realizar a sua própria ascensão espiritual. Mas, se enfraquecer na posse da razão pode tornar-se pior do que as bestas, pois raros animais abusam de suas forças e desejos, como é feito habitualmente entre os homens, conforme se verifica comumente, no caso do prazer sexual.

Ademais, se o Intelecto ajuda a raciocinar, e tanto pode exercer o seu poder sobre a Mente Instintiva como preparar o caminho para a melhor influência da Mente Espiritual, como só abrange certo limite, também pode criar a ilusão perigosa do "ego" separado do Todo, que é Deus. O intelecto humano é de raciocínio frio, como um jogador que só vê resultados compensadores e imediatos, num jogo de cartas. Quando o homem se abandona ao jugo do intelecto puro, de sua Inteligência imediatista e operante nos limites da forma, a própria razão sem o calor da intuição cria a ilusão de separação.

Por isso, o Intelecto funciona exatamente entre a Mente Instintiva, que tenta atrair o ser para o nível inferior dos brutos, e a Mente Espiritual, que prodigaliza as noções sublimes da vida superior dos espíritos puros.

PERGUNTA: — Poderíeis dar-nos algumas noções sobre a Mente Espiritual?

RAMATÍS: — A Mente Espiritual é o porvir, assim como a Mente Instintiva é o passado; e o Intelecto, o que está para se processar no presente. A Mente Espiritual é produtora de sentimentos excelsos e derrama-se pela consciência do homem, como a luz invade os cantos frios de uma gruta escura.

As aspirações, as meditações puras e sublimes, proporcionam ao homem a posse, cada vez mais ampla e permanente, do conteúdo angélico da Mente Espiritual; e o ego humano capta, no seu mundo assombroso, os conhecimentos mais incomuns, através da intuição pura. Sem dúvida, tal fenômeno não pode ser explicado pelo Intelecto, que só fornece impressões, símbolos, cunhos, fatos, credos e propósitos tão provisórios como a figura do homem carnal. Por isso, o sentimento de fraternidade, a mansuetude, a bondade, a renúncia, o amor e a humildade não são elaborados pelo frio raciocínio, mas, trazem um sentido cálido de vida superior, que se manifesta acima da torpeza e da belicosidade do mundo material.

A Mente Espiritual, cuja ação se exerce através do "chacra coronário",[14] ainda é patrimônio de poucos homens, os quais se sentem impelidos por desejos, aspirações e sonhos cada vez mais elevados, crescendo, sob tal influência sublime, para a maior intimidade e amor com o plano Divino. Ela nutre a confiança nos motivos elevados da existência e alimenta a Fé inabalável no âmago do ser, enfraquecendo a força atrativa do domínio animal e acelerando as forças íntimas do espírito imortal.

PERGUNTA: — Porventura, não existe alguma confusão entre a ação do Intelecto e a da Mente Espiritual?

RAMATÍS: — O Intelecto é seco e frio nos seus raciocínios, pois, não vibra mesmo quando fortemente influenciado pela Mente Espiritual. No entanto, pela constante e progressiva atuação da Mente Espiritual desenvolve-se no homem a Consciência Espiritual que, pouco a pouco, vai despertando a sensação misteriosa da realidade da existência do Supremo Poder Divino. Reconhece-se tal evento quando, no homem, começa a se desenvolver a compaixão, o despertar gradativo do seu senso de justiça superior e um contínuo sentimento de fraternidade.

Só a Mente Espiritual proporciona os empreendimentos superiores e sua ação sobrepuja o Intelecto, pois, aviva o Amor entre os homens e os impele a semear a ventura alheia, como

---

14 Chacra coronário, centro responsável pela sede da consciência do espírito.

Sob a Luz do Espiritismo

condição de sua própria felicidade.

Assim, a luta entre a Consciência Espiritual do homem, identificando-lhe a natureza superior, e a Mente Instintiva, que tenta escravizá-lo ao seu domínio inferior, é algo de épico e angustioso. Desse combate exaustivo, incessante e desesperador, então, surgiu a lenda de que o homem é aconselhado à esquerda pelo demônio e, à direita, inspirado pelo anjo. Na realidade, essa imagem simbólica representa a Mente Instintiva com o seu cortejo da experiência animal inferior, tentando o homem a repetir os atos do jugo animal; do outro lado, a Mente Espiritual, na sua manifestação e convite sublime, é bem o emblema do anjo inspirando para a vida superior.

PERGUNTA: — E que dizeis sobre o espírito do Homem, indubitavelmente, ser mais importante que a Mente Instintiva e a Mente Espiritual?

RAMATÍS: — Sobre a contextura essencial do espírito do homem e, naturalmente, em fusão consciente com o próprio Espírito de Deus, ainda pouco sabemos em nosso atual estado evolutivo. Ademais, não encontramos vocábulos e meios de comparação para explicar ao Intelecto humano, na sua tradicional limitação, qual seja a concepção exata do Infinito.

Na verdade, o espírito só pode ser sentido e não descrito; é um apercebimento interno, íntimo e pessoal de cada ser, impossível de ser explicado a contento para aquele que ainda não usufrui da mesma experiência. Ninguém pode explicá-lo pelo simbolismo das palavras transitórias do mundo material; o Intelecto, jamais, poderá percebê-lo, porque o espírito existe antes do homem e muito antes do Intelecto.

A fim de auxiliar o estudo da mente, a filosofia iogue considera o espírito do homem o sétimo princípio, a "Chispa Divina", um raio de Sol ou gota do Oceano Cósmico. Mas, ainda terá de vencer muitos degraus, em sua escada evolutiva, desde a sua fase animal até o estado de arcanjo, para que o espírito humano se faça sentir, em sua glória e poder. Os que já sentem essa realidade habitam planos inacessíveis ao nosso entendimento e não poderiam explicar-nos, pela insuficiência da linguagem humana.

No entanto, há momentos em nossa vida, quando imergimos na profundidade religiosa, alimentados por pensamentos sublimes; quando nos enternecemos ante maravilhoso poema, ou nos empolga a misteriosa beleza da alvorada. Então, sentimos o vislumbre da nossa origem Divina. É, na realidade, o apercebimento fugaz, num ápice de segundo, o início da Iluminação, o prenúncio da Consciência Espiritual.

PERGUNTA: — Como se processa esse acontecimento?

RAMATÍS — Independente de crença religiosa do homem e de suas realizações intelectivas no mundo, à medida que a Mente Espiritual estende o seu domínio no ser, libertando-o, gradualmente, dos grilhões da animalidade inferior também se amplia a sua área de conexão com o Espírito de Deus. Diríamos que aumenta a tensão Divina e interna, na criatura; esse impulso de transbordamento das formas e do intelecto humano parece só aguardar um instante apropriado para exercer a sua predominância sublime. É a luz do Senhor, pronta a iluminar a criatura, ante o primeiro descuido da consciência em vigília, ou personalidade, formada na romagem obscura da linhagem animal. Através do elo do Espírito, Deus, então, se revela ao homem e dá-lhe alguns vislumbres de Sua existência Real.[15]

Sem dúvida, é um acontecimento que varia materialmente,

---

15 Aconselhamos o leitor a ler o último tópico da obra **Deus na Natureza**, de Camille Flammarion, após o capítulo "Deus", que o autor assim inicia: "Uma tarde de verão, deixara eu as flóreas vertentes de Sainte-Adresse ..."Trata-se da descrição de uma das mais empolgantes e convincentes experiências do êxtase, do amanhecer da Consciência Espiritual, no estilo ocidental.

conforme o temperamento, a sabedoria e o sentimento individual, mas, depois de sucedido, deixa uma sensação de segurança, de imaterialidade e de confiança em toda a experiência vivencial. É o espírito principiando a fazer valer os seus direitos divinos, através dos rasgões da personalidade humana, a caminho da desagregação no mundo de formas.

É um estado estranho e incomum, em que o ser se sente fora do seu estado normal, trasnsportado para um plano de consciência mais elevado, tendo se enriquecido de mais bens e conhecimentos; não o podendo explicar claramente na consciência física, depois de passado o maravilhoso momento de desprendimento das formas. É um ingresso súbito, um vislumbre ou prenúncio do espírito imortal, fugaz demonstração da Realidade Eterna. É o "samadhi", tradicionalmente presente na vida dos grandes iluminados do Oriente, ou o "êxtase", do conhecimento ocidental.[16]

Como a própria natureza espiritual do ser não dá saltos, esses vislumbres, êxtases ou iluminações súbitas podem aumentar em sua frequência, na mesma existência, à medida que logram maior domínio sobre a consciência em vigília. É o treino sublime do Espírito Eterno, iniciando o desvestimento dos trajes transitórios da personalidade humana, em atividade nas superfícies planetárias, até manifestar-se em toda a sua refulgência e beleza sideral. Então, chegará o tempo no qual esses vislumbres e êxtases de Iluminação serão tão frequentes, que se transformarão na plenitude da Consciência Espiritual para toda a Eternidade. É o fim das reencarnações de dores e sofrimentos.

---

16 "Samadhi" ou Êxtase - "Espécie de arrebatamento espiritual que pode ser provocado de diversos modos. Êxtase é uma espécie de suspensão dos sentidos, pela absorção da mente na contemplação divina. Nesse estado, o indivíduo não sente qualquer ação a que seu corpo possa ser submetido. Enlevo, deslumbramento inexplicável pelo mecanismo do inteiecto".

8.
Sexo

PERGUNTA: — *Qual é a forma energética usada pelo homem, causadora da maior demora do espírito nos ciclos das encarnações no mundo físico?*

RAMATÍS: — Sem dúvida, é a energia sexual. Trata-se do mais importante recurso da lei da atração entre os seres, a fim de se perpetuar a vida nos orbes físicos. Em sua potencialidade criativa, é força catalítica das cargas magnéticas estimulantes da energia criadora, responsável pelo crescimento e propagação das espécies humanas para sua evolução espiritual.

PERGUNTA: — *Por que ainda é tão vilipendiado o sexo pelo mundo, pelas várias religiões, ao atribuir-lhe a origem de quase todos os males, desde o pecado de Adão e Eva?*

RAMATÍS: — Tratando-se de uma força indômita consequente à fixação do homem no instinto animal, o perispirito humano guarda, em sua intimidade, as cargas deletérias dos atos culposos, degradantes ou imantadores à vida primitiva. Quando a criatura é quase toda emoção, e bem pouco raciocínio, se torna um joguete descontrolado no vórtice da força sexual, desencadeada por um erotismo incontrolável. Depois da vivência tempestuosa onde se sacrificam todas as manifestações de superioridade humana sob o ardor da sensualidade carnal, o espírito do homem, já com algum raciocínio ou sensibilidade espiritual mais acentuada, sente-se algo deprimido e inquieto, achando-se culpado por não ter resistido ao domínio animal. Daí, certa apreensão existente no âmago da alma humana, um inexplicável temor de não poder triunfar sobre as impulsões do desejo animal e, logo, submergir no mar das vibrações de baixa intensidade.

PERGUNTA: — Parece-nos que a alma humana traz esse estigma desde o período lendário do casal Adão e Eva; não é assim?

RAMATÍS: — Adão e Eva simbolizam o início da vida física na Terra, quando, descumprindo as ordens divinas, tornam-se criadores, como Deus, daí o anátema sexual. O cavalo selvagem do desejo carnal, animal, com seus instintos indomáveis, mas criativos, tinha por objetivo dar um invólucro ao psiquismo nascente, metamorfoseando-o na consciência individualizada. O caráter animal ancestral desenvolve-se e modifica-se até, a configuração hominal, e o homem começa a libertar-se das formas animais, tomando a forma vertical e, espiritualmente, procura as escadas evolutivas, impulsionado pelo magnetismo íntimo do futuro anjo.

PERGUNTA: — Poderíeis dar-nos os motivos fundamentais de o homem sofrer por longo tempo a ação do sexo, em lugar de outros impulsos até mais atuantes como a ambição, o orgulho e o egoísmo?

RAMATÍS: — A energia sexual é realmente a força propulsora da vida humana, porque, já vo-lo dissemos, é a fonte da criatividade em seus diversos aspectos e frequências, conforme os planos e campos da atividade onde atua. Mas, é como o fogo controlado — aquece, ajuda e cria; porém, descontrolado, produz o incêndio. Consequentemente, o homem, pelo abuso do sexo, consome indevidamente essa energia criativa que, às vezes, se manifesta como ambição, orgulho e egoísmo, e deve ser usada com harmonia, segundo as necessidades, jamais de forma insensata.

PERGUNTA: — *Porventura, todo abuso de energia criada por Deus é imediatamente castigado?*

RAMATÍS: — No Universo, não existe a noção de tempo humana. Citemos um exemplo: quando, um motorista abusa, ultrapassando a velocidade facultada, é multado como infrator, quer por causar perigos aos demais veículos na mesma estrada, quer porque arrisca a sua vida. Logicamente, não foi castigado pela infração em si, mas pelas consequências da sua desobediência, pela imprudência e porque sabia de, antemão, dos resultados. O homem não pode alegar ignorância porquanto vem sendo advertido, através de instrutores, princípios religiosos e filosóficos, de que será sempre infrator pelo abuso do sexo, e não pelo uso; não pode se queixar ou protestar, quando deve ajustar-se corretamente à técnica do correto emprego da energia sexual.

PERGUNTA: — *Quais seriam os piores resultados do excesso de atividade sexual para o homem, na atual graduação espiritual terrena?*

RAMATÍS: — Considerando-se não ser a energia sexual, exclusivamente, um elemento criativo na composição física, porém, fonte de outras manifestações anímicas e, segundo a Ioga, ela pode ser sublimada ou ativada por valores morais superiores e, vitalizada, irriga o cérebro do homem, proporcionando-lhe a maior capacidade criativa em suas tendências estéticas no campo da música, da pintura, da escultura, da poesia ou da literatura, e o seu abuso tende a rebaixá-lo mental e evolutivamente ao nível do animal. Eis o motivo por que muitos estudantes da Ioga aprendem a controlar e dominar o energismo do fluido sexual do "chacra" kundalíneo e o ativam mentalmente, em direção ao cérebro, em conjugação com o "chacra" coronário, obtendo um energismo de frequência superior e capaz de irrigar-lhes o sistema neurocerebral numa criatividade superior.[1] Sob tal prática, dirigida pelo intelecto disciplinado e dinamizado pelo controle espiritual, verifica-se ser o fluido sexual uma energia benfeitora, pelo uso seletivo e, também, capaz de escravizar o homem pelo excesso, no campo das paixões subalternas.

À medida que o espírito evolui, apercebendo-se da realidade da vida imortal superior e definitiva, e esse senso crítico, discernimento e responsabilidade são preponderantes, passa a moderar-se na prática sexual, porquanto os seus interesses requerem maior cota de energia para suprir as necessidades mentais e, assim, as mobiliza do reservatório criativo do metabolismo sexual.

PERGUNTA: — Quais os transtornos mais graves para a alma desencarnada que viveu na Terra existência exclusiva de preocupações e satisfações sexuais?

RAMATÍS: — Considerando-se não ser o sexo simples mecanismo fisiológico ou diferenças morfológicas dos órgãos

---

1 N. do Médium: Embora Ramatís tenha elucidado alguns membros do nosso grupo de estudos, quanto à técnica da Krya-Ioga, que proporciona o ensejo dessa sublimação da energia sexual, não nos foi autorizado torná-la pública, salvo breve notificação. Vide a obra *Autobiografia de um Yogue Contemporâneo*, por Paramahansa Iogananda, edição da Self Realization Fellowship, principalmente, no capítulo "A Ciência da Kriya Ioga", que reponta noções dessa prática louvável.

genitais, porém, força criativa, que não tem sede no corpo físico, mas, na organização perispiritual preexistente e sobrevivente ao corpo físico, obviamente, os homens e mulheres devassos sofrem, no mundo espiritual, delírios, alucinações, uma verdadeira loucura! A imantação do residual sexual próprio das atividades puramente animais atua, de modo prejudicial, nos delicados centros perispirituais, criando angústias e desesperos indescritíveis, transformando o maleável corpo perispiritual, e dando-lhe as configurações mais repulsivas e abomináveis. Nos casos mais graves e, quando podem ser amparadas pelas instituições socorristas, em face de algum bem praticado, proporcionando-lhes algum crédito, essas almas afogadas mentalmente nos fluidos tormentosos do abuso sexual, em lugar de terem alucinações orgíacas, sem quaisquer satisfações da loucura erótica que lhes vêm das mais íntimas fibras perispirituais, são segregadas em alojamentos ou cubículos, para preservá-las das cenas causadoras da deformação teratológica dos centros genésicos, expostos ao mais ignominioso aviltamento criativo; sendo, nessas celas, feita a filtração e drenagem terapêutica na forma aparente, ocorrendo crises convulsivas e a posterior prostração, até o coma recuperativo.

PERGUNTA: — Tendes feito, acima, referências às almas "quando podem ser amparadas pelas instituições socorristas"; porventura, ainda devemos conjeturar a existência de outros espíritos em absoluto desequilíbrio sexual, desamparados ou à solta, sofrendo os seus delírios extremos, pelos efeitos do profundo desregramento sexual?

RAMATÍS: — Não vos são desconhecidas as estampas delineando os quadros infernais da demonologia católica, onde as figuras dos diabos traem as faces cínicas e obscenas dos caprinos rindo prazerosamente, enquanto torturam as almas incautas que passaram pela Terra amparadas por esse satanismo protetor, mas implacável e exigente quanto à posse dos que lhes "venderam a alma" para usufruir de satisfações censuráveis.

Verifica-se, nessas estampas, uma analogia com a realidade de uma imensa multidão de almas devassas e diabólicas, que, após a desencarnação, são escravizadas por almas perversas e maquiavélicas, as quais arrebanham infelizes viciados para fortalecer suas hostes obsessivas alimentadas pelo metabolismo sexual descontrolado, no Astral Inferior, na mais abominável exploração dos infelizes desregrados sexuais da Terra, que desencarnam sem a mínima proteção espiritual. Há falanges de um governo oculto, cuja tarefa é aliciar as criaturas incautas, subjugadas por um incontrolável desejo de atividades sexuais, que se transformam em verdadeiros repastos de "mortos", presos, mesmo no Astral, à luxúria. Assim, nos prostíbulos, nos motéis em encontros de criaturas que traem os seus compromissos conjugais no ímpeto das paixões animalizadas, encontram-se, como os lendários vampiros, porém sexuais, marcando a sua presença pela indução erótica, levando os pobres encarnados a delírios passionais. Lastimavelmente, nesse intercâmbio vicioso entre vivos e mortos, entre devassos com corpo e devassos sem corpo, prolonga-se a nefanda condição escravagista da força sexual, na dominação animal. Repetem-se, assim, as velhas cenas fantásticas do Diabo e do homem vendedor de sua alma.

No entanto, a mesma força sexual usada com disciplina, como energia criativa de qualquer nível de vida, fundamenta também a ternura, a humildade, a afeição pura, o poder, a inteligência, a sabedoria e até o amor, ajudando o homem a conseguir o supremo equilíbrio que o ajusta definitivamente à angelitude. Através do trabalho perseverante dos milênios, o instinto sexual que se manifesta nos povos primitivos como posse absoluta transforma-se, cada vez mais, em força criativa nos mais diversos setores da vida humana, através das criaturas cientes da realidade imortal, conseguida pela constante busca da perfeição e beleza.

PERGUNTA: — Como poderíamos entender melhor essa sublimação da própria força sexual do homem?

RAMATÍS: — Através da sucessão interminável dos milênios, o orgasmo do bruto sublimou-se no êxtase do santo, comprovando ser o sexo mais força criativa de inspiração superior, e age, segundo o sentido que lhe for dado racionalmente, suplantando a primária sinalização de sexo físico.

PERGUNTA: — O homem deveria evitar o uso do sexo, de qualquer forma, a fim de lograr a sua mais breve libertação da matéria?

RAMATÍS: — Precisamos esclarecer, primeiramente, não ser a condição de castidade a única para a evolução espiritual; ela é decorrente de uma lapidação interior perseverante, no aprimoramento dos sentimentos e do intelecto, numa vivência cada vez mais digna, dentro de uma ética maior. Só é válida quando for uma condição espontânea e louvável, porém, também pode ser fruto do fanatismo e existir num homem cruel. Em consequência, o homem não casto, mas bom, eleva-se mais cedo ao "céu" do que o homem cruel e casto. A fuga dos "vícios" ou de ações julgadas abomináveis não nos desperta qualidades — as quais ainda pedem alguns séculos para que sejam despertas. O homem não se gradua para a vida superior por simples estatística de maior ou menor desgaste sexual; ela é fruto das vivências, aproveitando os estados de espírito que o desimantam da matéria e, consequentemente, do jugo animal.

Sob a Luz do Espiritismo

PERGUNTA: — Não achais algo censurável, ou mesmo deprimente, o comportamento sexual do homem terreno?

RAMATÍS: — Seria absurdo o homem tentar programas de angelitude, sem antes passar pelos estágios libertadores e sentir a inconveniência de não ser santo. Jesus, o Mestre Amado, fez a sua trajetória santificante através de todas as experiências deprimentes, para a consagração superior, demonstrando que a alma alcança mais sensatamente a sublimação divina pela saturação dos desejos mundanos do que, propriamente, pela fuga.

Nada há de humilhação na conduta do troglodita nas suas atividades semi-humanas de comportamento animal, inconsciente da realidade espiritual; mas, sob o prisma da razão desenvolvida, deve-se apontar o inconveniente e censurar, quando a criatura pratica atos "inferiores", e já possui conhecimentos superiores.

A própria natureza ampara desde a cicuta letal ao guaraná revigorante, do verme asqueroso no lodo da terra ao colibri matizado voando sobre as flores, e tem cuidados e carinhos pela hiena caçadora de instinto predador e pela ovelha inofensiva. Diante desse raciocínio, seria absurdo exigir do terrícola, criatura primária, mal soletrando o ABC espiritual, um comportamento sexual rígido e dentro dos padrões avançados da espiritualidade, quando ainda é dominado pela força poderosa, criadora, da natureza em suas manifestações. A maior porcentagem dos habitantes da Terra ainda não passa de velhos trogloditas, selvagens hotentotes, ensaiando, pelas sucessivas encarnações, o comportamento ao nível humano. Daí, o motivo das guerras, conflitos, ciúmes, vinganças, luxúrias, glutonices, agressividades, avarezas e as tolas vaidades de ter objetos, enfeites e penduricalhos, representando o atavismo dos primitivos adornos de cacos de pedras, ossos nos lábios e orelhas dos botocudos.

PERGUNTA: — Mas, por que todas as religiões, e mesmo doutrinas espiritualistas, anatematizam o comportamento sexual da humanidade, estigmatizando a criatura terrena como pecadora a caminho do Inferno? Seria a Terra, mais propriamente, um mundo ignóbil e onde vive uma humanidade condenada?

RAMATÍS: — Sob o manto religioso, ocultam-se homens iguais ou piores do que aqueles que são estigmatizados nos púlpitos, nas tribunas e nas sessões doutrinárias. Em verdade, o homem ainda crê ser Deus o criador do Universo, porém, verificou tantos erros na Sua pressa criativa que resolveu corrigi-los mais rapidamente possível, assim como o autor de uma obra literária ou científica, ao verificar a série de equívocos tipográficos ou de linguagem, ainda em tempo, afixa uma "errata" após o epílogo da obra.

Daí, o motivo dos esforços heróicos de muitos religiosos, espiritualistas filantropos, a se esgotarem na faina caritativa de corrigir os erros de Deus. Mesmo os reencarnacionistas, entendidos na mecânica da evolução espiritual pelos renascimentos físicos, querem desfazer os equívocos pelas empreitadas de "salvação" dos infelizes que nascem desprotegidos, deformados ou estigmatizados no mundo, porque isso não lhes parece a "colheita podre de ruins sementes lançadas alhures", mas alguma negligência divina.

Em face de a criatura pretender "ganhar o Céu" pela atuação competitiva e deliberada para melhorar a sociedade, vendo nisso a possibilidade de mais breve satisfação, passa a combater furiosamente os mesmos pecados nos quais se chafurdou, como o indivíduo temeroso de voltar a fumar, que vive fugindo do cheiro e da fumaça do cigarro. Daí, os altiloquentes

Sob a Luz do Espiritismo

pastores, sacerdotes e doutrinadores a esbravejar do alto de suas tribunas contra os pecadores que afrontam e ofendem a Deus, porque ainda praticam coisas tão naturais à sua condição espiritual, iguais às crianças que descarregam sua ira na agressão aos brinquedos. No entanto, no âmago, sentem não estar realmente livres dos impulsos instintivos, mas os "santos abafados" defendem-se dessas impulsões internas, apontando minuto a minuto o perigoso inimigo, a rondar suas almas primárias, e repletas de impulsos primitivos.

A Terra, sem dúvida, é uma severa, contudo, eficiente escola de educação espiritual, como qualquer educandário capaz de conduzir os seus alunos ao aprendizado. Os alunos que a frequentam são espíritos encarnados, procurando uma conduta melhor e a sabedoria eterna, e mal soletram as primeiras letras do alfabeto divino.

Para esses pregadores das suas verdades, vale o velho e justo ditado: "Diabo na velhice torna-se ermitão", uma vez que todos os anatematizadores dos pecadores, ou já pecaram até a saciedade, ou ainda são candidatos em potencial. Há pseudo-santos preocupados com a sua "salvação" do mar de lodo do vício, os quais fazem estatísticas de todas as atividades sórdidas no mundo, numa atração de sua intimidade psíquica à fuga para as cavernas de ermitões, porque condenam todos os prazeres do mundo como o carnaval, o futebol, os concursos de beleza, o turfe, a riqueza, a fartura, o divertimento, o jogo, o beijo, o divórcio, o homossexualismo e a prostituição, confundindo como pecados muitas vezes, a expressão de homens "ainda" pecadores, em busca de um momento de alegria, ou seja, crianças espirituais.

PERGUNTA: — Seria louvável que as criaturas, em vez de reconhecer os equívocos de um comportamento sexual danoso à sua integridade espiritual, ainda fossem estimuladas pelo epicurismo censurável?

RAMATÍS: — Até os cães e os gatos sabem distinguir o alimento nutritivo, e evitam ingerir a comida nociva. Em consequência, o espírito do homem possui, em si mesmo, um "sexto sentido", uma faculdade intuitiva, a qual o faz distinguir, claramente, as suas conveniências e inconveniências. Ninguém precisa indagar se o álcool prejudica; basta tomar um porre e, no dia seguinte, poderá meditar no mal-estar da ressaca pelos efeitos tóxicos, cefaléias e, ao mesmo tempo, os reflexos degradantes. Qualquer criatura necessita se nutrir e, para isso, usa os tipos de alimentos mais de seu agrado e maior valor nutriente; mesmo o homem mais bronco não mistura sal com açúcar, nem põe gelo no chá fervente. Sabe saciar a fome, sem exorbitar na quantidade de comida, porque abusando no excesso de gula, não tarda a frequentar os consultórios médicos para eliminar os efeitos do "pecado" da glutonaria. O próprio burro sabe distinguir e preferir o melhor para si, entre a sombra fresca da árvore frondosa, ou a exposição à canícula de verão para descansar.

Evidentemente, o próprio homem "sabe" e "sente", por força de sua graduação espiritual, qual deve ser o mais alto comportamento sexual, polígamo ou monógamo, respeitar o pensamento conjugal ou traí-lo, gozar de conceito superior como criatura digna ou, então, o "conquistador barato", semeando infelicidade e prejuízos, enganando amigos e desonrando lares. Enquanto Nero chafurdava nas orgias mais lascivas de Roma, rodeado de uma aristocracia tão podre quanto ele, os cristãos morriam cantando Hosanas a Deus, porque escolheram o Cristo, que é Amor e Pureza.

PERGUNTA: — Mas não seria isso quase uma justificativa do "pecado", induzindo no caso de mau comportamento sexual, a uma pré-absolvição de quem erra?

RAMATÍS: — Perdoar ou justificar o pecador não é promover o pecado, pois, quem peca é já um prejudicado pelo ato cometido e, sem dúvida, pela tendência em praticar os mesmos atos. O espírito do homem evolui de um estado quase grupal para a consciência individual, quando, então, reconhece os motivos e impulsos instintivos necessários à sua evolução na infantilidade espiritual, quando poderiam ser virtudes e depois pecados, ao chegar a adulto. Assim, é admissível a criança furtar frutas do refrigerador, entretanto, é censurável o adulto fazê-lo do vizinho. As crianças podem ser esfaimadas na mesa; fazer careta para os visitantes; fazer suas necessidades fisiológicas em público; fumar fingidos cigarros; atirar pedras nas árvores frutíferas, beijar-se e abraçar-se; brincar de pai, mãe e filhos, casamentos faz-de-conta, e até mostrar-se, mutuamente, os órgãos sexuais externos, pela curiosidade natural delas.

No entanto, toda essa curiosidade a estimular o desenvolvimento mental é virtude na criança, porém, será reprovável ao ser praticado por adultos, gerando maus resultados. O homem, no entanto, é fortemente impelido pela curiosidade, desde a infância simbólica da época do sílex; sua natureza é experimentar, ver de perto, sentir a reação das coisas e dos seres, as quais implicam numa série de vantagens e prejuízos, quando dessa curiosidade surge o vício, a degradação ou o prejuízo a si e outrem.

Em consequência, não há propriamente uma "pré-absolvição" pelo fato de se justificar o mau comportamento sexual como efeito da graduação espiritual primária do terrícola, principalmente, tendo ele conhecimento antecipado dos princípios físicos, morais e mesmo espirituais transgredidos por ele, do recíproco efeito punitivo. Qualquer pessoa impudica sabe ser contrária às leis, desviar, na vida já difícil, a empregadinha lutando pela sobrevivência, uma vez que tal ente, através de sua capacidade mental e discernimento, reconhece que a mulher que pretende explorar na satisfação de sua lubricidade representa, também, a imagem de sua irmã, mãe, futura esposa e prováveis filhas.

Evidentemente, não pretendemos sugerir qualquer tipo de atividade e relações num regime de inconsciência e pecaminoso, mas, também, não queremos apontar normas rigorosas, proclamando um artificialismo e virtudes artificiais para um mundo de vivência e aprendizado espiritual primário como é a Terra. Seria absurdo exigirmos de crianças, em seus folguedos, disciplina rígida de um quartel. Tudo é lembrado, de nossa parte, no sentido da melhor compreensão entre os homens e o maior entendimento dos valores que levam mais breve à ventura imortal. Através das agradáveis ou desagradáveis experiências na vida física, o espírito imortal desperta e desenvolve as virtudes humanas sobre o instinto animal, até chegar às próprias qualidades excelsas da inteligência, do sentimento, da sabedoria, do poder, da cortesia, da intuição e, acima de tudo, o amor, aquisições finais de todas as almas criadas por Deus.

PERGUNTA: — Qual o sentido mais censurável, na prática sexual, que mereceria o severo corretivo cármico?

RAMATÍS: — Se o amor é a essência das comunidades já angelizadas, evidentemente o ódio é o acessório mais degradante, porque gera sempre a crueldade. Consequentemente, todos os atos e as atividades humanas, cujo pano de fundo seja a crueldade, exigem recursos mais drásticos, corretivos mais severos e erradicação mais rápida; ao contrário, é mais proveitoso que se irradie o amor criador e renovador em lugar do ódio e da crueldade destruidora e involutiva. Sob o império da Lei do Amor, fundamento da criação, existe o combate ao ódio, fundamento da destruição.

Assim, a exteriorização do instinto sexual pelo abuso pode ser condenável ou passível de imediata correção, quando tiver o agravante de ser produto da crueldade. A variedade de atenuantes tolerados pela lei para todos os atos e atividades humanas permite à Administração Espiritual julgar e decidir a favor ou contra o pecador, conforme o seu ato seja menos ou mais cruel, menos ou mais prejudicial a outrem, porquanto a si já está julgado, e a pena virá com o tempo.

PERGUNTA: — Podereis explicar-nos melhor o assunto?

RAMATÍS: — Todo ato sexual do homem que visa, tão- somente à sua satisfação, pouco lhe importando as consequências ou o sofrimento de outrem, caracteriza a crueldade, porquanto é de lei: "Não façais a outrem o que não desejais para vós".

Assim, a responsabilidade do homem é muito severa, caso ele cause prejuízo a uma jovem inexperiente para sua satisfação sexual, sendo responsável pelo sofrimento da mulher marcada socialmente como mãe solteira, ou mesmo por conduzi-la à prostituição, numa vida infeliz e desregrada.

Embora vos pareça censurável ou paradoxal, muitas vezes os homens generosos podem contribuir para a melhor sobrevivência das mundanas, remunerando-as melhor na inevitável mercadejação de carne humana; enquanto outros, egoístas e mesmo cruéis, as exploram ou as enganam pelas ligações passadas, ou pela covardia de saber que essas infelizes irmãs, não têm meios de se defender ou indenizar.

PERGUNTA: — Há maior mérito para os homens ou mulheres que se recolhem à vida religiosa ou conventual, buscando o recolhimento espiritual e a abstinência sexual como formas redentoras espirituais?

RAMATÍS: — Não há mérito nem demérito para a criatura em fugir deliberadamente da prática sexual, assim como o homem aparentemente virtuoso evita cruzar a frente do bar, onde se abusa dos alcóolicos, ou das tabacarias, ou evita os locais de vida alegre. O sexo não foi criado para ser condenado como aviltante pecado; assim como não se criou o álcool para a dependência e embriaguez, mas apenas para servir ao homem como energia benfeitora, a movimentar motores e como valioso antisséptico nos hospitais. A sexualidade é destinada ao objetivo mais importante da vida — procriar. Não é crime nem pecado a prática sexual, porém, as anomalias geradas pela indisciplina e pelo abuso, cujos efeitos recaem sobre o próprio indisciplinado. Nenhuma aberração ou aviltamento no mundo ofende a Deus, porque Ele está acima do bom ou do mau efeito de qualquer criatura, uma vez que a Lei é clara e simples: em qualquer pecado sofre tão somente o pecador.

Assim como pode existir na alma um impulso, uma inspiração ou um plano de "redenção cármica", ao se recolher a um convento, como no caso de Francisco de Assis, ou de Terezinha de Jesus, há também os que o fazem por temer o pecado, porque, ainda sentem, no perispírito, os impulsos sexuais desregrados. Quando o enclausuramento não se dá por um sentimento de absoluta renúncia, todo "fujão" da vida profana é um pusilânime; procurando salva-vidas em seu barco corporal naufragando, o egoísta cuida apenas de sua salvação. Se os conventos, as igrejas e os demais tipos de manifestações religiosas, entre todos os povos, onde se exige o celibato, fossem um celeiro de almas puras e iniciadas, o mundo terreno seria um paraíso. No entanto, a história religiosa comprova as crueldades, as vinganças, os martírios, as cruzadas, as inquisições, os empalamentos e os enterrados vivos no Oriente, praticados pelos cleros de todas as

Sob a Luz do Espiritismo

193

seitas. Bem melhor seria todos terem praticado menos crimes, tendo ferido menos vezes a Lei do Amor para a Vida Imortal.

Ademais, muitos fatigados da especulação humana e, ao mesmo tempo, desejando reunir o útil ao agradável, recolhem--se à vida monástica e celibatária, vicejando à sombra de uma instituição conventual, e sob os nossos olhos espirituais, aviltam o sexo na calada da noite em fuga para o meretrício, ou aproveitam a condição na sociedade e desrespeitam mulheres e crianças sob sua guarda pastoral.

PERGUNTA: — *Há alguma razão ou justificação para o velho costume do Oriente de os sultões possuírem haréns com dezenas de mulheres e, alguns, com centenas de filhos? Não seria isso um abuso da prática sexual?*

RAMATÍS: — Nas adjacências do planeta Terra, em zonas astralinas de convergência para a superfície física, existem mais de 10 bilhões de espíritos desencarnados e com problemas aflitivos, ansiosos para conseguir um organismo carnal e assim apagar, ou pelo menos atenuar, as lembranças dolorosas de seus desacertos e indisciplinas espirituais anteriores.

Em consequência, um "organismo carnal" é a mais preciosa dádiva que se lhes oferece, como meio para transitar no mundo físico, a fim de não só reparar faltas pretéritas, como ainda aumentar o índice de consciência sob um novo aprendizado terrícola. Há, nessa espera, desde almas cujas culpas são bem mais leves e, por isso, não sofrem tanta angústia pela expectativa de sua materialização terrena, até, em maior porcentagem, espíritos cujo desespero os leva a aceitar qualquer tipo de organismo carnal, em qualquer latitude geográfica, numa descendência aristocrática ou marginalizada, rica ou pobre, sadia ou enferma, culta ou inculta. Não lhes importam as convenções do mundo físico, quanto à condição de filho legítimo ou espúrio, de uma progenitora venerável, ou meretriz, de uma família amiga ou carmicamente adversa. A solução do seu problema aflitivo é reencarnar-se, de qualquer modo e de qualquer forma, e, assim, ocultar, sob o véu do esquecimento, a sua consciência culpada ou o remorso inquietante, e para apagar temporariamente da memória perispiritual o passado.

Os mais desesperados e descrentes tornam-se almas impiedosas, clamando por vingança contra sua mãe, se, sob qualquer pretexto social, financeiro ou comodidade, ela resolve abortar, impedindo o reencarnante de aliviar suas dores e acalmar o remorso numa organização carnal.

Infeliz da mulher que, por coincidência, pratica o aborto desnecessário, quando já se aninhava no útero materno, para renascer, uma alma ainda embrutecida, feroz e capaz de todas as perversidades, numa vingança deliberada e esmagadora. Seria difícil o escritor mais melodramático descrever os acontecimentos postos em movimento no mundo oculto contra a infeliz abortadeira. O resto de sua existência física será um calvário de dores, quando lhe faltar assistência espiritual superior, até desligar-se do corpo físico e ir, desamparada, ao encontro do verdugo impiedoso e satanicamente feliz de castigar a sua vítima.

Em face dessa necessidade de organismos carnais para atender o excesso de almas ainda com fortes tendências encarnatórias, os tradicionais haréns do Oriente tornaram-se berços coletivos para os renascimentos, uma vez que os sultões, e mesmo os seus descendentes, numa poligamia sem limites, procriavam e procriam às dezenas, ou mesmo às centenas de filhos. Malgrado se verifique uma forte sensualidade, ainda em tal caso, a Lei funciona buscando o equilíbrio pela exiguidade de filhos no regime monogâmico, para melhor solução das necessidades dos desencarnados no Além-túmulo; enquanto os renascidos pouco se importam com a sua descendência, mas

Sob a Luz do Espiritismo

com a dádiva de um corpo. Também não podemos esquecer as tradições sociais da poligamia milenar, entre velhos patriarcas bíblicos.

PERGUNTA: — *Quereis dizer que a limitação de filhos é um mal para a retificação espiritual cármica?*

RAMATÍS: — Em obra anterior, já expusemos detalhadamente esse problema e, apenas ventilamos, resumidamente, ser a procriação dirigida e controlada não um crime doloso, porém exercício do livre-arbítrio humano. Sem dúvida, a "quantidade" de filhos pode ocasionar problemas na educação, no equilíbrio financeiro da família, e outras justificativas, inclusive a explosão demográfica em andamento. Mas quem já conhece o problema espiritual, e se sente, também, como um membro da grande família universal, sabe da importância para a alma desesperada, vivendo no mundo espiritual o problema de suas mazelas, crimes e débitos pretéritos, de um corpo carnal onde possa apagar a sua memória pregressa e reiniciar uma nova romagem educativa no mundo físico.

Assim, não nos restringimos, propriamente, ao problema de se o homem "deve" ou "não deve" limitar os filhos, ou organizar a sua prole conforme as possibilidades financeiras e recursos educativos. Observando a História, não é difícil ao terrícola comprovar que muitos dos nossos mestres de vida foram pessoas oriundas de lares pobres, enfrentando imensas dificuldades para sobreviver e cumprir suas tarefas. Basta citar Jesus, como símbolo principal.

Em consequência, apenas expomos a realidade do problema fundamental e da responsabilidade de todos os espíritos encarnados, ou desencarnados, o qual se afirma no seguinte "slogan": quanto mais corpos na Terra, mais venturas no Além-túmulo; quanto menos filhos, menos oportunidades de redenção espiritual dos irmãos aflitos. E não nos esqueçamos da Lei: "Fazei ao próximo o que quiserdes que vos seja feito" ou "A cada um segundo as suas obras"; fica explícito: quanto mais filhos, mais corpos para o "próximo". E, segundo a Lei, "a cada um será dado segundo suas obras". Quem limita a sua prole, logicamente, fica mais tempo na fila simbólica do Além--túmulo, para reencarnar.

PERGUNTA: — Ainda gostaríamos de vos fazer mais uma pergunta, nesse assunto, sobre o controle de natalidade: qual é o meio mais digno ou justificável para evitar filhos?

RAMATÍS: — Pareceria radical, porém, indiscutivelmente, a maneira mais digna de se limitar o nascimento de filhos ainda é a continência sexual. Porque, cabe a toda criatura do mundo aceitar e criar o fruto de sua satisfação sexual.

PERGUNTA: — O que dizeis dessa violenta modificação dos usos e costumes sociais, liberando, completamente, a conduta sexual? Estaremos regredindo aos estados primitivos da evolução?

RAMATÍS: — Sem querermos parodiar os profetas populares, diríamos ser isso um sinal dos tempos. Não nos alongaremos no tema ventilado, porque, em diversas obras, tratamos do assunto profético de "Tempos Chegados", "Juízo Final" e "Besta do Apocalipse". Expusemos, alhures, que o Planeta Terra está em acelerada metamorfose, de um educandário espiritual de almas primárias para um símile ginásio secundário de alunos com média responsabilidade, confirmando, então, essa terminologia de "Tempos Chegados" ou "Fim de Tempos", em que a humanidade terrícola está sendo submetida a rigoroso exame espiritual, após milhares de anos de vivência reencarnatória, graduando-se os "bons alunos" à direita de Cristo e os "maus alunos" à sua esquerda, e consequente emigração para um orbe inferior e adequado a cada grau espiritual. Por analogia, o Alto cogitou em chamar de "Juízo Final", por ser semelhante aos usados na própria Terra, nos exames escolares, onde os alunos devem ser submetidos a respostas e "testes" sobre um "ponto sorteado" de um tema escolhido, para comprovar o seu aproveitamento educativo ou a negligencia escolar. A Administração Sideral da Terra, portanto, conforme as predições dos mais abalizados profetas bíblicos ou profanos, e mesmo por Jesus, há dois milênios, vem advertindo a humanidade dos tempos chegados, juízo final, e, consequentemente, do tema sorteado para o terrível Juízo Final, que é, então, a "Besta", do Apocalipse de João, ou seja, o domínio da carne, eclosão do sexo, e o ensejo definitivo de santificação ou degradação.

Diríamos que a energia telúrica sexual, como expressão criadora, tornou-se incontrolável a toda a humanidade, causando enormes distúrbios, com as manifestações mais variadas, cabendo ao espírito escolher entre a luz e as trevas. Ademais, todos os processos e atividades do mundo profano, principalmente os meios de comunicação, concorrem, atualmente, para a difusão e a desmistificação da hipocrisia sexual dos antigos.

Ninguém poderá alegar ignorância. Pode-se escolher entre o Céu e o Inferno, pois, há um clima de máxima liberalidade na lascívia humana, como o sexo grupal, terapêutica sexológica, onde o erotismo se confunde com a técnica de aspecto criativo. Existe todo um clima indisciplinado de satisfação até a exaustão dos desejos, das paixões, como solução dos problemas humanos. Hoje, no seio da humanidade terrícola, o sexo é produto de primeira necessidade, e é plenamente justificado por si mesmo, derrubando tabus, restrições, pudores e contenções, os quais passam a ser artificialismos, ou falsa moral. Os seres se buscam, atraídos na mesma faixa de satisfação erótica. Fervilham obras em que a pornografia e a exposição científica fundiram-se na linha divisória e, dificilmente, podem ser identificadas as verdadeiras mensagens, e transformam-se em "best-sellers" mundiais. Escritores desavisados da realidade espiritual, da função educativa do orbe e da finalidade dos renascimentos carnais despejam toneladas de tinta sobre o papel pregando a lascívia, como absoluta liberdade de expressão oral ou gestual, dando nova feição psicológica para as práticas sexuais, como meio de sublimação superior. Na realidade, a "Besta ri cinicamente", porque, sob a cortina da falsa erudição, ou desconhecimento científico sexual, os vassalos da Besta usufruem, tão-somente, os ricos proventos das edições incessantes.

Eis, assim, a violenta e absoluta metamorfose da conduta sexual nos dias de hoje. Sob a justificativa de abolir os "tabus", contenções, falsa moralidade, crêem os estudiosos no surgimento de uma nova moral mais sincera e sensata, por força da própria saturação sexual. Jesus previu muito bem essa hora— a controvérsia da humanidade— e, assim, advertiu: "E o sujo ficará mais sujo, e o santo mais santo".

PERGUNTA: — Que nos dizeis sobre "amor livre", o qual parece a norma de vida em planetas superiores? (vide Marte)

RAMATÍS: — Não vemos razões lógicas para comprovar ser a satisfação genésica promovida à guisa de "afinidade" na busca masculina e feminina, como se faz na gravidade entre os astros, coesão entre as substâncias e o próprio amor entre os homens. A simples conjunção carnal não é prova de afeição, mas, apenas, uma transitória satisfação, dispensando qualquer dever ou responsabilidade recíproca. Nas relações sexuais fundamentalmente procriativas, já deve existir o planejamento da responsabilidade mútua com referência ao futuro, porquanto, a Terra não é simples palco de diversões ou troca de sensações sem motivos superiores.

Sob a Luz do Espiritismo

O homem terrícola ainda não se encontra satisfatoriamente imbuído dos compromissos do "amor livre", porquanto, no campo dos interesses humanos, tanto o homem como a mulher, agem separadamente no tocante aos seus interesses pessoais e, bem pouco, no sentido da afeição e fidelidade mútua. Disso poderia resultar a licenciosidade e devassidão, numa simples troca sensual e de experimento erótico, pela variedade e falta de um nexo afetivo. Sob qualquer condição, não é a relação sexual que deve predominar como motivo responsável pela união entre o homem e a mulher, mas, acima de tudo, o vínculo do amor, da afeição, da amizade e, depois, a satisfação decorrente da ação normal das leis da natureza.

PERGUNTA: — Mas, eliminando o vínculo do matrimônio legalizado pelas leis humanas, não há casos em que os cônjuges estão absolutamente separados em espírito, havendo, tão-somente, o prazer das relações sexuais? Não seria isso uma espécie de amor livre?

RAMATÍS: — Referimo-nos ao "amor livre" como um costume generalizado para atender, tão-somente, o impulso genésico, porquanto, sob o liame matrimonial, malgrado estejam separados os espíritos e a convivência seja apenas pela união corporal, ainda permanecem as exigências dos deveres mútuos e a fidelidade que, traída, seria adultério. As leis do casamento monogâmico, na Terra, foram devidamente cogitadas por espíritos com inúmeras experimentações na matéria, a fim de assegurar, tanto quanto possível, aos cônjuges a mútua responsabilidade para segurança do lar e da família. É no ambiente protetor da família, que o respeito e a fidelidade conjugal se tornam os tijolos do edifício de segurança da sociedade.

Assim, quando os cônjuges se desajustam e partem para aventuras menos dignas, não é isso o "amor livre", mas uma incorreção e prática censurável, porquanto, traíram os princípios aceitos de sã consciência, na hora de casar. É desrespeito ao juramento; a quebra da fidelidade é sujeita à crítica pelo julgamento social, tal qual o aluno ao gazear a aula, o crente ao desrespeitar os postulados do seu credo, o funcionário negligente com sua firma. No caso do matrimônio, forma-se uma instituição com deveres recíprocos dos cônjuges, em que o amor sexual é condição primacial procriativa, enquanto, no caso do amor livre, vale primeiramente a satisfação sensual e, se possível, depois a afeição espiritual.

PERGUNTA: — Qual a vossa opinião sobre a poligamia e a monogamia? Qual seria a mais compatível com as leis da natureza?

RAMATÍS: — É evidente ser objetivo do matrimônio legalizado no mundo estabelecer deveres e direitos entre ambos os esposos, no sentido de que a segurança do lar, para a constituição das famílias, seja o sustentáculo de afeição dos filhos aos pais e dos pais aos filhos. A união conjugal deve ter a garantia afetiva, acima da pura sensualidade. Desse modo, na poligamia, predomina a sensação pura, na qual os parceiros se unem pela emoção erótica, enquanto, na monogamia, deve haver a afeição real, despertada e amplificada pela convivência de dois seres. Há mais compromissos no casamento monogâmico e menos sensualidade, enquanto, na poligamia, prepondera mais a satisfação carnal e menos responsabilidade mútua.

PERGUNTA: Poderíeis nos dar um resumo sobre o assunto?

RAMATÍS: — Todos os resumos são insuficientes pela complexidade do assunto, entretanto, observando a natureza, vemos que as uniões dos seres têm por objetivo a perpetuação das espécies, portanto, procriativa, sendo essa a principal razão do relacionamento sexual. Porém o homem, pelo seu hedonismo, que talvez seja um erro da filogênese, transformou as emoções, os sentimentos, os instintos, em instrumentos do seu prazer e, daí, passaram a fazer parte de sua experiência milenária, que deve retornar à antiga finalidade; porém, até lá, aceitamo-la como normal, sem os excessos aviltantes, os quais não podemos nem denominar de animais, pois, estes cumprem, com fidelidade, as leis naturais.

9.
Homossexualismo

PERGUNTA: — *A tendência de buscar uma comunhão afetiva com outra criatura do mesmo sexo, conhecida por homossexualidade, implica em conduta culposa perante as leis Espirituais?*

RAMATÍS: — Considerando-se que o "reino de Deus" está também no homem, e que ele foi feito à imagem de Deus, evidentemente, o pecado, o mal, o crime e o vício são censuráveis, quando praticados após o espírito humano alcançar frequências muito superiores ao estágio de infantilidade. Os aprendizados vividos que promovem o animal a homem e o homem a anjo, são ensinamentos aplicáveis a todos os seres. A virtude, portanto, é a prática daquilo que beneficia o ser, nos degraus da imensa escala evolutiva. O pecado, a culpa, são justamente, o ônus proveniente de a criatura ainda praticar ou cultuar o que já lhe foi lícito usar e serviu para um determinado momento de sua evolução.

A homossexualidade, portanto, de modo algum pode ofender as leis espirituais, porquanto, em nada, a atividade humana fere os mestres espirituais, assim como a estultícia do aluno primário não pode causar ressentimentos no professor ciente das atitudes próprias dos alunos imaturos. Pecados e virtudes em nada ofendem ou louvam o Senhor, porém, definem o que é "melhor" ou pior para o próprio ser, buscando a sua felicidade, ainda que por caminhos intrincados dos mundos materiais, sem estabilidade angélica. A homossexualidade não é uma conduta dolosa perante a moral maior, mas diante da falsa moral humana, porque, os legisladores, psicólogos, e mesmo cientistas do mundo, ainda não puderam definir o problema complexo dos motivos da homossexualidade, entretanto, muitos o consideram mais de ordem moral do que técnica, científica, genética ou endócrina.

PERGUNTA: — *Que dizeis da homossexualidade à luz da doutrina espírita?*

RAMATÍS: — Quem responde a tal problema são os próprios espíritos, no tema "Sexo nos Espíritos", capítulo IV, da "Pluralidade das Existências", item 200 a 202, de *O Livro dos Espíritos* que assim respondem:

200 — Têm sexo os Espíritos?

R. — "Não como o entendeis, pois que os sexos dependem da organização. Há entre eles amor e simpatia, mas, baseados na concordância de sentimentos".

201 — Em nova existência, pode o Espírito que animou o corpo de um homem animar o corpo de uma mulher e vice-versa?

R. — "Decerto: são os mesmos os Espíritos que animam os homens e as mulheres".

202. — Quando errante, que prefere o Espírito: encarnar no corpo de um homem, ou no de uma mulher?

R. — "Isso pouco lhe importa. O que o guia na escolha são as provas por que haja de passar".

PERGUNTA: — Mas o que realmente explica o fenômeno da homossexualidade?

RAMATÍS: — É assunto que não se soluciona sobre as bases científicas materialistas, porque, só podereis entendê-lo e explicá-lo, dentro dos princípios da reencarnação. Evidentemente, não se pode esclarecer o motivo da homossexualidade, quando explicado exclusivamente pela maioria do mundo heterossexual, tal qual não pode explicar certos estados sublimes ou depressivos dos humanos quem não tenha vivido o mesmo fenômeno.

Não bastam conclusões simplistas, pesquisas psicológicas e indagações científicas mundanas para explicar com êxito as causas responsáveis pelo homossexualismo. É um problema que se torna mais evidente com o aumento demográfico da humanidade e, também, das novas concepções do viver humano, como libertação de "tabus" e a busca da autenticidade na vida e seus propósitos. Crescem os grupos, comunidades e, até instituições homossexuais, no afã de solverem os problemas angustiosos ou os motivos das incoerências apontadas pelos contumazes julgadores do próximo, mas, incapazes de julgarem-se a si mesmos. Milhões de homens e mulheres são portadores dessa anomalia, e requerem a atenção e o estudo cuidadoso de suas reações e comportamento, não meramente que os julguem censuráveis à luz dos princípios e costumes morais da civilização retrógrada e mistificadora.

PERGUNTA: — Sob a opinião vigente, parece tratar-se de um fenômeno anormal. Que dizeis?

RAMATÍS: — Tal afirmação é verdadeira quando interpretada estatisticamente, por ser a maioria significativa das pessoas heterossexuais, porém, ao interpretarmos sob o prisma das leis da evolução espiritual, o problema não pode ser solu-

Sob a Luz do Espiritismo

cionado de forma geral, pois, é peculiar a cada individualidade, em sua luta redentora anímica. No decorrer do tempo, a humanidade terrícola há de compreender melhor os conceitos de normalidade e anormalidade, verificando não se ajustarem de maneira coerente, ao tratar-se simplesmente de gestos, condutas externas, incapazes de mostrarem o íntimo das almas. O próprio corpo carnal traz, às vezes, alguns traços da anormalidade ou normalidade do espírito, porquanto, é, tão-somente, o agente de manifestações configuradas na herança biológica, determinada pela hereditariedade espiritual.

O problema, é realmente, de afinidades eletivas no campo da espiritualidade, porquanto, homem e mulher carnais são, apenas, expressões da mesma essência espiritual, diferenciada pela maior ou menor passividade, atividade, sentimento e razão. Através de milênios, o espírito ora encarna-se num organismo feminino, ora masculino, despertando, desenvolvendo e aprimorando as qualidades inerentes e necessárias das expressões sexuais. O homem e a mulher têm, simultaneamente, predicados algo femininos ou masculinos, que se acentuam dando características peculiares em cada reencarnação, sem que isso possa definir uma separação absoluta, capaz de classificar como anomalias os reflexos femininos na entidade masculina e vice-versa.

PERGUNTA: — Afirmam alguns estudiosos dos problemas de homossexualidade que se trata de consequência glandular. Que dizeis?

RAMATÍS: — São palpites e confundem o "efeito" com a "causa", porquanto, as alterações endócrinas, apenas, ativam ou reduzem o metabolismo glandular, resultante da tensão psíquica intensa ou reduzida sobre as estruturas cerebrais, entre elas o hipotálamo e o eixo hipotalâmico, com a ação reflexiva sobre a hipófise, a qual ativa as demais glândulas endócrinas.

PERGUNTA: — Poderíeis explicar-nos, de modo mais compreensível para nós, as particularidades desse assunto?

RAMATÍS: — O espírito que, por exemplo, numa dezena de encarnações nasceu sempre mulher, a fim de desenvolver sentimentos numa sequência de vidas passivas na atividade doméstica, mas, por força evolutiva, precisa desenvolver o intelecto, a razão, atitudes de liderança e criatividade mental enverga um organismo masculino e, consequentemente, os caracteres sexuais de homem; entretanto, ele revive do perispírito suas reminiscências de natureza feminina. Depois de várias encarnações femininas e, subitamente, renascendo para uma existência masculina, raramente, predominam, no primeiro ensaio biológico, os valores masculinos recém-despertos, porque sente, fortemente, as lembranças psíquicas ou o condicionamento orgânico feminino. Em consequência, renasce e se desenvolve, no ambiente físico terreno, uma entidade com todas as características sexuais masculinas e, contudo, apresentando um comportamento predominantemente feminino. Assim, eclode a luta psicofísica na intimidade do ser, em que os antecedentes femininos conflitam com as características masculinas, ocasionando conflito dos valores afetivos, que oscilam, indeterminadamente, entre a atração feminina ou masculina. É o homossexual indefinido quanto à sua afeição, pelas exigências conservadoras e tradicionais da sua comunidade, para a qual ele é um "homem" anatomo-fisiologicamente, mas, no âmago da alma, tem sentimentos e emoções de mulher, recém-ingressa no casulo orgânico masculino. Apresentando todas as características da biologia humana do tipo masculino é, no campo de sua afeição e emotividade, uma criatura afeminada, malgrado os exames bioquímicos feitos serem característicos do sexo masculino.

Sob a Luz do Espiritismo

PERGUNTA: — Poderíamos supor que tal fenômeno pode acontecer, também, num sentido inverso, quando o espírito demasiadamente masculinizado em vidas anteriores, traz essas características ao renascer mulher?

RAMATÍS: — No caso, ocorre o mesmo processo ventilado. O Espírito que viveu uma dezena de existências masculinas, situado em atividades extralar, desenvolvendo, mais propriamente, os princípios ativos, o intelecto, a razão e a iniciativa criadora, mais comandando e menos obedecendo, mais impondo e menos acatando, desenvolve uma individualidade algo prepotente e, às vezes, tirânica. Obviamente, ele precisa modificar o seu psiquismo agressivo ou violento pelas constantes atividades de lutador, guerreiro, onde a razão não permite qualquer prurido sentimental e, reconhecendo a necessidade de desenvolver o sentimento, é aconselhado a envergar um organismo carnal feminino, em algumas reencarnações reeducadoras. Nesse caso, é muito difícil expressar, de início, as características delicadas, ternas e gentis da mulher. A tensão perispiritual despótica, impulsiva e demasiadamente racional atua fortemente no novo corpo projetado para o sexo feminino e, por repercussão extracorpórea, ativa em demasia o cérebro, predispondo à ação da masculinidade sobre as características delicadas feminis. Daí, a conceituação da "mulher-macho", com a voz, gestos e decisões que lembram mais o homem.

Não se pode comprovar serem essas características provenientes de alguma alteração genética; realmente, imprimem na criatura a característica psicológica do sexo, a qual se sobrepõe à fisiologia e singeleza dos órgãos reprodutores. Sexo masculino é atividade mental, sexo feminino é atividade sentimental, enquanto, a diferença orgânica entre o homem e a mulher é apenas resultante das irradiações eletromagnéticas do perispírito na vida física. Em verdade, importa fundamentalmente ao espírito imortal desenvolver a razão para melhor compreender e agir no mundo e, simultaneamente, o sentimento para sentir o ambiente e, aí, efetuar realizações criadoras. Daí, o motivo por que a angelologia faz da figura do anjo um ser duplamente alado, cuja asa direita simboliza a razão e a esquerda o sentimento, comprovando a necessidade de o espírito humano só se liberar para o trânsito definitivo ao universo divino, em sua ascese espiritual, depois da completa evolução da razão e do sentimento.

É do conhecimento espiritual que, no desenvolvimento da individualidade do espírito eterno, a passagem da experiência feminina para a masculina ou vice-versa, no renascimento num corpo físico com certa marca sexual, de início predominam sempre os traços da feminilidade ou da masculinidade anterior, malgrado as diferenças da figura sexual do corpo.

No incessante intercâmbio do espírito, manifestando-se ora pela organização carnal feminina, ora pela masculina, ele desperta valores novos comuns a determinada experiência humana como homem, ou como mulher. Ademais, nesse renascimento através do binômio homem-mulher, além do desenvolvimento do intelecto ou da razão, conforme o estágio masculino ou feminino, corrige e salda os débitos dos abusos pecaminosos desta ou daquela condição, feminina ou masculina.

Insistimos em dizer-vos: o homem que abusa de suas faculdades sexuais no excesso da lascívia e somente para a satisfação erótica, culminando por arruinar a vivência de outras pessoas, chegando a ocasionar desuniões conjugais, provocar a discórdia, a aflição e o desespero e desonras em lares diversos, ou lançando na vida a infeliz moça com o filho no desamparo de mãe-solteira, ou que descamba por desespero e fraqueza na prostituição, há de corrigir-se do seu desregramento pelo renascimento físico num corpo feminino e, sob a coação doméstica

Sob a Luz do Espiritismo

do esposo tirânico, resgatar e indenizar todos os males produzidos ao próximo. Igualmente, a mulher que não cultiva os valores sadios da função digna e amorosa de esposa, poderia sofrer nova encarnação feminina dolorosa, ou terá de se reajustar, na condição física, num corpo masculino, capaz de lhe proporcionar todas as ilusões, descasos e fuga dos deveres conjugais com uma companheira tão fútil, pérfida e irresponsável quanto também foi no passado, saturando assim o desejo, em vez de sublimá-lo. Ambas as posições, feminina e masculina, no mundo físico, proporcionam ensejos válidos e simultaneamente corretivos para garantir ao espírito aflito pela redenção, alcançar, o mais breve possível, a frequência angélica, independente de sexo e estágios carcerários na carne.

PERGUNTA: — Afora os espíritas ou reencarnacionistas esclarecidos, é muito difícil encontrar-se mentalidades humanas crentes dessa possibilidade de o espírito renascer homem, ou de retornar como mulher. Talvez, exista nisso uma reação inconsciente do homem, ao se considerar frustrado ou ferido em sua masculinidade, pelo fato de poder vir a ser mulher, como um objeto de sensualidade passiva?

RAMATÍS: — Causa certa surpresa a descrença na possibilidade de o mesmo espírito de homem retornar à Terra na figura de mulher, quando a própria imprensa terrena é pródiga de notícias nas quais a intervenção cirúrgica e a terapêutica hormonal adequada transforma homens em mulheres, e vice-versa. Considerando-se que é bem mais difícil ao homem se transformar em mulher, depois de caracterizada a sua masculinidade na existência física, é bem mais fácil o espírito decidir-se pelo sexo, antes de renascer.

PERGUNTA: — Que dizeis desse estigma de homossexua-

lidade, quando as opiniões se dividem, taxando tal fenômeno de imoral, e outros de enfermidade?

RAMATÍS: — Sob a égide da severa advertência do Cristo, em que "não julgueis para não serdes julgados", quem julgar a situação da criatura homossexual de modo antifraterno e mesmo insultuoso, não há dúvida de que a Lei, em breve, há de situá-lo na mesma condição desairosa, na próxima encarnação, pois, também é de Lei "ser dado a cada um segundo a sua obra".

Considerando-se nada existir com propósito nocivo, fescenino, imoral ou anormal, as tendências homossexuais são resultantes da técnica da própria atividade do espírito imortal, através da matéria educativa. Elas situam o ser numa faixa de prova ou de novas experiências, para despertar-lhe e desenvolver-lhe novos ensinamentos sobre a finalidade gloriosa e a felicidade da individualidade eterna. Não se trata de um equívoco da criação, porquanto, não há erro nela, apenas experimento, obrigando a novas aquisições, melhores para as manifestações da vida.

Assim, o companheiro atribulado, ou de tendência homossexual, precisa mais do amparo educativo, da instrução espiritual correta referente ao entendimento dos acontecimentos reencarnatórios e da fenomenologia de provas cármicas. Os erros e acertos da alma, principalmente no campo do amor e do sexo, sejam quais forem as linhas de força dirigentes nessa ou naquela direção, são problemas que recebem a mesma análise e solução justa por parte da Lei, seja qual for a procedência, correta ou equivocada. São assuntos da consciência de todos os homens, pois, de acordo com a Justiça e a Sabedoria, quem ainda não passou por provas semelhantes e condena ou insulta o próximo há de enfrentá-las dia mais ou dia menos, a fim de sentir, na própria carne, não o erro do próximo, mas o remorso do mau julgamento espiritual.

PERGUNTA: — Que dizeis de a homossexualidade ser um acontecimento imoral?

RAMATÍS: — É de senso comum ser a moral humana produto das tradições, costumes, preconceitos, convenções sociais, as quais têm por objetivo a segurança, a sobrevivência e a proteção da sociedade. É enfim, parte da ética, que trata dos costumes, dos deveres e do modo de proceder dos homens para com os outros homens, segundo o senso de justiça e de equidade natural. No entanto, se deveres, obrigações e bons costumes definem a boa moral humana, verificamos que, acima da moral transitória e evolutiva das relações entre pessoas, existe a moral eterna, incluindo todos os seres do Universo, não apenas um povo, um planeta. Não é difícil observar que a mais avançada ou aparente sadia moral humana pode, muito bem, conflitar com os fundamentos preceituais da verdadeira moral e, consequentemente, nem sempre o que é moral aos homens, em certa cultura, seria em outra etnia e muito menos, para a moral universal.

Enquanto a moral humana é um recurso de equilíbrio, sobrevivência pacífica e disciplina entre os cidadãos, tendo por apanágio o acatamento às leis, costumes, preceitos sociais, respeito à propriedade alheia, vivência regrada sem licenciosidade pelos bons hábitos considerados os melhores no momento, a Moral Universal é fundamentada, exclusivamente, no Amor. Imoral, portanto, é todo cidadão encarnado que falta com o preceito fundamental da vida espiritual superior — o Amor. Se a homossexualidade é imoral, pelos conceitos passageiros da moral humana, também são imorais os cidadãos que julgam seus irmãos, incorrendo culposamente na falta de Amor.

PERGUNTA: — Há fundamento em que a homossexualidade é mais propriamente, fruto de enfermidade psíquica?

RAMATÍS: — Considerando-se ser o amor saúde espiritual e o ódio, enfermidade, toda transgressão da Lei do amor pode ser enquadrada na terminologia patológica, ora de menos ou de mais gravidade, neste ou naquele setor. Embora saibamos ser a doença fruto fundamental do desequilíbrio físico, ou psíquico, ou de ambos, de qualquer forma, a enfermidade sempre decorre da negligência espiritual do homem para com as leis superiores no campo da virtude e do vício.

Assim, tanto pode ser apontada por enfermidade a tendência homossexual quanto a hipocrisia, a maledicência, a avareza, a inveja, a luxúria, a ira, a preguiça e a própria gula, assim classificadas pela espiritualidade. Em consequência, o problema da homossexualidade não é quanto à sua classificação legal ou científica, mas o de amparo afetuoso por todos, que se julgam sadios na sua heterossexualidade.

PERGUNTA: — E quanto a se enquadrar o homossexualismo na categoria de perversão?

RAMATÍS: — Caso o homossexualismo seja perversão passível de terapêutica ou de penas legais, cabe às leis da natureza a culpa fundamental disso, pelo fato de elas não saberem desenvolver as características específicas da personalidade, ditadas pelas influências do espírito humano, acostumado por um punhado de existências exclusivamente femininas ou masculinas. Na nova encarnação, pela ação da forte sexualidade do passado, essas influências modificam as reações psicológicas do espírito renascido mulher ou homem, contrariando as peculiaridades orgânicas. O homossexual pode ser fruto de dificuldades da técnica sideral em conseguir o psiquismo adequado ao organismo humano, em atenuar a feminilidade total em nova encarnação masculina, ou vice-versa; ou, é óbvio que também pode ser a prova cármica para quem, realmente,

Sob a Luz do Espiritismo

abusou de suas faculdades eróticas, ocasionando prejuízos a outros, no campo da própria sexualidade, com repercussões sociais. Ademais, em muitos casos, espíritos de liderança, cultos, hipersensíveis, virtuoses da música, gênios da pintura ou renomados escultores da matéria e da vivência espiritual, no intuito de concluir tarefas de elevação nos agrupamentos humanos e melhoria de si próprios, podem solicitar a mudança urgente da personalidade definida transitoriamente na carne, assumindo um organismo sexualmente oposto ao ultimamente habitual. Daí, a influência fortemente feminil na organização carnal de sexo masculino, ou a força dominante de masculinidade no arcabouço físico feminino, num visível desequilíbrio entre o psicológico e o orgânico.

Além disso, se o vosso orbe terrícola, planeta de evolução primária, lentamente se transformando para estados mais avançados, até atingir o objetivo de evolucionar para uma valiosa escola espiritual superior, fosse habitado exclusivamente por espíritos puros ou superiores, não existiriam problemas de "perversões" ou "prostituições", porquanto, tais problemas não são específicos de entidades malignas, porém, decorrentes da inferioridade e dos defeitos de todos os homens terrenos. Os próprios "marginais" e "delinquentes" terrenos são produtos indiretos da falta de assistência, educação, saúde, lar, carinho e amor da sociedade que se julga impoluta, quando é hipócrita e mistificadora. Para qualquer deslize, inversão sexual, delinquência, crime, pilhagem, subversão, vício ou perversão, culpa-se toda a humanidade, onde cada cidadão é responsável por determinada cota de negligência, egotismo, comodidade, bem-estar, prazer egocêntrico, pusilanimidade, especulação lucrativa extorsiva, fanatismo religioso, mentalidade obscena, fácil irascibilidade, adultério, avareza ou excesso de bens, roubados à maioria. Ainda nesse caso, tudo lembra a frase de

Jesus: "Aquele que não tiver pecado, atire a primeira pedra". Em verdade, surgiu na Terra uma criatura absolutamente hígida em espírito, isenta de qualquer desequilíbrio emotivo ou criação mental negativa. Ele era harmônico e sadio quanto às suas emoções, justo e absolutamente amoroso em suas ações, irradiando bondade, perdão e amor e, acima de tudo, sem qualquer sombra de "perversão" ou "prostituição", pelo seu caráter ilibado e conduta honesta. Mas, os homens mesquinhos pregaram-no na cruz, por ser Jesus, o Cristo vivo, um látego da nova moral sobre os pretensos impolutos defensores e participantes da sociedade humana deteriorada.

Mesmo assim, traído, insultado, zombado, ferido e crucificado, Ele estendeu seu majestoso e sublime olhar à multidão acicatada pelas paixões inferiores e sua voz vibrou amorosamente para toda eternidade: "Pai, perdoai-os, porque eles não sabem o que fazem".

PERGUNTA: — Sob vossa opinião, é sempre censurável o fato de alguém condenar homossexuais?

RAMATÍS: — Sob qualquer conceituação que os julgardes, seja distúrbio endocrínico, enfermidade, perversão, prostituição ou vício, trata-se de almas companheiras de vossa jornada terrena, merecendo a compreensão, pois, talvez, ainda tereis de passar por semelhante problema, ou já o tivestes antes. Como não há privilégios, preferências religiosas ou injustiças da Lei, nenhum espírito ou filho de Deus passará incólume da animalidade para o estado humano, e de homem para anjo, sem passar por problemas, insuficiências, defeitos, pecados e vícios de toda a humanidade. Alhures, já vos dissemos que o próprio Jesus não evoluiu em "linha reta", porém, fez o curso integral da vida física como qualquer outro homem já o fez ou terá de fazê-lo. Distingue-se Jesus de Nazaré dos demais

Sob a Luz do Espiritismo

homens atuais porque, tendo alcançado o clímax de sua evolução planetária, sacrificado na cruz, e sepultado, ressuscitou pela emancipação espiritual na figura do "Irmão Maior" e é, na atualidade, o "Caminho, a Verdade e a Vida", pois, quem não praticar os seus ensinamentos, adquiridos em suas vidas, em incontáveis milênios de aperfeiçoamento, não alcançará o reino dos Céus.

Consequentemente, o principal problema não é de interpretação científica, patológica ou moral, no tocante aos portadores de homossexualidade, num julgamento simplista ou leviano, mas o de ajuda, compreensão e interesse de fazer ao irmão réprobo social o mesmo que desejaria a si mesmo, caso se defrontasse com semelhante problema. Ainda aqui, recomendamos o Cristo, na sua advertência incomum: "Vedes o argueiro no olho do vizinho, e não reconheceis a trave no vosso olho?"

Na verdade, a maioria das criaturas homossexuais não sabe bem o que lhes acontece e, assim, não pode ser culpada de uma situação cuja causa desconhece conscientemente. Daí, a necessidade de ajuda por outros que podem examinar, analisar e concluir de modo mais exato quanto às providencias favoráveis ou, pelo menos, maior compreensão e tolerância. O homossexual, em geral, é uma alma confusa, sujeita a impulsos ocultos, não tendo a percepção das causas ou dos motivos que o levam à erotização pelo mesmo sexo. É de conceito comum, mesmo entre as pessoas sem conhecimento psicológico, ser o sexo uma força poderosa e atuante no ser humano, capaz de conduzi-lo às piores perversões, delinquência e até crimes, pela satisfação animal imediata.

O desejo sexual pode cegar o homem mais culto, mais sábio e mesmo o líder religioso, o sacerdote impoluto, pois, a história é pródiga de exemplos de mentalidades de poderosa criatividade deixarem se dominar por ele e rebaixarem-se, até degradarem--se por uma paixão incomum, pela avidez da satisfação sexual. Entretanto, é doloroso notar serem tais desregramentos sexuais mais frequentes entre as criaturas heterossexuais, ou seja, as que são julgadas normais e sadias. Portanto, como julgar a manifestação dessa energia poderosa canalizada para o homossexualismo, gerando contradições inexplicáveis? Logo, a mais correta e louvável atitude espiritual ainda é "ajudar" e não julgar as almas estigmatizadas socialmente pelos desvios da sexualidade.

PERGUNTA: — Considerando-se terem os heterossexuais uma opinião formada dos homossexuais, pelo direito peculiar às criaturas humanas de pensar, qual deveria ser a opinião deles a esse respeito?

RAMATÍS: — Embora considerando existirem, realmente, homossexuais cuja alma de mau caráter os leva a uma perversão na prática sexual, alguns de repulsivo cinismo e ostensivamente obscenos, a maioria dos homossexuais, geralmente, é de almas afetivas e gentis, espíritos simpáticos à arte, à música e à literatura romântica, porque dispõem de grande capacidade artística e estética, eletivos à harmonia, dotados de forte amor humano, quase sempre buscando realizações filantrópicas e serviços de benefício ao próximo e à humanidade. Os homossexuais masculinos trazem a sensibilidade feminina, de gentileza, candura e afetividade, e as mulheres, traços de masculinidade; às vezes, o despotismo, a agressividade, a rigidez e o gosto por trabalhos e esportes mais próprios do homem.

Aliás, as estatísticas do mundo demonstram que o índice de criminalidade entre os homossexuais é muito reduzido, talvez, porque são mais tolerantes e pouco inclinados à violência física, afora alguns casos excepcionais, quando há vio-

Sob a Luz do Espiritismo

lência e conflitos, comuns também entre os heterossexuais. O mundo dos homossexuais é algo tranquilo, e sua maior conturbação é resultado das frustrações de relacionamento humano. Mas o homossexual não pode ser considerado um delinquente, um excluído social, porque exerce um trabalho, é capaz de amar, de servir, integrando-se à comunidade. Sem dúvida, há espanto, preconceito e opróbrio por parte dos heterossexuais, ante a sua impossibilidade de compreender a capacidade ou a desventura de uma pessoa amar outra do seu próprio sexo. No entanto, aqueles que entendem e reconhecem as minúcias do mecanismo e da motivação reencarnatória entendem, facilmente, que o afeto espiritual transcende as transitórias formas das personalidades físicas, embora, o acontecimento incomum de um ser amar o outro do mesmo sexo possa provocar estranheza e até repugnância.

PERGUNTA: — Se vos fosse razoável emitir uma conceituação generalizada sobre a diferença da criatura homossexual e a heterossexual, qual seria a vossa conclusão?

RAMATÍS: — Demonstramos serem as diferenças da atividade sexual resultado das necessidades reencarnatórias de cada espírito e, portanto não nos cabe criticar, estigmatizar, porém, simplesmente, tolerar, ajudar e ver, em cada pessoa, um irmão, o que realmente somos diante da natureza.

PERGUNTA: — Que dizeis de certos acontecimentos provocados pelo ciúme, conflitos e até homicídios entre homossexuais, nos quais podemos identificar, como causas, o cinismo e a perversão?

RAMATÍS: — O cinismo, a obscenidade, o conflito, o ciúme e o crime não são acontecimentos específicos dos homossexuais, porém, próprios das almas delinquentes, espíritos primários, ainda imperfeitos e dominados pela linhagem inferior da animalidade. Já vos dissemos que as estatísticas do mundo provam existir, proporcionalmente, menos delitos e crimes entre os homossexuais do que entre os heterossexuais, confirmando as nossas asserções acima.

Não se pode, por um punhado de criaturas delinquentes, a darem vazão a seus recalques, ao mau caráter, a escândalos provindos de sentimentos e paixões inferiores, atribuir um estigma a todos os homossexuais do mundo, porque tais atos pertencem ao homem universal.

PERGUNTA: — Tratando-se a homossexualidade de uma perturbação "psicofísica", quando a psique feminina se manifesta numa organização masculina, ou vice-versa, não produzindo deterioração da mente, ou mesmo do equilíbrio mental, é evidente que o homossexual pode enriquecer os setores culturais, artísticos, científicos do mundo como qualquer outro heterossexual?

RAMATÍS: — Ademais, não existe uma linha definida, categórica, separando nitidamente o caráter homossexual do heterossexual, a não ser quanto à erotização; e, muitas criaturas convencidas de sua heterossexualidade absoluta mostram reações, emoções e atos identificados como traços de homossexualismo. Aliás, há mesmo a crença de que em cada homem há um pouco de feminilidade e, em cada mulher um pouco de masculinidade, mostrando as necessidades evolutivas da alma, no cultivo da razão e do sentimento. Obviamente, o senso artístico, desde a poesia, a pintura, a música e a literatura tem recebido notável contribuição de inúmeros homossexuais. Quando puderam extravasar sua sensibilidade através das letras, da rima, dos sons e das tintas, equilibraram grande parte do seu drama interior, gerado pela oscilante personalidade indefinida organicamente. O certo é que as leis delinearam o homem e a mulher, proporcionando-lhes uma gama de estados espirituais, partindo dos assexuais, passando pelo hermafrodita, até a heterossexualidade, os quais são úteis ao desenvolvimento de sentimentos e de intelectualidade, estágios esses que não devem estigmatizar, mas, liberar o ser.

N. do Médium: Paralelamente ao assunto acima, quando alegam a Ramatís quanto à nocividade do Carnaval, no Brasil, ele assim responde: "Evidentemente, não podemos louvar as consequências funestas e degradantes, que resultam comumente dos festejos de Momo, por força dos descontroles emotivos, das paixões desvairadas e alucinações alcoólicas, que fluem da extroversão dos sentidos físicos, na busca de satisfações exclusivamente carnais. Os foliões mais degradados, astutos, fesceninos e irresponsáveis procuram extrair toda sorte de proveitos, entre prazeres e aventuras censuráveis, graças à situação caótica carnavalesca; por essa escória de viciados, delinquentes e sacripantas degenerados, que desvirtuam as festividades carnavalescas pelo vício, lubricidade etc."

10.
Prostituição

PERGUNTA: — *Que dizeis da prostituição, em face da vida espiritual?*

RAMATÍS: — É indubitável ser a prostituição fruto proveniente de um mau comportamento espiritual na matéria. Mas, também, não pode ser julgada e analisada exclusivamente por um parâmetro único, porquanto, há inúmeros fatores de ordem social, financeira, econômica, religiosa, política e patológica, que devem ser examinados, a fim de se julgar o grau de maior ou menor nocividade dessa condição humana, simplesmente qualificada como delito ou pecado, respectivamente, pela sociedade e pelas religiões.

Ademais, embora se diga que é a "profissão mais antiga do mundo", na atualidade, é crescente o número de amadoristas que se entregam a uma prática sexual algo criticável, mercenária ou puramente prazenteira, contribuindo, cada vez mais, para desaparecer o profissionalismo da prostituição.

Mas, perante as leis espirituais, a prostituição é tão-somente mais uma condição que retarda a ascese espiritual do ser pela demasiada vivência instintiva e sem objetos definitivos para engrandecer cada vez mais o espírito do homem.

PERGUNTA: — Há quem aponte a prostituição como a pior "chaga da civilização". Que dizeis?

RAMATÍS: — A pior chaga da civilização ainda nos parece a prática nefanda das guerras, que massacram e mutilam agrupamentos humanos de velhos, mulheres, jovens, meninos e até recém-nascidos, os quais mal entreabrem os olhos para a vida. Sob tal, "chaga" ficam os rastros de sangue, vísceras humanas apodrecendo nos campos verdejantes ou nas metrópoles civilizadas, enquanto os sobreviventes gozam do direito de morrer, mais tarde, de fome, de epidemias funestas ou de irradiações atômicas. Jamais uma prostituta fez tanto mal ao mundo, quanto os puritanos religiosos que confeccionaram a bomba atômica e autorizaram seu lançamento sobre Hiroshima; os armamentistas, cuja mercadoria industrial é a destruição da própria carne humana; os monopolistas que centralizam até o leite, o pão e a medicação em suas mãos avaras, com os lucros ilícitos que lhes permitem o turismo incessante na "dolce vita" e, paradoxalmente, também se prostituem nos "rendez-vous" de alto bordo.

PERGUNTA: — Mas é evidente que ela se apresenta de modo bastante desagradável, ou censurável, pelo fato de ser objeto de comércio explorador, corruptor, dentre os mais ignominiosos?

RAMATÍS: — A negociação dos favores femininos, tanto na prostituição profissional, quanto no amadorismo com interesses escusos, é resultado do instinto primitivo e da pusilanimidade da hipocrisia humana, e prende-se, mais propriamente, a uma culpa genérica de toda a humanidade. Direta e indiretamente, raros seres não contribuem mental, verbal e ativamente para a continuidade desse comércio fescenino, o qual é exercido, às vezes, pelas necessidades de sobrevivência material, ou por defeitos psíquicos, o que não isenta os seus exploradores da culpa respectiva.

Em consequência, o amor venal é o mais antigo comércio da humanidade, e foi religioso nos templos da Mesopotâmia. Velho tema da história terrícola, não se constitui no pior crime do mundo. E, atualmente, em face de maior libertação e emancipação das mulheres, após o fragor de duas guerras mundiais e destruidoras, surgiram transformações profundas, modificando as estruturas, as bases morais, sociais e políticas do mundo. Sem dúvida, é um problema inquietante mas não o pior, entre múltiplos problemas que afetam a humanidade e requerem a análise e o exame para se obter uma razoável solução.

Há escândalos no seio da vaidosa aristocracia e monarquia, remanescentes dos antigos regimes políticos, bem como na burguesia endinheirada e no proletariado imitador. Nos bastidores das mais avançadas instituições políticas, há irresponsabilidade e desonestidade no emprego do dinheiro público, em qualquer país. Traições partidárias de natureza exclusivamente pessoal, aumento dos vícios pela negligência e impunidade de autoridades, que fazem mais jus ao vocábulo execrável, do que a "prostituição", os "rendez-vous" na França, ou o "trottoir" nos demais países subdesenvolvidos.

PERGUNTA: — Porém, a prostituição, na sua feição de vida dissoluta e de liberdade sexual extrema, não se constitui numa perversão condenável pela sua feição de mal público e até, oficializado, em certos casos?

RAMATÍS: — Na própria linguagem humana, a palavra perversão significa "a ação ou o efeito de perverter; mudança do bem em mal, corrupção, desmoralização, depravação de costumes". O ser humano pode praticar inúmeros tipos de

Sob a Luz do Espiritismo

perversão, que variam na manifestação de maior ou menor prejuízo a outrem, à sociedade ou às instituições políticas, sociais e mesmo religiosas.

Os tiranos do mundo praticam infindável número de "perversões", quer quando corrompem os valores políticos e doutrinários pelos quais são responsáveis ou se fizeram responsáveis, destruindo com requinte de perversidade e sadismo, homens, mulheres e até crianças, antes torturados, por efeito de prováveis denúncias ou espionagem. São mudanças do bem no mal, corrupção de costumes pelo suborno e astúcia, que se enquadram perfeitamente no tema "perversão".

As cruzadas, na Idade Média, foram verdadeiras prostituições religiosas, assim como a Santa Inquisição, em sua cretina hipocrisia, conduzindo hereges, judeus e infiéis para as fogueiras, sob o paraninfo de Fernando II e Isabel, reis católicos da Espanha, figuras prostitutas que corrompiam a ternura, o amor e a santidade do Cristo, matando, com falsas e prévias orações salvadoras, aqueles que não seguiam os seus interesses religiosos. Catarina de Médicis, ordenando a matança dos huguenotes, deu margem a uma das maiores perversões e prostituições na França. Os franceses, guilhotinando milhares de nobres e avessos à Revolução Francesa — a qual pregava Liberdade, Igualdade e Fraternidade—, foram execráveis prostitutas, desmentindo o bem pela prática do mal, nutrindo a tirania com o dístico de liberdade. O povo, exultante com a confecção da bomba atômica salvadora, acompanhou, num apoio mental e mesmo verbal, as manchetes jornalísticas que noticiaram a morte de 120.000 japoneses pela ação pacificadora da bomba atômica, mudando o bem em mal, pervertendo o sentido sublime da vida, assassinando criaturas indefesas, nascidas para a ventura humana e muitas mal saídas do ventre materno, comprovando a existência de uma prostituição coletiva, genocida. Teve menos culpa o militar encarregado do bombardeio que detonou a bomba atômica— foi apenas um agente para abrir as comportas das paixões humanas, satisfazendo o ódio represado e incrementado pelas paixões políticas, disseminado por todos os pseudocivilizados.

Assim, a aura abominável da prostituição do homem destruidor e criminoso torna uma sublime brisa a da prostituição humana. A patriótica negociação de seres mortos nos matadouros fratricidas das guerras, produzida pelos homens depravados e prostituídos pela ambição da fortuna ou da consagração política, é caracterizada como serviço à Pátria e à humanidade.

PERGUNTA: — Poderíamos conceber que a prostituição atinge a sua mais flagrante disseminação nas épocas de degradação humana; não é assim?

RAMATÍS: — Não só nas épocas da decadência de uma civilização dominante, como a do Império Romano e, também, na fase da passagem da Idade Média para a Moderna, quando os reis cultivavam o hábito de ter algumas concubinas; porém ela é mais acentuada durante as ocasiões de agravamento das condições econômicas, geradoras de fome, desemprego, criando desespero para a sobrevivência humana, ou posterior às revoluções, guerras, flagelos naturais ou, mesmo, pelo relaxamento dos costumes por causa de certas doutrinas aceitas pelo povo.

Eis por que as prostitutas desempenharam um relevante papel em Atenas e Corinto, durante a própria idade áurea da famosa cultura grega, onde dominavam a filosofia, o teatro, as artes, em sua máxima expressão. O culto a Vênus, a deusa do Amor, reinava absoluto na velha Grécia, em todas as suas formas e expressões, extensivas até às atividades de intercâmbio na vida de suas cidades. Aliás, foi o próprio Sólon, conhecido

Sob a Luz do Espiritismo 225

como um dos maiores filósofos e legisladores gregos, que, à guisa de um abalizado médico social, prescreveu para os atenienses a medicação dos prostíbulos, como antídoto da enfermidade grassante do homossexualismo. Sob tal prescrição terapêutica, Sólon havia instituído um lupanar estatal como antídoto ao homossexualismo masculino e ao lesbianismo.

PERGUNTA: — Sob a égide dos ensinos de Jesus, como poderíamos encarar as mulheres prostitutas?

RAMATÍS: — O Mestre Jesus, prenhe de amor e de compreensão por todos os filhos de Deus, é muito claro no seu julgamento da prostituta, ao exclamar a sua inolvidável sentença, justamente a quem era perseguida por adultério: "aquele que estiver sem pecado atire a primeira pedra". A turba enfurecida e pretendendo fazer justiça pelas próprias mãos à ignomínia do adultério, ou da prostituição, e o Cristo abrangeu-a com o seu melhor olhar límpido e angélico, penetrando na alma de cada julgador e desentranhando-lhe do fundo da alma a sua oculta prostituição nos demais setores da vida humana. Fê-los recuarem, atemorizados e indecisos, sem qualquer reação, pois, sentiam à luz do dia a culpa da prostituição na trapaça, na negociata, na ambição, no ciúme e na mentira da alma de cada um.

Ademais, nenhum símbolo da redenção humana serve mais de estímulo à sublimação feminina do que a figura angustiada e desesperada de Maria Madalena, tocada pela figura carismática do Cristo-Jesus, libertando-a do lodo nauseante do prazer fescenino, despertando-a para a luz criativa do anjo adormecido em sua intimidade. Sob a égide de elevada inspiração, Maria Madalena é um eterno exemplo a todas as mulheres de má fama para lograr a própria redenção e o ingresso nas esferas angélicas, quando se propuserem "viver" incondicionalmente, no íntimo de sua alma, o amor puro do Cristo.

PERGUNTA: — Por acaso é criticável, quando, ao julgamento social do mundo, orientado para um sentido ético e moral dos valores nobres da vida, haja essa separação algo afrontosa de "mulher honesta" e de "mulher prostituída"?

RAMATÍS: — Ambas foram criadas a fim de servirem como o vaso sublime da vida física e, tanto quanto possível, progredir incessantemente pela libertação dos grilhões da vida animal inferior. No entanto, a proverbial hipocrisia masculina, que vê na mulher tão-somente um objeto de prazer sexual, facilmente envolve a moça ingênua, inexperiente ou acicatada pelo seu indecifrável impulso erótico, ou a estigmatizada perante a sociedade sofisticada e farisaica, na figura desprezada da "mãe solteira", ou de um repasto sem problemas, das célebres garotas de programas. Inúmeras vezes, a jovem desperta e avalia a sua situação, doravante alvo específico da concupiscência masculina, enfrentando as mais chocantes dificuldades, quando pretende, heroicamente, amparar e criar o fruto do seu suposto pecado sem a possibilidade de manter-se no emprego, em face do contrapeso indesejável do filho. E, não raras vezes, as manchetes escandalosas dos jornais noticiam na gelidez do noticiário sensacionalista, o infanticídio da "mãe desnaturada" que não quis criar o fruto dos seus amores clandestinos ou, quando possível, o aborto nas mãos perigosas da primeira fazedora de anjos, ou ainda, o tresloucado suicídio, ante o estigma infamante de prostituta.

No entanto, várias criaturas que destilam veneno pelos lábios pérfidos, ultrajando a infeliz cobaia do homem fescenino, mal dominando as suas taras compensadas na intimidade "oficial" do lar, julgam-se de um comportamento irrepreensível, confundindo a bênção do casamento depois da queda do noivado, com virtude impoluta.

Sob a Luz do Espiritismo

PERGUNTA: — É de senso comum, entre psicólogos e sociólogos, que a base fundamental da prostituição feminina prende-se a causas econômicas.

RAMATÍS: — O pretexto específico da ignominiosa prostituição da mulher, criada para a santificada função de "médium da vida", não decorre, exclusivamente, de motivos econômicos ou condições financeiras. Infelizmente, há diversos fatores que contribuem para a prostituição: ignorância, inexperiência, desespero, frustração, abandono, difícil sobrevivência e, mesmo, tendência erótica ou ninfomaníaca, são produtos do maior crime cometido pelo homem — a falta de amor.

O homem terrícola ainda é um ser primário, transudando reações trogloditas à superfície do corpo coberto de farrapos ou por um terno de casimira importado. Continua o mesmo para as satisfações instintivas, malgrado disso resultem prejuízos e cicatrizes ao próximo. Raramente se aproxima da mulher sem que, sob o sorriso melífluo, não vibre o desejo sensual e, se possível, inicia a trama sofisticada da posse carnal. Envolve a mulher num campo de vibrações fesceninas, ajustando-se falsamente aos sentimentos, tendências e sonhos da presa, em perigosa hipnose, até cair na teia do "conquistador". É a procura da satisfação sexual a qualquer custo, ficando o prejuízo quase todo para a mulher, que no jogo amoroso perde fragorosamente pela sua vulnerabilidade emotiva e sensível, cabendo ao homem o menor prejuízo e a menor responsabilidade. A própria lei do mundo favorece-o de qualquer forma, contando com mil recursos, mesmo jurídicos, falso testemunho, ou ameaça clamorosa sobre a mente feminina atemorizada. Preocupado e incomodado por pouco tempo, logo volta a se tornar vezeiro noutra aventura, com nova vítima visualizada.

Evidentemente, é a falta de amor do homem pela felicidade da mulher, sendo cobiçoso, falso nas promessas, pouco se importando com os problemas, a infelicidade e as dificuldades da jovem sacrificada à sua sanha lasciva, que é realmente a responsável pela crescente infelicidade das moças despreparadas para distinguir, de imediato, a malícia masculina da amizade, o desejo sexual do carinho puro ou a procura da amante e não da esposa.

Quando reconhecer que a mulher é, acima de tudo, o espelho da irmã, esposa, filha e mãe, em vez da conduta desrespeitosa de visualizar toda mulher como objeto de prazer e satisfação instintiva, e reconhecer-lhe a preciosa função de vaso vivo para perpetuação da espécie, à qual, também, deve sua vida, e deve acima da cobiça e da lubricidade manifestar amor, a prostituição diminuirá.

PERGUNTA: — Como os legisladores siderais encaram o adultério e a prostituição?

RAMATÍS: — Os mentores do vosso orbe não classificam o adultério e a prostituição na lista censurável dos pecados regulares, mas na classe patológica das doenças da alma. Toda alma doente ainda é infeliz, porquanto, em ignorância espiritual, busca sua felicidade justamente nos processos primitivos e sedutores que retardam a evolução libertadora. É sempre mais digno de esclarecimento e tolerância quem, afoitamente, precipita-se convicto nas voragens das paixões para usufruir de prazeres passageiros ou, por imprudência, traça para si mesmo um calvário de sofrimento que perdurará até ressarcir o débito cósmico.

PERGUNTA: — Qual seria o método ou a solução mais favorável para que diminua a prostituição da mulher no mundo terreno?

RAMATÍS: — Fundamentalmente, isso será melhor equacionado pelo esclarecimento espiritual, porquanto, a mulher,

Sob a Luz do Espiritismo   229

como espírito eterno e dotado dos mesmos princípios, obrigações e sonhos de felicidade do homem, será mais resistente à sedução fescenina, quando identificar e cultuar os verdadeiros valores da vida eterna. "Quem sabe, cuida-se", diz velho provérbio. Assim que ela reconhecer e compreender todos os prejuízos decorrentes do descuido amoroso, além de sua infelicidade física e desventura espiritual, vigiará a sua conduta no resguardo dos perigos do mundo, evitando os atalhos tristes da prostituição.

Sem dúvida, cabe aos legisladores a responsabilidade humana de estabelecer códigos de melhor proteção à mulher diante do assédio sexual, do desrespeito, impondo-lhe penas severas, principalmente quando lhe causar maiores dificuldades. A mulher melhor esclarecida sobre os verdadeiros motivos e objetivos da vida espiritual criaria mais defesas psicofísicas. O homem, sendo passível de punição e severa responsabilidade pelos seus atos, sem qualquer apelo ou relaxamento da justiça, ao ser apanhado e provado como sedutor. Concorreriam ambos para se reduzir o índice da prostituição, por uma vivência de mais respeito, amor e mesmo piedade. Quanto aos problemas de ordem econômica, assistência social e outros são de resolução obrigatória pelos administradores públicos de um país, independente de existir ou não a prostituição; é direito de cidadania.

Assim que a mulher for respeitada em seu foro íntimo, entendendo o homem ser o amor, acima de tudo, consagração pelo vínculo espiritual, de alma para alma (ou de espírito para espírito), em vez de atração de corpo para corpo, o adultério, os cônjuges "enganados" e a prostituição que tanto infama e estigmatiza a nobre figura da mulher na sua função procriadora, também desaparecerão, naturalmente, da face do orbe, como enfermidades erradicadas pela cura definitiva dos doentes, resultado da morte da concupiscência humana.

PERGUNTA: — Ao homem que, após usufruir de uma jovem, que seduziu pela sua inexperiência, ingenuidade, sonhos de venturas ou mesmo paixão, consegue livrar-se de quaisquer responsabilidades conjugais ou deveres de manutenção e amparo futuro, cabe-lhe alguma retificação cármica em encarnação futura?

RAMATÍS: — Há um velho adágio que diz "O homem pode enganar-se a si mesmo; jamais engana a Deus". Toda defecção contra as leis divinas enquadra o seu infrator na corrigenda necessária à sua própria ventura espiritual. O espírito do homem, quando desce para renascer na matéria, lembra um profissional do mundo que enverga certo traje adequado à tarefa que lhe cumpre realizar. Durante o seu trajeto físico para realizar o compromisso assumido antes de se materializar no mundo, fica responsável por todas as dívidas, despesas e uso que fizer além do esquema traçado pelos seus mentores. Da mesma forma, terá de indenizar, com os respectivos juros e a tradicional correção, quaisquer prejuízos causados ao próximo e à coletividade onde atua. Qualquer realização indébita, pilhagem ou exploração material ou mesmo sensual, jamais deixará de "pagar até o último ceitil", conforme preceituou o Cristo, através do seu sublime Evangelho.

O espírito do famigerado "Don Juan" das aventuras galantes, embora de menor porte e com alguns casos fesceninos ao alcance de sua capacidade sedutora, há de ressarcir, implacavelmente, todos os prejuízos e sofrimentos semeados pela sua egoísta satisfação animal. Acresce ainda que a Lei do Carma, que ajusta e retifica todo o equívoco e mazela espiritual, tem por função primacial corrigir, educar, retificar, ensinar e, por esse motivo, depois de o espírito devedor liquidar o seu débito gravoso, acrescido da justa indenização espiritual, ainda terá de viver, em próxima reencarnação, os mesmos efeitos indesejáveis que causou a outrem num momento de cobiça, desforra ou exploração sexual.

PERGUNTA: — Poderíeis esclarecer-nos de, modo mais concreto, essa determinação da Lei do Carma, que após a paga da dívida do espírito infrator, ainda preceitua que seja submetido à provação causada a outrem?

RAMATÍS: — Em singelo exemplo, lembrai-vos de determinado jovem que abusa de suas prerrogativas masculinas mais ou menos sedutoras para dar vazão à sua lubricidade e iludir jovens casadoiras, moças tarefeiras ou inexperientes. Comumente, o conquistador interessado exclusivamente em sua satisfação erótica — após certo tempo de vivência, usufruindo a satisfação de seus instintos animais e tensos anos de aflições, remorsos e o fenecimento de algumas jovens traídas em seus ideais maternais — decide-se, realmente, pelo matrimônio, a fim de viver seus dias no mundo, tranquilo, assistido por digna esposa e feliz pela prole sadia e amorosa. Ingenuamente, se convence de que, então, irá viver existência calma e desafogada de qualquer dificuldade ou aflição, completamente despreocupado das aflições, desenganos e infelicidades semeadas na sua trajetória egotista e gozadora.

Em face de variar tanto quanto seja mais proveitosa a correção cármica do espírito infrator no campo sensual, é possível que a retificação se inicie de imediato ou, por motivos superiores e mesmo de ordem econômica espiritual, seja transferida para outra encarnação.

PERGUNTA: — No caso do espírito culposo de semear desventuras a certas jovens seduzidas por suas mentiras e promessas vãs, cujo resgate a Lei Cármica deva iniciar, perguntamos: como se processaria o mesmo a fim de ele "colher conforme a semeadura"?

RAMATÍS: — No caso de a correção espiritual ser determinada para a atual existência, o Alto já planejou um esquema expiatório no qual deverá colher os frutos indigestos da má semeteira no coração e na mente das jovens por ele infelicitadas. De início, e conhecendo as suas intenções de constituir um lar para o usufruto venturoso, após os delitos de lubricidade que não se pejou de praticar, o "don juan" otimista será conduzido a esposar determinada jovem, atraído pelo magnetismo de uma paixão exaltada, sendo ela, também, candidata às provas de frustração, dores e desventuras que, alhures, semeou em outras vivências. Efetuado o casamento, após os arroubos da lua-de--mel, principia a ação da Lei do Carma, ao determinar que os seus descendentes sejam os mesmos outrora induzidos à lubricidade e irresponsabilidade espiritual. Pela ação nefasta deles, atingindo a maturidade, começam a colher os efeitos da atração de espíritos de mau caráter e de tendências depravadas. Em vez do lar tranquilo imaginado, porém, a que não fez jus pelas suas atividades da busca exclusiva do bem próprio e gozo sensual, ao lhe encanecerem os cabelos, surgem no rosto as rugas do desespero, do sofrimento e da frustração, na impossibilidade de educar e corrigir filhas com propensão para uma vida sexual irresponsável, ou filhos com passagens notórias pela polícia por furto de veículos, ou falsificação de cheques, ou pela dependên cia de drogas, caso ele não consiga, pelo amor, transformá-los.

PERGUNTA: — Supondo-se que a Lei do Carma decida-se por infligir ao culposo espírito do sedutor irresponsável as penas cármicas na próxima encarnação, o que lhe deveria acontecer?

RAMATÍS: — Cabe-lhe, na próxima existência, e juntamente com a esposa sob o mesmo resgate, receber como filhos, em seu lar, as almas das jovens que frustrou na atual existência trabalhar, arduamente, para satisfazer-lhes as mínimas exigências e os caprichos, uma vez que é culpado exclusivo de não terem galgado um nível melhor de compreensão espiritual. Tratando-se de espíritos que sentem no recôndito da alma o ressentimento da infelicidade sofrida na existência anterior por culpa do mesmo espírito que lhes é o pai carnal atual, malgrado o olvido dos acontecimentos da vida anterior, permanece a frieza e uma convicção íntima de serem credores e devedores, impedindo o amor filial ou a ajuda de tal progenitor. O descaso, a negligência e a gelidez tomam o coração dessas almas, também imperfeitas, culminando nos acontecimentos tão comuns de pais envelhecidos, doentes e pobres, desprezados por filhos ricos, saudáveis e duros de coração.

PERGUNTA: — Os conquistadores que fazem da própria existência um palco de prazer sensual, na incessante busca de aventuras, e pouco se importam com os resultados prejudiciais ou o destino da mulher, poderiam, também, sofrer a correção num corpo feminino, na próxima encarnação?

RAMATÍS: — Tal acontecimento é um dos recursos da Lei do Carma, uma vez que o espírito faltoso, além de indenizar suas vítimas dos prejuízos que lhes causou por sua lubricidade, poderá sofrer, em si mesmo, os efeitos e dificuldades de sua ação. O sedutor ou desencaminhador de donzelas, habitual fornecedor de carne viva para os prostíbulos, poderá renascer num corpo feminino, a fim de também experimentar, em si mesmo, quanto é oneroso o destino sob o desamparo. Não muito raro, tais almas culpadas do crime de serem autoras da prostituição de jovens incautas, inexperientes ou iludidas por promessas falsas, terminam também na prostituição, sob a determinação irrevogável da Lei: "a cada um será dado segundo as suas obras".

PERGUNTA: — Mas não seria uma justiça absolutamente dentro da Lei de "olho por olho, e dente por dente", ao condenar à prostituição quem prostitui? Isso não seria um círculo vicioso, da alma masculina renascer num corpo feminino e fatalmente condenada à prostituição, talvez, por culpa de outro sedutor determinado, o agente da punição?

RAMATÍS: — Evidentemente, a Lei não é imoral nem vingativa, a ponto de ser resultante de decretos irrevogáveis; sua finalidade não é conduzir, fatalmente, alguém à prática criminosa ou imoral. Mas, assim como o assassino não renasce no futuro sob a implacabilidade de ser assassinado por alguém já determinado por essa execução, e que o exterminará caso reaja violentamente às situações criadas no ambiente, por analogia, o espírito culpado de lubricidade e perversão ao próximo irá se encarnar num meio onde tudo tende à prostituição. E, assim como abusou da fraqueza, do desamparo, da condição financeira precária ou da paixão ingênua das jovens casadoiras, também há de ser vítima de tais dificuldades e imprudências, as quais podem levá-lo à infelicidade de terminar num prostíbulo, em face de não ter, também, os meios de sobrevivência digna.

No entanto, o que se cumpre é a Lei, antecipadamente exposta e explicada por todos os instrutores espirituais da Terra, entre os quais Jesus foi o sintetizador, revivendo e reativando todos os ensinamentos, de modo que o homem não alegue desconhecimento. Entretanto, o que interessa ao plano divino é a redenção do pecador e não a sua punição e, mesmo depois da queda no vício degradante, ou no crime, ou da ambição, ou da vingança, o espírito delinquente ainda pode

Sob a Luz do Espiritismo   235

se redimir de seu erro, como Maria Madalena alcançou a sua salvação após conhecer o Mestre Amado. Há inúmeros casos de criaturas viciadas, perversas, subversivas e desonestas que se regeneram sob programas sociais salvacionistas, amparo religioso ou quando, entre as fibras do instinto animal inferior, bruxuleia-lhes a luz libertadora do sopro sagrado.

PERGUNTA: — Considerando-se que a luxúria é um dos "sete pecados capitais", toda mulher prostituta ou homem pervertido na esfera do sexo há de sofrer, na próxima encarnação, as piores consequências de sua imprudência?

RAMATÍS: — Conforme já vo-lo dissemos alhures, em breve exemplo, o homem que se suicida por enforcamento ou pela bala escaldante rompendo-lhe o crânio, há de renascer de acordo com o delito praticado em si mesmo — com problemas mentais, surdo-mudo e giboso, atravessando a existência infelicitado pela corcunda, ou sem ouvir e falar, ou segregado num hospício. Mas, tudo isso acontece, não em consequência de punição pela Lei, porém, por efeito de serem atos irregulares, violentos e contrários à técnica criativa fundamental, pois, o espasmo derradeiro do homem pendurado na forca repuxa e atrofia o tecido supermagnético do perispírito, formando o molde defeituoso para plasmar ou materializar um novo corpo na próxima encarnação. E quanto ao surdo-mudo, ele fere, com a bala suicida, os delicados neurônios etéreos do perispírito relativos à cerebração, matriz de todos os cérebros físicos usados nas diversas encarnações terrenas, dificultando a confecção perfeita dessa zona de transmissão da mente e da vontade para o organismo carnal.

O mesmo ocorre a qualquer outra anomalia praticada pelo espírito num momento de imprudência ou viciação, no decorrer de sua existência física, resultando efeitos semelhantes por se gerarem de causas semelhantes. Eis o motivo por que os toxicômanos, ao entorpecerem ou desregularizarem seu cérebro pela ação de psicofármacos, retornam à carne, em nova existência, com distúrbios psíquicos de uma cronicidade imodificável no cenário físico na Terra, sob a figura infeliz dos aparvalhados, excepcionais, epiléticos, esquizofrênicos, com baixo nível de consciência e deficiências motrizes, capengando com um esgar circense, na reprodução dos efeitos do tóxico, o qual, no pretérito, era tão-somente a fuga da responsabilidade da vida ou da tentativa inútil de usufruí-la.

Mas, não existindo, por parte do Criador, os extremismos absolutos nos ciclos da vida, em qualquer setor do Universo e na intimidade dos seres, a colheita cármica é, rigorosamente, o fruto de um conjunto de dados causais ou premissas lógicas para soluções sensatas. Os espíritos viciados ou toxicômanos devem colher, em encarnações futuras, os efeitos dessa imprudência, e terão em outra vida a doença exatamente conforme o tipo do psicotrópico a que se viciaram, o tempo do seu uso, a fuga deliberada das responsabilidades da vida em comum na coletividade, a falta de cumprimento de promessas antes de se reencarnarem, o ludíbrio e o sofrimento dos pais e da parentela onerada pelas tropelias, delinquência ou simples gazeio da aula física de conteúdo espiritual.

Da mesma forma, os espíritos de homens cuja ação sexual consiste em seduzir mulheres desavisadas da realidade espiritual, abandoná-las ou enganá-las sem propósitos benfeitores, mas apenas para satisfação egoísta, devem sofrer, na própria carne futura, os efeitos milimetrados pela Lei do Carma, num planejamento tão determinista ou liberal na vivência futura carnal, conforme o grau dos males e das causas ruins que mobilizou anteriormente, ou de sua evolução no serviço de causas nobres, consequência de aprimoramento espiritual.

Sob a Luz do Espiritismo

PERGUNTA: — Poderíeis explicar-nos melhor o assunto?

RAMATÍS: — Os estados de espírito classificados pelos dez mandamentos são os que mais agravam a situação reencarnatória das almas imprudentes e vítimas dos descontroles mentais e emotivos, e levam-nas às piores consequências e sofrimentos futuros. No caso em foco, as seduções e os prazeres desbragados na esfera sexual são acontecimentos enquadrados entre os prejuízos a outrem e a si mesmo, em que o indivíduo extremamente sensual, lascivo e impudico vive semeando mentiras, decepções, angústias e tristes destinos na sua faina de satisfazer o instinto animal. Assim, impregna a contextura delicada do seu perispírito, já vibrando em nível mais humano e tendendo à liberação lenta da ação imantadora e gravitacional da matéria, com as forças primárias e densas de uma paixão mais primitiva, que aumenta a atração material.

Em sua queda vibratória, retarda-se a circulação "etéreo--magnética" do perispírito, e degrada-se a configuração num sentido regressivo à esfera da animalidade, onde domina o fluido ou energia sustentadora da luxúria; em consequência, o perispírito do homem ou da mulher extremamente libidinosos perde muito de sua qualidade e configuração humana, em favor da velha figura do animal, que já estaria sendo vencida em parte. É um retrocesso psíquico, culminando num retardo perispiritual-físico em direção a uma forma de licantropia reencarnatória, cujos traços e reações traem sempre esgares e modulações animalescas, as cintilações dos olhos, o arfar das narinas, a boca lasciva à semelhança dos animais em seus brinquedos no cio. Pelo mesmo fenômeno, podem-se observar certas criaturas estigmatizadas no mundo físico, pela sua matriz perispiritual plasmar-lhes a configuração física seguindo as linhas de forças das paixões, viciações ou estados de espírito mais ao nível da animalidade. Pelo magnetismo animal, traem nas fisionomias indícios de seus sentimentos mais frequentes, nos quais predominam energias primárias, dando-lhes certas configurações peculiares. Ao homem de brutalidade espiritual, a sabedoria popular dá o apodo de "cara de cavalo", ao glutão, de "cara de boi", ao astucioso, "cara de raposa", ao avarento, "cara de abutre" ou ainda ao luxurioso, "cara de bode"; e a mulher pérfida, com agressividade inusitada, é cognominada "cara de cobra" ou "jararaca".

PERGUNTA: — Que acontece ao homem extremamente luxurioso, em sua nova encarnação, por efeito de sua vida demasiadamente lasciva e dos prejuízos que semeou truncando sonhos, destinos e infelicitando mulheres?

RAMATÍS: — Caso se trate de entidade extremamente pecadora pelo excesso de lubricidade, cujo perispírito vibra na faixa do descontrole emocional, e sob o domínio do combustível inferior da animalidade lasciva, há de modelar, na próxima existência física, um tipo desbragado nos diversos sentidos em que essa energia predominante inferior deve atuar na sua modulação carnal. Comumente, fere não só o campo cérebro-perispiritual; modifica as linhas de forças construtoras da fisionomia humana, e produz tão grave vulnerabilidade psicofísica, que os demais vícios ou delinquências menores existentes na intimidade do reencarnado, e menos ofensivos, terminam também se dinamizando.

Impõem a sua influência na formação anômala, desde o campo neurológico até o sistema reprodutor, produzindo-se um tipo de aspecto predominantemente luxurioso, mas débil, perigoso ou psicopata, pela característica de maldade e impiedade, na infelicitação de mulheres vítimas de sua sanha erótica. É agravado ainda pela impotência e esterilidade, proteção da Lei para evitar a continuidade de um binômio perispiritual e físico tão indesejável. Descontrolado pela sexualidade, extravasando por todos os poros do corpo, mas impotente e com dificuldades motrizes, é a criatura obscena, cuja fisionomia mais parece a tela cinematográfica projetando os "facies" dos animais mais afins da luxúria do pernicioso residual do perispírito, na própria tortura de não lograr a satisfação sexual, na compensação obscena e na incessante irritação e atividade neuromuscular, cansando a mente, levando-o ao delírio e, depois, prostrando-o numa fadiga delirante! No monturo de carne deformada pela configuração grotesca, no aspecto repulsivo, chocante e agressivamente sexual, jaz a figura do famigerado "don juan", desencaminhador de donzelas incautas, o conquistador de moçoilas tolas, inexperientes e apaixonadas facilmente pelas promessas e mistificações, afogado no próprio fluido de sua atividade anterior, extremamente irresponsável.

Sem dúvida, é extensa a gama de comprometimentos e reparações no campo de qualquer ação culposa ou dolosa, que deve sofrer para se redimir qualquer espírito delinquente, agravando-lhe a situação pelas demais atividades complementares e contrárias ao bem, resultantes do sentimento fundamental. No caso extremo do tarado sexual, agrava-se sua situação retificadora, quando, no exercício de sua atividade ilegal, ainda deu vazão a outros sentimentos como ódio, avareza, gula, alcoolismo, toxicomania, ciúme, ira ou astúcia. O cortejo de energias mobilizadas do mundo animal, termina decorando-lhe a figura semi-humana na próxima encarnação, de modo a eclodir através do perispírito sacrificado e fluir para o meio ambiente até o derradeiro alívio.

PERGUNTA: — Porventura, o espírito sob cruciante filtração e drenagem de energias ou toxinas criadas pelo seu descalabro, como no caso do homem luxurioso, liquida o seu "carma" gerado pelas causas condenáveis numa só existência?

RAMATÍS: — O processo de retificação cármica dura tanto quanto seja a intensidade do fluido anômalo aderido à tessitura delicada e hipersensível do perispírito. Ademais, como é um processo técnico sideral, vale ainda a sua resistência biológica à cruciante exsudacão tóxica psíquica, servindo de proteção, ainda, nos tratamentos que trarão relativo alívio no auge do sofrimento e delírio. Em alguns casos até é interrompida pelo delírio suicida, quase sempre sob a obsessão impiedosamente feita pelos adversários do passado. Não raro, algumas das suas vítimas, ou companheiros dos sacrificados à sua sanha lasciva, amparados por outras entidades vingativas, conseguem frustar a existência física e benfeitora do seu algoz, para lançá-lo novamente, noutra experiência sacrificial para sofrer no Além-túmulo a ideoplastia consciente de suas atividades criminosas.

Assim, tanto é possível à alma delinquente lograr a normalidade perispiritual, caso complete a drenagem mórbida sem acontecimentos imprevisíveis deletérios, e a sua organização carnal resista aos impactos destrutivos e lesivos da carga fluídica tóxica em exsudação, como necessitar de duas, três ou mais encarnações, expurgando aos poucos para o mata-borrão vivo do corpo carnal, o conteúdo indesejável e mortificante imantado ao perispírito.

PERGUNTA: — E o que acontece às próprias vítimas dos sedutores de todas as épocas que se tornam prostitutas e, ainda, sofrem outros fatores, acontecimentos e dificuldades tornando-as mais revoltadas e vingativas, por não poderem superar-se depois de infamadas?

RAMATÍS: — Repetimos: A Lei não usa a mesma medida julgadora para todas as almas, assim como não existem

Sob a Luz do Espiritismo 241

doenças, e sim doentes. Não existem pecados, mas pecadores. Também não é pena que se impõe ao culpado. Ao medicar um paciente, o médico leva em conta as idiossincrasias, adequação do tratamento e aconselha quanto aos vícios. No código sideral, imprudências, indisciplina ou negligência também pesam na balança da justiça, assim como os atenuantes pelos bens semeados, ou os motivos insuperáveis. Assim, a mulher que, depois de seduzida e ludibriada por algum conquistador fescenino, aceita o fruto de suas entranhas, ampara e cria o filho, malgrado culmine desesperada num lupanar, evidentemente, é dignificada pelo amor e dever de mãe, a cumprir sua tarefa, mesmo ante as piores dificuldades, mais do que a madame ou a prostituta, ao abortar o filho incômodo. Ademais, há casos em que a infeliz vítima de um homem ignominioso, atirada ao prostíbulo e depois de servir de repasto prazenteiro a outros indivíduos, encontra um esposo, através de um afeto ou mesmo paixão, conseguindo, ainda, equilibrar-se nos seus deveres femininos e ajustar-se à Lei. Outras vencem o estigma social, adotam uma profissão modesta, mas sadia, ou encontram um lar espírita ou instituição caridosa que as livram da vida inútil. Tudo, em dependência de créditos e débitos diante da justiça maior.

Assim, a mulher prostituída e que não o faz por índole devassa, desmazelo, e não se dá à exploração ou direção de um lupanar, tendo sido atirada à vida por força de circunstâncias insuperáveis para sua capacidade e experiência humana, recebe o amparo da própria Lei, dentro de um plano educacional. Em existência futura, são levados em consideração os seus dotes louváveis de bondade, humildade, resignação e mesmo serviço ao próximo, como motivos para favorecer-lhe uma existência tranquila, como o ingresso numa comunidade religiosa, onde possa ativar os valores positivos do espírito e eliminar, pouco a pouco, os fatores negativos que contribuíram para a sua decadência anterior.

PERGUNTA: — Porventura, a prostituição oficializada, sob regime disciplinar e, principalmente, vigiada pela saúde pública, não ofereceria melhor contribuição para diminuir tantos acontecimentos degradantes como estupros, "curras" e a facilidade com que os prostíbulos recebem novos acréscimos incessantemente, na figura das jovens inexperientes e entontecidas pelos maus cidadãos ou pelas ilusões?

RAMATÍS: — O problema é mais de esclarecimento espiritual, definição correta dos motivos e objetivos do metabolismo sexual, demonstração convincente e clara da função do espírito encarnado e dos motivos superiores de sua vida, num esforço de incessante libertação do instinto animal. Enquanto o homem ainda buscar prazeres nas coisas transitórias, efêmeras e até enfermiças, invertendo os valores espirituais no culto decepcionante da carne, não é o prostíbulo estatal ou federal, sob rigorosa assepsia, que irá solucionar um problema milenar, a desafiar as mais abalizadas e prósperas culturas do mundo para uma solução lógica e sensata.

O amor livre, a liberdade sexual e os experimentos de grupos na busca de soluções definitivas, numa atividade que é transitória, jamais poderão oferecer a solução final. Jesus foi a entidade de maior capacidade criativa no mundo, porque, elevando-se acima das contingências do sexo, recurso específico da procriação, ativou a vida da humanidade, delineando-lhe o destino da felicidade eterna. É tão sintomática a propriedade da necessidade sexual que grandes sábios e gênios da humanidade viviam longo tempo sem sentirem as exigências do instinto animal, tal o gasto de energias que consumiam, visualizando a verdadeira vida do espírito imortal.

PERGUNTA: — Que dizeis do uso da pílula anticoncep-

cional? Não se trata de recurso censurável, porque faculta à mocidade usar e abusar das relações sexuais despreocupada de responsabilidades procriativas?

RAMATÍS: — Sem dúvida, diante do aborto, é melhor a pílula. Ademais, até que as leis humanas favoreçam tanto a mulher quanto favorecem o homem, é preferível que as jovens inexperientes evitem o perigo de ultimarem sua vida no prostíbulo, e sejam repudiadas pelo julgamento de uma sociedade mistificadora, cujo procedimento é manter as portas fechadas e protegidas por falsos preconceitos.

Embora a deliberada precaução da jovem solteira munir-se de pílulas anticoncepcionais seja bastante para trair-lhe as intenções, o aborto implica em mais responsabilidade espiritual, enquanto, não muito raro, deixa sequelas de sofrimentos na mulher que, temerosa de escândalo, procura as perigosas fazedoras de anjos. Louvável seria a mulher superar o estímulo sexual erótico e correto no sentido procriador, despertando, no âmago do espírito, os valores definitivos da vida eterna. No entanto, tal qual não se pode exigir que o botão em crescimento ofereça o perfume próprio da flor adulta, sob a égide do Amor do Criador, seus filhos vão despertando e desenvolvendo as energias numa criatividade cada vez mais sublime e perfeita, até atingirem a definitiva alforria de escravos libertos do cioso instinto animal.

Nota do organizador: O presente capítulo foi escrito há mais de um quarto de século, e traz, consequentemente, a realidade social da época; entretanto, nos dias de hoje, poder-se-ia dizer não existirem adolescentes inexperientes ou ignorantes, porquanto, os meios de comunicação educam e deseducam da infância à velhice. A sedução moderna é feita indiferentemente por homens e mulheres, diante de uma legislação igualitária para ambos os sexos como resultado da modificação dos usos e costumes da sociedade, havendo evolução em alguns sentidos e involução noutros.

11.
Buscai e achareis

PERGUNTA: — *O ensinamento evangélico de Jesus, "Buscai e Achareis", também possui algo em sua intimidade, que se relacione com alguma Lei do Cosmo?*

RAMATÍS: — Conforme já vo-lo dissemos, todos os ensinamentos de Jesus relacionam-se entre si e convergem para uma só expressão doutrinária. Em sua síntese geral, exprimem a miniatura da própria Lei da Criação do Universo. Assim, há uma convergência eletiva entre a conceituação do "Buscai e achareis" e outros preceitos evangélicos semelhantes, como "Ajuda-te a ti mesmo, que o céu te ajudará"; "Pedi e recebereis"; "Procurai e achareis; "Batei e abrir-se-vos-á a porta" e outros. Em todos esses casos, Jesus adverte, fundamentalmente, quanto à necessidade de ação e trabalho incessante do homem, em suas experimentações e acontecimentos educativos da vida física.

O homem deve promover a sua ventura pela iniciativa de

A **EDITORA DO CONHECIMENTO** tem a satisfação de oferecer ao leitores de Ramatís o capítulo "Buscai e achareis" que deixou de ser incluído na obra *O Evangelho à Luz do Cosmo*. Decidimos incluir nessa obra porque ele foi encontrado arquivado junto dos demais capítulos não revisados desse livro. Acreditamos que essa era a vontade do autor.

"buscar", saber e viver o motivo básico da vida espiritual, muito além das necessidades comuns e instintivas, como alimento, satisfação sexual, necessidades fisiológicas e descanso físico. Esses fenômenos instintivos a própria natureza se encarrega de promover no momento propício. Na sua exortação imperativa, Jesus instiga o homem a "buscar" a sua própria perfeição, agindo pela deliberação tácita e íntima de melhoria e progresso. Sem dúvida, na vivência instintiva, as necessidades do corpo sucedem-se ininterruptamente e sem qualquer vigilância epicurística; mas, as necessidades do espírito, requintam-se tanto quanto o homem evolui e progride sobre a mediocridade da existência material. Não basta, apenas, o homem deixar-se viver bovinamente, ou como o carbono bruto, e só aguardar o fatalismo de transformar-se em brilhante, sob a ação compulsória do estilete aguçado do ourives. O certo é que, além de cumprir-se a carência do alimento físico, que se satisfaça, também, à necessidade de nutrição espiritual. É louvável que o homem se desprenda da vida selvagem em transmutação para a vida civilizada, mas "busque", também, a sua promoção espiritual para integrar-se, o mais breve possível, à vida angélica.

Em consequência, esse princípio evangélico de Jesus incentiva a "busca" do homem para alcançar as condições de vida superior, além do simples atavismo da ação instintiva e algo cômoda da vida física. Sem dúvida, a mesma Lei Cósmica Imutável, que plasma os orbes, sistemas solares e as galáxias, apura a contextura sólida e impele o mineral para a estrutura vegetal, o reino vegetal para a formação animal e o animal para tecer a figura humana, também age ocultamente na intimidade do homem e o impulsiona para ajustar-se à configuração definitiva do anjo venturoso.

PERGUNTA: — Poderíeis expor-nos algo de uma ação cientí-

fica do Cosmo, em paralelo ao conceito do "Buscai e achareis", o qual é especificamente um código moral espiritual?

RAMATÍS: — A sugestão imperativa do Cristo através do "Buscai e achareis", embora se refira a uma iniciativa de ordem moral e algo mística do espírito, implica na idéia de "pesquisa", porquanto, "buscar" ou procurar é sempre investigar para encontrar. Assim, a legislação divina preceitua ao espírito encarnado que se movimente, incessantemente, na "busca" de sua própria realidade espiritual, malgrado também deva atender, disciplinadamente, às exigências justas do seu organismo físico. Além de outras revelações ocultas, que a humanidade terrícola irá identificando, tanto quanto se fizer o desenvolvimento "mental-espiritual" do homem, o conceito do "Buscai e achareis" é uma sequência miniatural da mesma Lei do Universo, que impele toda a criação para o progresso e aperfeiçoamento.

À medida que o homem conhece e distingue os elementos fundamentais e responsáveis pela estrutura das formas físicas do mundo, servindo-se dos próprios recursos técnicos e científicos, se aproxima cada vez mais da ação criativa de Deus. Daí, o motivo por que a ciência humana deve ser respeitada, uma vez que também é a miniatura da própria Ciência Cósmica Divina. O equívoco censurável é quando os cientistas superestimam as suas próprias iniciativas e dispensam a presença de Deus. Assim, muitos laboratologistas ingênuos da matéria transitória olvidam que só "descobrem" aquilo que Deus já havia criado anteriormente, enquanto os seus triunfos são, apenas, produtos das leis e pensamentos que regem o Universo.

Sob o conceito do "Buscai e achareis", Jesus deixa o homem aperceber-se de que há de achar o que busca, porque isso já existe antes de ele se individualizar espiritualmente, como criação antecipada e produzida pelo Criador. E quem for mais perseverante e

Sob a Luz do Espiritismo

confiante, também há de encontrar, bem mais cedo, essa Verdade ou Bem Espiritual que "busca", porque, já de início, vibra sob melhor frequência sideral. O convite sutil da Divindade, que se oculta sob o preceito do "Buscai e achareis" é para que o homem busque, mesmo através da ciência do mundo, a autenticidade da Vida. Mas, não se deixe deslumbrar pelas descobertas extemporâneas, que nada mais são do que simples "achados" do que Deus já criou. Não se exalte o homem, porque conseguiu descer à Lua, se ainda não logra penetrar um centímetro dentro de sua própria alma. Nem se orgulhe o cientista, por movimentar gigantesco avião, através do controle remoto, caso ainda não saiba dirigir a sua própria alma em paz, no seio da família. Buscai pelos caminhos científicos e técnicos da Terra, e "achareis", se fordes libertos da vaidade tola e do orgulho imponente, que faz o homem julgar-se mais importante e sábio do que o seu próprio Criador.

PERGUNTA: — Por que Jesus recomenda o "Buscai e achareis", quando, noutro preceito, Ele mesmo assegura que "pedindo, nós receberemos"? Qual é, enfim, o conceito mais exato? "Pedir e receber, ou buscar e achar"?

RAMATÍS: — Sob o ponto exclusivamente moral, essa dupla conceituação parece algo contraditória e de efeito doutrinário oposto. Mas, na realidade, há um sentido de disciplina e ordem nos seus termos, pois, é sempre mais sensato e lógico o homem "pedir" para depois "buscar", como a premissa fundamental para se movimentar amparado pela própria Lei Divina. É de senso comum que ninguém parta de modo "ex-abrupto", sem qualquer cogitação mental prévia, para buscar algo ou cumprir certo objetivo. Deve sempre existir um desejo preliminar, uma preferência, ou até simples curiosidade, como fundamento ou a "motivação" para a criatura mover-se em qualquer busca física, moral ou espiritual. Há de ser um homem alucinado, insensato ou anarquista, quem se atira descabeladamente a uma iniciativa, sem qualquer reflexão, motivo ou propósito anterior.

Em face dos ensinamentos de Jesus ainda serem prematuros para o entendimento da civilização primária terrícola, então, é possível que alguns exegetas maliciosos e especulativos encontrem, no conteúdo evangélico, motivos para extrair ilações negativas. O Divino Mestre resguardou, sob a vestimenta das parábolas, certos esclarecimentos esotéricos mais avançados e incompreensíveis para a sua época, os quais, somente após alguns séculos ou milênios devem ser entendidos no seu conteúdo exato, oculto. Aliás, é do próprio Jesus o conceito de que "Não se deve atirar pérolas aos porcos". Embora a simplicidade e a evidência moral do Evangelho do Cristo bastem para garantir a aplicação sensata dos seus conceitos salvacionistas com o decorrer do tempo, os homens ainda não puderam entender e comprovar que são, realmente, delicadas miniaturas do próprio cientificismo do Cosmo.

Assim, o "pedir", na intenção de Jesus, não consiste simplesmente no ato primacial de a criatura solicitar algo. Mas, é sumamente importante que ela, primeiramente, se decida em consciência, quanto à natureza, contextura superior ou inferior do que pede. Quem não sabe o que pede, pode pedir insensatamente. É ilógico que o homem venha a querer o que não deseja, pedir o que não pretenda, solicitar o que não entende, ou, ainda, buscar o que não crê.

Ao pedir, em qualquer plano da vida mental, física ou espiritual, o homem expressa uma atitude compatível com o seu entendimento íntimo ou bom senso; mas, não basta pedir, pois, é preciso também saber pedir. Assim, o homem que, no mundo, pede de modo irregular, censurável e até em sentido destrutivo, diz-lhe a Lei que "se vos dará", ou seja, confirma que ele possui o livre-arbítrio de pedir o que deseja. Mas, como o conceito

Sob a Luz do Espiritismo
249

evangélico é claríssimo em explicar que "pedindo, recebereis", o homem que, então, saiba como pedir, em qualquer condição de sua vida, há que saber que "a semeadura é livre", mas "a colheita é obrigatória". Por isso, adverte Jesus que o "homem será julgado segundo as suas obras".

Sob tal aspecto, o Mestre Divino define ao entendimento do homem terrícola que o mal e o bem ainda são frutos da própria atitude e condição humana, pois, tanto ele pode pedir certo como errado, e sempre será atendido pela Lei. Deus é Amor absoluto e incondicional e atende a qualquer pedido, sem fazer distinção ou restrição entre Seus filhos. É algo à semelhança do pai amoroso, que chega a paraninfar os equívocos dos filhos, para não os frustrar na vida humana. Em verdade, Jesus disse que "pedindo, recebereis", mas não destacou o que se deve "pedir", nem mesmo o que é certo ou errado no pedido, embora frisando que, sempre, será atendido aquele que pedir. Obviamente, quem pedir há de ser o único responsável quanto à natureza dos efeitos que possam suscitar-lhe o pedido "bom" ou o pedido "ruim".

PERGUNTA: — Qual é o vínculo ou elo entre os conceitos de "pedi e recebereis" e "buscai e achareis"?

RAMATÍS: — Primeiramente, o homem deve saber õ que quer e, depois, buscar o que deseja. No curso dessa ação, observa-se um processo num ritmo coerente e disciplinado; é um desdobramento de premissas, que convergem sensatamente para a conclusão lógica de "receber" ou "achar". Em tudo o que se sucede na vida, a ordem e o ritmo são partes ou sequências de qualquer processo, em qualquer plano do mundo material ou do reino divino, a fim de se manter o equilíbrio e a harmonia do Cosmo.

Malgrado algumas conceituações negativas, no próprio mundo físico predomina uma disciplina, que se pode configurar como um "ritual". Não se trata de formalismo ou apego às cerimônias religiosas, mas, tão-somente a ordem ou sucessão regular de cada coisa ativada, ou atuando no seu tempo e na sua frequência. Mesmo na criação do mundo, percebe-se o rito, ou uma ordem que impera por etapas sucessivas e gradativas, pois Deus só criou as aves e os animais após ter criado o Céu e a Terra, e deu a vida ao homem depois de povoar o mundo com os seres inferiores. Assim, há um rito ou uma ordem, pois deve ser de entendimento sensato que, primeiro, há de se "pedir", para depois "buscar". É um ritual simples e indispensável que o homem, primeiramente, tire os sapatos para, depois, conseguir tirar as meias. A simples operação de tirar as meias exige, "ritualisticamente", a mobilização do primeiro ato, em que deve, antes, descalçar os sapatos, como a etapa ordenativa e sensata do processo. Ninguém duvida de que só um louco "busca" o que não cogita e o que não "pede".

Ao pedir, o homem indica o que deseja e considera de melhor para si, e a Divindade, então, concede a permissão para ele conseguir a sua pretensão humana. Mas, ainda lhe fica o direito de escolher o "objeto" que deseja e fazer dele o uso que lhe convier. Portanto, entre "pedir" e "receber", "buscai e achareis", há um vínculo ou elo algo ritualístico, em que, pela disciplina da sucessão dos fatos, ninguém é sensato "buscando" o que não sabe, o que não pede e o que não deseja.

PERGUNTA: — E que dizeis sobre o complemento evangélico de "Buscai e achareis", quando diz: "Batei e a porta abrir-se-vos-á"?

RAMATÍS: — Tal conceito também exprime um dos fundamentos principais da Lei do Cosmo, em que todo ato violento ou atrabiliário sempre contraria o ritmo pacífico, disciplinado e coerente da pulsação harmoniosa da Vida. O homem, no ato de "pedir", revela o que quer e, no "buscai e achareis", após a permissão divina, realiza a sua intenção. Mas, no formular o desejo e iniciar a busca, não deve violentar o ritmo pacífico da vida espiritual, ficando responsabilizado pela perturbação ou pelos danos semeados no "pedir" e "buscar" irregularmente. É da Lei que a ação movida pelo desejo egocêntrico e violento pode destruir o objeto da procura, ao exigir alguém, prematuramente, aquilo a que ainda não faz jus, ou não está preparado para usufruir. Quantas criaturas existem a quem o advento súbito da fortuna proporciona ensejos tão perigosos para o seu espírito imaturo e indisciplinado, que depois motiva acerbos sofrimentos no Além-túmulo? E quem força uma ação arromba a porta, no simbolismo da parábola de Jesus; mas, quem "bate", solicita e é digno de receber a concessão divina, porque se ajusta ao ritmo pacífico ou ritual gradativo, sem opor violência à Lei. É por isso que ainda diz o preceito: "Todo aquele que pede, recebe; quem procura, acha; e a quem bate, abrir-se-lhe-á a porta!"

Mas, há quem, por orgulho ou ressentimento, não pede e se julga com direitos pessoais de ser atendido de imediato e com exclusividade, dominado pelo egoísmo de nunca ser preterido em suas exigências e desejos atrabiliários. Por isso, não bate à porta fechada, em sua busca, mas exige que as portas se abram em seu absoluto favor. É como quem fecha os olhos em plena luz solar e, assim, não vê a luz, que ali sempre esteve presente. Quanto mais o homem bate na busca decidida e sincera, desperta em si uma condição mais favorável para a receptividade espiritual. É de senso comum que as portas foram feitas para ficarem fechadas e impedirem a invasão promíscua, alheia, no recinto interior. Ainda nesse conceito, Jesus é bem claro, ao aduzir que até a violência prematura de o homem pretender invadir o recinto espiritual, sem o devido preparo, pode causar-lhe resultados indesejáveis. Há muitos que buscam a conversão violenta através do fenômeno precoce, mas, terminam feridos com demoradas cicatrizes das decepções e frustrações.

Antes de se fazerem eletivos pelo "pedir", evitando a violência que resulta da falta de entendimento conciliador antecipado, forçam o estado de espírito imaturo no próprio "achado" insensato da busca.

Sem dúvida, o homem precisa trabalhar incessantemente na sua realização espiritual, certo de que tudo dependerá, exclusivamente, de si mesmo e do seu trabalho. Mas, Jesus é bem explícito, ao aconselhar que o homem "batendo à porta, abrir-se-lhe-á", porque, então, se conjuga nele o estado de hipersensibilidade, capaz de indicar-lhe o caminho certo em direção à Vida Imortal. Deus jamais deixará de atender o filho sensato, humilde e laborioso, que não discrepa da harmonia da vida espiritual e não violenta o equilíbrio natural da Lei. O homem precisa deixar de exigir o que ainda não tem direito e desistir de violentar o que ainda é prematuro para o seu poder humano e para a sua capacidade espiritual.

Sob a Luz do Espiritismo

O Sublime Peregrino
RAMATÍS / HERCÍLIO MAES
ISBN 85-7618-108-8 • Formato 14 x 21 cm • 384 pp.

Esta obra resulta da experiência direta de Ramatís — conhecido filósofo de Alexandria ao tempo de Jesus —, que foi à Palestina encontrar pessoalmente o mestre nazareno, e posteriormente colheu, nos registros akhásicos, os verdadeiros registros vivos de sua existência no planeta.

Por isso, *O Sublime Peregrino* traz com realismo cinematográfico temas nunca dantes abordados: o nascimento, a infância e o lar do menino Jesus, suas brincadeiras e preferências, sua família e gestação, sua vida quotidiana entre o povo hebreu, o cenário da Galiléia e a influência de seu povo em sua missão. Mas também focaliza como nenhuma outra obra a identidade sideral de Jesus, sua relação com o Cristo Planetário, os aspectos iniciáticos de sua missão, suas relações com os essênios. Revela detalhes inéditos sobre a figura de Maria de Nazaré e sua missão, sua gestação protegida pelas hostes angélicas e o verdadeiro cenário do nascimento do menino-luz. Traça com riqueza psicológica o verdadeiro e insuspeitado perfil de Maria de Magdala e seu encontro com o Mestre.

Além da abordagem de temas iniciáticos, como a descida angélica e a queda angélica, o grande plano e o calendário sideral, recolhe-se nesta obra a mais autêntica descrição do drama do calvário e dos últimos dias de Jesus.

Fisiologia da Alma
RAMATÍS / HERCÍLIO MAES
ISBN 85-7618-105-3 • Formato 14 x 21 cm • 352 pp.

Nesta obra, Ramatis desvenda o mecanismo oculto que desencadeia, a partir dos corpos sutis do ser humano, as enfermidades do corpo físico. A origem e causa das moléstias, detida pelo conhecimento iniciático milenar, é transposta em linguagem clara e acessível, que abre extraordinários horizontes de compreensão do binômio saúde-enfermidade.

A etiologia, as raízes cármicas, o tratamento e a cura do câncer são analisados desde sua verdadeira origem no mundo oculto das causas e em suas relações com a extinta Atlântida.

Analisando a homeopatia, Ramatís elucida o verdadeiro processo de atuação das doses infinitesimais, a amplitude de sua atuação nos corpos sutis e na raiz dos processos patológicos, suas infinitas possibilidades terapêuticas ainda não inteiramente exploradas, e as condições requeridas para o êxito integral do tratamento homeopático.

O capítulo "A Alimentação Carnívora e o Vegetarianismo" já se tornou um clássico sobre o tema, tendo desencadeado uma nova visão e postura comportamental em milhares de leitores, que assim se preparam para credenciar-se à cidadania terráquea do Terceiro Milênio.

A atuação do álcool e do fumo, como agentes patogênicos nos corpos energéticos e físicos, é analisada por Ramatís sob a ótica do mundo oculto, incluindo as consequências que se seguem à morte física, e o processo simbiótico dos "canecos vivos".

Mensagens do Astral
RAMATÍS / HERCÍLIO MAES
ISBN 85-7618-106-1 • Formato 14 x 21 cm • 416 pp.

Em que consiste realmente, e o que se oculta por trás dos eventos rotulados de Juízo Final, já em curso no planeta?

Qual o propósito da atuação do astro intruso e da verticalização do eixo terrestre, previstos para demarcar a Era de Aquário? E a seleção planetária, realmente já está se processando? Quem deverá continuar reencarnando no planeta Terra, dentro da humanidade mais fraterna do Terceiro Milênio, e quem precisará repetir o curso elementar em escolas planetárias primitivas?

Como se processa o fenômeno da profecia, e qual o verdadeiro simbolismo das imagens do Apocalipse?

Somente um Mestre de Sabedoria como Ramatís poderia esclarecer questões como essas, desvendando o planejamento sideral oculto por trás do rótulo do Juízo Final, detalhando o processo e descrevendo a Terra transformada, física e espiritualmente, após a transição.

Temas iniciáticos como "Os Engenheiros Siderais e o Plano da Criação", "As influências astrológicas" e "O signo de Pisces", a destinção entre a "descida angélica e a queda angélica" dos exilados de outros orbes, completam o atrativo desta obra vanguardista.

Há cinquenta anos esgotando sucessivas edições, *Mensagens do Astral* tornou-se um clássico da matéria, conquistando definitivamente o leitor pelo ineditismo, a profundidade e a clareza com que aborda esse tema palpitante.

SOB À LUZ DO ESPIRITISMO
foi confeccionado em impressão digital, em janeiro de 2024
Conhecimento Editorial Ltda
(19) 3451-5440 — conhecimento@edconhecimento.com.br
Impresso em Super Snowbright 70g – Hellfoss